U0467687

肖献军 ◎ 著

唐代湖湘客籍
文人年谱

中国社会科学出版社

图书在版编目（CIP）数据

唐代湖湘客籍文人年谱/肖献军著.—北京：中国社会科学出版社，2017.5
ISBN 978-7-5203-0081-0

Ⅰ.①唐…　Ⅱ.①肖…　Ⅲ.①文人—年谱—湖南—唐代　Ⅳ.①K825.4

中国版本图书馆CIP数据核字（2017）第060557号

出 版 人	赵剑英
责任编辑	郭晓鸿
特约编辑	席建海
责任校对	石春梅
责任印制	戴　宽

出　　版	中国社会科学出版社
社　　址	北京鼓楼西大街甲158号
邮　　编	100720
网　　址	http://www.csspw.cn
发 行 部	010-84083685
门 市 部	010-84029450
经　　销	新华书店及其他书店
印　　刷	北京明恒达印务有限公司
装　　订	廊坊市广阳区广增装订厂
版　　次	2017年5月第1版
印　　次	2017年5月第1次印刷
开　　本	710×1000　1/16
印　　张	21
插　　页	2
字　　数	269千字
定　　价	98.00元

凡购买中国社会科学出版社图书，如有质量问题请与本社营销中心联系调换
电话：010-84083683
版权所有　侵权必究

序

献军 2006 年考进湖南师大做了我的硕士研究生，2009 年毕业后又考上我的博士研究生，连续 6 年的相处，对其印象很深刻。

凡我的学生入学第一课，我必定给他们立下一条规矩：研究古典文学，应以文献作为基础，以文本为主，切忌泛泛而论。所以一切文献，一定要阅读原著储备第一手资料，不允许二手资料的拼接补凑。献军可算是最肯下这种笨功夫的学生了。他为人笃实沉稳，责任心极强，视野也很开阔，在笨功夫和勤思考的双重努力下，形成了他文献研究功底扎实而思维又极活跃的特色。这在他硕士研究生阶段即已体现出来，而他的博士论文《唐洞庭湖诗和太湖诗比较研究》更以其对两湖唐诗的相关创作、历史与地理的结合，编年、图表、正史、笔记的引用，诗史互证的方法，对相关学术史的深切了解和借鉴，对相关文化的论析等全面而剀切之长，获得答辩委员会的高度肯定和褒扬，此论文作为专著《唐代两湖流域诗歌比较研究》于 2013 年出版。2012 年献军毕业后任教于湖南科技学院人文与社会科学学院，仍不时有新作问世。此次在献军新书出版前，我得以先睹书稿，深有感触。

唐代湖湘地区经济上相对落后，但文学上却取得了巨大成就，成为落后地区文学高度繁荣的一个典范。而自屈原、贾谊被贬入湘以后的巨大文学成就所形成的贬谪文学传统，到唐代已被发扬光大至极盛，其中的佼佼者如王昌龄、李白、韩愈、刘禹锡、柳宗元等更引人

瞩目。就创作主体而言，唐代湖湘文人可以分为两个群体：一个是湖湘客籍文人，包括宋之问、沈佺期、张说、赵冬曦、张九龄、孟浩然、王昌龄、李白、杜甫、贾至、元结、郎士元、皎然、戴叔伦、戎昱、韩愈、吕温、刘禹锡、柳宗元、元稹、李涉、张祜、马戴、李商隐、罗隐、韩偓、杜荀鹤、吕岩等；另一个是本土文人，包括李群玉、刘蜕、胡曾、齐己等。从整体而言，无论是创作主体人数还是作品质量，湖湘客籍文人都超过了湖湘本土文人。在唐代，能代表湖湘文学成就的，主要还是湖湘客籍文人的创作。

为了研究好这个群体，有必要对这个群体做一些基础性工作。黄仁生教授等已整理出版了《唐代湘人诗文集》和《唐宋人寓湘诗文集》，可以说是一个很好的开端。在此之前，献军在读硕士阶段就开始关注这一群体，写下了《张说湖湘诗文系年》《刘长卿湖湘诗系年考辨》《刘禹锡湖湘诗歌系年辨正》等论文。参加工作后，献军仍以较大热情关注这一领域，又陆陆续续积累了六七篇文章，合起来有二十多万字，编订起来就成了《唐代湖湘客籍文人年谱》一书。综观书稿，我以为有不少鲜明的特点。

首先，在资料搜集方面，该书注重从文本的角度寻找资料。给作家编年谱，难度较大。特别是一些普通作家，正史中甚至没有记载，仅在笔记、野史、小说中有记录，材料的可信度不高，很多材料无法直接用作编订年谱。面对这种困难，献军抓住了关键，从作家作品入手，寻找编订年谱最可信的资料。作品中出现的每一个时间、地名和人名，都不轻易放过，且一一详加考订，并结合相关史料、笔记，较准确地勾勒出了作家的主要生平经历。给作家编年谱，文献资料的辨伪和辑佚工作至关重要，这一点也是献军极为注重的。如在编写《贾至年谱》时，除《全唐文》《全唐诗》中保存不少贾至作品外，献军又从《唐大诏令集》等书中辑出不少作品，同时又对《全唐文》中贾至的不少作品进行了辨伪,剔除了多篇伪作,从而保证了年谱资料的全面性和可信度。这样的例子在书中比比皆是。

献军在年谱编订工作上的另一个突破是注重所搜集资料的广泛性。古人编年谱,注重语言的简洁性,年谱只能看出人物一生的主要活动;今人编年谱,则编得十分繁复,大多把与谱主同时的重大历史事件和文人活动纳入其中,但不管是否与谱主有关系、关系有多大。献军则把那些与谱主关系不大的历史事件和文人活动基本剔除,紧紧围绕谱主来写。但他在撰写年谱过程中,又十分注重资料搜罗的广泛性,凡谱主游历的地方,都会结合作品说明该地的山川、物产、民情、风俗等,与谱主相关的人物,也有较详细的介绍。

其次,该书很注重年谱编订的现实价值。献军自读硕士以来就着手湖湘文化的研究,受湖湘文化"经世"思想影响较深,这也体现在本书的编撰上。且不说本书对唐代湖湘文学研究者的价值,对于地域文化的建设者而言,参考价值也较大。他力图确定每一首诗、每一篇文章的写作时间、地点和背景,还结合方志甚至实地考察,明确这些诗文在今天行政地理上的分布情况。无疑,如在当今的地域文化建设中涉及到这些作家,参考献军之作也许就能避免文化建设过程中的一些偏颇甚至失误。

再次,书的结构编排也颇具特色。正文共收录文章九篇,囊括了主要的湖湘客籍文人。这些文章中,有的以年谱的形式出现,如《贾至年谱》《戎昱年谱》,因为谱主的主要文学成就产生于湖湘地区;有的仅对谱主湖湘经历及其诗文进行了系年,因为湖湘诗文仅能代表其部分文学成就,这些文人整体成就较大,如取其全谱,一人就能成一本书,故仅取其局部,如《张说湖湘诗文系年》《杜甫湖湘诗文系年》《刘长卿湖湘诗文系年》《吕温湖湘诗文系年》等。还有的作家在湖湘地区留下了大量作品,但同时有关这些作家的年谱、作品编年较多,为避免重复，献军仅对各家诗文系年有歧义的篇章进行考辨，以表明自己的观点，如《刘禹锡湖湘诗歌系年辨正》《柳宗元湖湘诗歌系年考辨》等；另外，还有两篇不属于诗文系年，但关系到对湖湘诗文的理解，该书则以附录的形式将其收录。

最后，值得一提的是，献军书稿以《唐代湖湘客籍文人年谱》为名，从书名基本可以断定，他以后还将继续从事唐代文人年谱工作研究，相信不久后，《唐代湖湘本土文人年谱》也将面世，如果能在此二书基础上编订《唐代湖湘文学编年》，对唐代湖湘文学研究者而言，则善莫大焉。

我素不善为序，只因献军从我六年治学，我虽非名师，献军却是我的"高徒"，亦深知其每一篇文章、每一本书稿之中的甘苦。尤其在当今学风浮躁的学界，献军的这种治学方法和态度，实有纠正时弊的作用与价值。又忆及十五年前，我的博士生导师邓乔彬先生在拙著《姜夔与南宋文化》序中曾以《礼记·学记》中的"善学者师逸而功倍，又从而庸之；不善学者师勤而功半，又从而怨之"来褒我之"善学"，我则愧不敢受。今以此语转赠献军，倒觉恰如其分：他之善学，确使我深感逸而功倍，又何勤而怨之有？

权以为序，谨借此表达我的欣慰和期待！

赵晓岚
2016 年 8 月 28 日

编排体例

1. 本《年谱》一、二编各文段按公元纪年—干支纪年—庙号—帝王—年号—月份的顺序排列。

2. 本《年谱》一、二编对涉及作家的诗歌、散文、奏章、碑志、序跋等予以系年。

3. 本《年谱》一、二编对文人创作有重大影响的历史事件、历史人物，如科举考试、藩镇战争、刺史活动等予以列出；对帝王的更替、太子的册立等事件，仅作简要说明。

4. 本《年谱》第三编主要对作品编年进行考辨；附录对相关地名进行考辨。

5. 诗文中原缺字用□代替，补字用（）。

目 录

第一编　湖湘文人年谱

贾至年谱 …………………………………………………… 3

戎昱年谱 …………………………………………………… 77

第二编　湖湘诗文系年

张说湖湘诗文系年 ………………………………………… 149

杜甫湖湘诗文系年 ………………………………………… 166

元结湖湘诗文系年 ………………………………………… 195

吕温湖湘诗文系年 ………………………………………… 236

第三编　湖湘诗文系年考辨

刘长卿湖湘诗系年考辨 …………………………………… 257

刘禹锡湖湘诗歌系年考辨 ………………………………… 269

柳宗元湖湘诗歌系年考辨 ………………………………… 277

附录一　《全唐诗》中"洞庭"名称考证 ………………… 286

附录二　《柳毅传》原发生地考辨 ………………………… 297

主要参考文献 ………………………………………………… 313

后　　记 ……………………………………………………… 329

第一编　湖湘文人年谱

贾至年谱

贾至为盛唐向中唐转变之际的散文家、诗人。其名虽不彰显于今，然在唐代却是个交游广泛、影响颇大的人物。他与李白、杜甫、王维、高适、岑参、房琯、独孤及、萧颖士、李华、严武、李季卿、杨绾等人相友善。《唐才子传》卷三为其列传。据《新唐书·艺文四》记载，贾至存有文集三十五卷。然其作品多散佚，《全唐文》仅存其文三卷，《全唐诗》存其诗一卷。

贾至生于开元间，卒于大历间。其思想诋佛崇儒，诗特工，俊逸之气不减鲍照、庾信。曾以事谪为岳州司马，与李白相遇，多有感怀伤遇之作，盖亦得江山之助。其策命制诰之作，尤为时人称道，曾得唐玄宗赞誉。后为礼部侍郎，建言两都分举，于唐之科举有深远影响。

今之学者，于贾至多有研究。傅璇琮主编的《唐才子传校笺》对贾至生平有所考证，其主编的《唐五代文学编年史》亦有载。沈文君也有《贾至年谱》，然不管是《唐才子传校笺》对贾至的考证，还是《贾至年谱》对贾至生平的系年，都较简略。贾至虽非湖湘本土文人，然其贬谪岳州期间，留下了大量诗作，且编为《岳阳集》，于湖湘文学的发展影响颇大。故笔者在当代学者研究的基础上，广泛参阅各类文献，编写了较为详细的年谱，以期能对学者研究贾至有所帮助。

贾至生平事迹，散见于《唐会要》《旧唐书》《新唐书》《纪闻》《大唐传载》《大唐新语》《唐才子传》等文献中，然除正史外，多小说家之言。且各类文献之间相互抵触。本书在撰写过程中，主要参考贾至本人作品，以文证史、以史证文，力图使年谱的编订更真实、更具体。

贾至，字幼邻，或一字幼几。行六。

《全唐文》卷三一七李华《三贤论》载："长乐贾至幼邻名重当时。"《新唐书·贾至传》也言："至，字幼邻。"而《全唐文》卷四四三李舟《独孤常州集序》："先大夫尝因讲文谓小子曰：'吾友兰陵萧茂挺、赵郡李遐叔、长乐贾幼几，洎所知河南独孤至之，皆宪章六艺，能探古人述作之旨。'"《郡斋读书志》："右唐贾至幼几也。"《唐才子传》卷三、《直斋书录解题》卷十六与此同。按：《登科记考补正》卷九载：明经科有郭揆、归崇敬、贾至。进士科则有王阅、柳载（柳浑）、赵涓、于益、崔硅璋、李□、李华等二十三人。李华与贾至为同年，且多有交往，故贾至字幼邻当不错。《柳宗元集》卷十二《先君石表阴先友记》："李舟，陇西人。有文学，俊辩，高志气。以尚书郎使危疑反侧者再，不辱命。其道大显。被谗妒，出为刺史，发瘖卒。"李舟亦与贾至同时人。《唐才子传校笺》卷三"贾至"条："未能确定正误，姑以二说并存。"章太炎《国故论衡》："人生幼而有名，冠而为之字。名不可二，孳乳最多为之字。"人之名为父母所给，只能有一个，而字却可以存在多个。故贾至字幼几未必有错，或为其另一字。

新、旧《唐书》未言及贾至排行。唯《全唐文》卷三九三独孤及《祭贾尚书文》载："维大历七年四月二十一日，朝散大夫检校尚书司封郎中兼舒州刺史赐紫金鱼袋独孤及，谨以清酌庶羞之奠，敬祭于故散骑常侍赠礼部尚书贾公六兄之灵。"贾尚书即贾至，文中言及贾公为"六兄",则排行为第六。

洛阳人,郡望长乐。

《全唐文》卷三九一独孤及《唐故正议大夫右散骑常侍赠礼部尚书李公墓志铭》:"诸公以为不可奈何者寿夭之数,若奋扬景行,宜在知己,由是尚书右丞长乐贾至作铭以铭之。"李华《三贤论》:"长乐贾至幼邻名重当时。"李舟《独孤常州集序》也称"长乐贾幼几",《全唐文》卷五二二梁肃《朝散大夫使持节常州诸军事守常州刺史赐紫金鱼袋独孤公行状》同。《郡斋读书志》:"洛阳人。"《唐才子传·贾至传》:"洛阳人。"《直斋书录解题》卷十六:"唐起居舍人河南贾至幼几撰。"《旧唐书·贾曾传》:"贾曾,河南洛阳人也。"《新唐书》同。按:唐人重门第郡望,故名门大族名前常带郡望。长乐,郡望也,非贾至出生地。据《唐才子传校笺》卷三"贾至"考证:三国曹魏时贾翊子玑徙居长乐(今河北省冀县),贾翊一门在魏晋时为大族,故云"长乐贾至"。而后人则多以出生地称之,故曰洛阳人。洛阳为河南地,《直斋书录解题》卷十六又曰:"唐起居舍人河南贾至幼几撰。"

祖父贾言忠,高宗时人,乾封中为侍御史,习晓军事,善识人,累转吏部员外郎。坐事左迁邵州司马,卒。

《旧唐书·贾曾传》:"贾曾……父言忠,乾封中为侍御史。时朝廷有事辽东,言忠奉使往支军粮。及还,高宗问以军事,言忠画其山川地势,及陈辽东可平之状,高宗大悦。又问诸将优劣,言忠曰:'李勣先朝旧臣,圣鉴所悉。庞同善虽非斗将,而持军严整。薛仁贵勇冠三军,名可振敌。高侃俭素自处,忠果有谋。契苾何力沉毅持重,有统御之才,然颇有忌前之癖。诸将夙夜小心,忘身忧国,莫过于李勣者。'高宗深然之。累转吏部员外郎。坐事左迁邵州司马,卒。"

《新唐书·贾曾传》："贾曾……父言忠……李敬玄兼尚书，言忠尚气，及主选，不能下，贬邵州司马。失武懿宗意，下狱几死，左除建州司户参军，卒。"其事另见《新唐书》卷二二〇；《唐会要》卷二八、卷九五；《旧唐书》卷一九〇上。又《全唐诗》卷八七七载《贾言忠引谚》一首："军无媒，中道回。"前有序曰："高宗遣李勣伐高丽。侍御史贾言忠计事还。帝问军中云何言。忠以为男生兄弟阋墙。为我乡导。师必克。引此。"当乾元三年高宗遣李勣伐高丽听闻。

　　父曾，景云中，为吏部员外郎。玄宗在东宫，拜曾为太子舍人。不久，拜中书舍人，固辞，后拜谏议大夫、知制诰。开元初，复拜中书舍人，与苏晋同掌制诰，皆以词学见知，时人称为苏贾。曾后坐事，贬洋州刺史。开元六年，玄宗念旧，拜光禄少卿，迁礼部侍郎。十五年，卒。

　　《旧唐书·贾曾传》："曾少知名。景云中，为吏部员外郎。玄宗在东宫，盛择宫僚，拜曾为太子舍人。"《新唐书·贾曾传》同。太极元年正月，贾曾任太子舍人时，作《上东宫启》，《全唐文》卷二七七贾曾《上东宫启》："伏愿下明令，发德音，屏倡优，敦雅颂，率更女乐，并令禁断，诸使采召，一切皆停。"贾曾因此事而"俄特授曾中书舍人。曾以父名忠，固辞，乃拜谏议大夫、知制诰。"（《旧唐书·贾曾传》）。按：《唐会要》："先天元年正月，皇太子令宫臣就率更寺阅女乐，太子舍人贾曾谏曰……"公元712年为太极元年，八月，玄宗继位，尊睿宗为太上皇。甲辰，改元先天。（参见《旧唐书·玄宗纪上》）贾曾上书为正月，当以言"太极元年"为是。

　　睿宗太极元年正月，天子亲郊，有司议不设皇地祇位，曾请合享天地如古制并从祀等坐。贾曾上《论郊祭合设皇地祇表》，《旧唐书·贾曾传》又载："明年，有事于南郊，有司立议，唯祭昊天上帝，而不设皇地祇之位。曾奏议'请于南郊方丘,设皇地祇及从祀等坐,则礼惟稽古,义得缘情。'"然《旧唐书·礼仪一》:"睿宗太极元年正月,初将有事南郊,有司立议,惟祭昊天上帝而不设皇地祇位。谏议大夫贾曾上表曰:……制令宰臣召礼官详议可否。礼官国子祭酒褚无量、国子司业郭山恽等咸请依曾所奏。时又将亲享北郊,竟寝曾之表。"《全唐文》卷二七七贾曾《论郊祭合设皇地祇表》:"今之南郊,正当禘礼,固宜合祀天地,咸秩百神,答受命之符,彰致敬之道,岂可不崇盛礼,同彼常郊,使地祇无位,未从禘享?今请备设皇地祇,并从祀等座,则礼得稽古,义合缘情。"《新唐书·贾曾传》:"睿宗诏宰相礼官议,皆如曾请。"

《旧唐书·贾曾传》:"开元初,复拜中书舍人,曾又固辞,议者以为中书是曹司名,又与曾父音同字别,于礼无嫌,曾乃就职。"按:《唐会要》卷二三:"景云元年,贾曾除中书舍人,固辞,以父名忠同音。议者以为中书是曹司名,又与曾父音同字别,于礼无嫌,曾乃就职。"据新、旧《唐书》,贾曾辞中书舍人有两次,《唐会要》合二事为一事。又景云元年,贾曾尚在吏部员外郎任。《新唐书·百官志一》:"吏部。尚书一人,正三品;侍郎二人,正四品上;郎中二人,正五品上;员外郎二人,从六品上。"《旧唐书·职官》:"谏议大夫、御史中丞、给事中、中书舍人……已上五品。"其由吏部员外郎拜中书舍人当是由于进谏太子及郊祭设皇地祇位二事,《唐会要》之所以合二事为一事,乃此二事发生在同年同月。但据史料推断,此二事均发生在太极元年正月,贾曾复拜中书舍人当是太极元年正月或稍后事,而非开元初,亦非景云元年。

《旧唐书·贾曾传》:"曾后坐事,贬洋州刺史。开元六年,玄宗念旧,特恩甄叙,继历庆、郑等州刺史,入拜光禄少卿,迁礼部侍郎。十五年卒。"《新唐书·贾曾传》所载同。贾曾开元中多与萧颖士、李华、苏晋、蒋钦绪等交游。《旧唐书·萧颖士传》:"当开元中,天下承平,人物骈集,如贾曾、席豫、张垍、韦述辈,皆有盛名,而颖士皆与之游,由是缙绅多誉之。"《新唐书·孙逖传》:"开元间,苏颋、齐澣、苏晋、贾曾、韩休、许景先及逖典诏诰,为代言最。"《新唐书·蒋钦绪传》:"蒋钦绪……性孤洁自守,唯与贾曾、郭利贞相友云。"

贾曾擅长文辞与制诰,与苏晋同称"苏贾"。《旧唐书·贾曾传》:"与苏晋同掌制诰,皆以词学见知,时人称为苏贾。"《新唐书·苏晋传》:"玄宗监国,所下制命,多晋及贾曾稿定。"《唐才子传·贾至传》:"曾开元间与苏晋同掌制诰。"事迹多见于新、旧《唐书》;《唐会要》卷九、卷二三、卷三四、卷七四;《唐才子传》卷三;《明皇杂录》卷下。《全唐诗》存其诗五首。

717年(丁巳)

唐玄宗李隆基

开元五年　公出生

《新唐书·贾至传》载:"至字幼邻……(大历)七年,以右散骑常侍卒,年五十五,赠礼部尚书,谥曰文。"大历七年为公元772年,以此逆推,当生于开元五年。

贾至主要生平事迹见《旧唐书·贾至传》和《新唐书·贾至传》。另《资治通鉴》卷一九九、卷二二二;《唐会要》卷二六、主要三六、主要七六、主要七九;《唐才子传》卷三;《大唐传载》;《唐摭言》卷七也有载。

727年(丁卯)

开元十五年　公十岁

本年，贾曾卒。

《旧唐书·贾曾传》："曾后坐事，贬洋州刺史。开元六年，玄宗念旧，特恩甄叙，继历庆、郑等州刺史，入拜光禄少卿，迁礼部侍郎。十五年卒。"

735 年（乙亥）
开元二十三年　公十八岁
本年，公中或明经及第。

《登科记考补正》卷九："（天宝元年）明经科：贾至。"《唐才子传·贾至传》："至天宝十年明经擢第。"《郡斋读书志》载："右唐贾至幼几也。……至天宝十年明经擢第。"上二书皆曰天宝十年贾至明经擢第。《登科记考》："《唐才子传》《读书志》皆云天宝十年贾至明经及第。按贾至已于开元二十三年进士及第，此以进士又应明经也。"《全唐文》卷三六八贾至《虎牢关铭并序》："天宝七载，至自宋都，西经洛阳，歇鞍登兹，怀古钦望。"《新唐书·贾至传》："（贾至）擢明经第，解褐单父尉。"《旧唐书·地理一》："单父。古邑。隋于县置戴州，大业废。武德五年，复置戴州。贞观十七年，戴州废，县属宋州。"此次"天宝七载，至自宋都"，即从单父尉回归。唐代进士及第比明经及第更荣耀，故天宝十载明经及第不大可能。

《唐才子传校笺》及《登科记考补正》均作天宝元年。《全唐文》卷三六八贾至《虙子贱碑颂》："天宝初，至始以校书郎尉于单父，想先生行事，征其颂声。而古碑残缺，苔篆磨灭，使立志之士，何以揖其遗风焉？"《校笺》以为贾至有《微子庙碑颂》："皇帝二十有一载，予作吏于宋，思其先圣遗事，求于古老舆人，则得君之祠庙存焉。"开元二十一年时，贾至才十五岁，不可能作吏于宋，故推断其为三十一年也即天宝元年。从贾至回归时间看，这一推断有一定依据。然天宝元年贾至为单父尉，而在天宝元年前，贾至还曾任校书郎。不可能校书郎、单父尉、明经及第发生在同一年。不能以此得出贾至在天宝元年明经及第。其及第当在开元末年，《登科记考》以为是在开元二十三年及第，却错误引用史料，把《唐才子传》中的"贾季邻"当作"贾幼邻"。这一点《唐才子传校笺》和《登科记考补正》已考证，在此不再赘述。

又按：《新唐书》谓贾至"擢明经第"，据《登科记考补正》载，唐代明经科及第者大多每年一人，少数为两人：自开元二十三年至开元二十九年，仅开元二十三年、二十六年、二十七年三年未录明经科。又开元二十三年进士第为二十七人，其中萧颖士、李华在列。《旧唐书·李华传》："李华字遐叔，赵郡人。开元二十三年进士擢第。"《旧唐书·文苑下》："萧颖士者，字茂挺。与华同年登进士第。"他们两人皆与贾至父友善。《旧唐书·萧颖士传》："萧颖士者，聪俊过人，富词学，有名于时，贾曾、席豫、张垍及述皆引为谈客。"《旧唐书·文苑下》："华善属文，与兰陵萧颖士友善。"《新唐书·萧颖士传》："所与游者，孔至、贾至、源行恭、张有略、族弟季遐、刘颖、韩拯、陈晋、孙益、韦建、韦收。独华与齐名，世号'萧、李'。"且三人诗文中也互有提及，贾至和萧颖士还多诗歌酬唱之作，如贾至果在此年及第，又三人关系如此密切，且非同年？然贾至所中不是进士科，而是明经科。此备一说，现姑系于此。

738年（戊寅）
开元二十六年　公二一岁

本年或稍后，公释褐，在校书郎任上。

《唐会要》卷七五《贡举上·帖经条例》云："贞观九年五月敕：自今已后，明经兼习《周礼》并《仪礼》者，于本色内量减一选。"

王勋成先生提出,唐时及第进士必须守选三年才能释褐授官。如开元二十三年贾至明经及第,正常情况下,当本年解褐。

按:《新唐书·贾至传》:"(贾至)擢明经第,解褐单父尉。"然据贾至《虙子贱碑颂》:"天宝初,至始以校书郎尉于单父。"在任单父尉,贾至还曾任校书郎。又贾至乾元元年前后任著作郎,盖由此时任校书郎故。唐代士子经礼部考试,及第后仅取得做官资格。至于正式授官,须经过吏部释褐试。故《新唐书·贾至传》"(贾至)擢明经第,解褐单父尉"所载误。校书郎,唐代从八品。

本年前后,公感幽州节度使张守珪部将败于契丹,张却隐瞒败绩,虚报战功,作《燕歌行》讽之。时高适亦有同名作。

《旧唐书·张守珪传》:"二十六年,守珪裨将赵堪、白真陀罗等假以守珪之命,逼平卢军使乌知义令率骑邀叛奚余烬于潢水之北,将践其禾稼。知义初犹固辞,真陀罗又诈称诏命以迫之,知义不得已而行。及逢贼,初胜后败,守珪隐其败状而妄奏克获之功。事颇泄,上令谒者牛仙童往按之。守珪厚赂仙童,遂附会其事,但归罪于白真陀罗,逼令自缢而死。"《新唐书·张守珪传》所载略同,不载时间。《资治通鉴》卷二一四作"开元二十七年"。据高适《燕歌行》序,事当发生在开元二十六年。

《全唐诗》卷二三五贾至《燕歌行》:"隋家昔为天下宰,穷兵黩武征辽海。南风不竞多死声,鼓卧旗折黄云横。六军将士皆死尽,战马空鞍归故营。"借前朝边防之事以讽当代之事。诗中另有句"我唐区夏余十纪,军容武备赫万祀。彤弓黄钺授元帅,垦耕大漠为内地。"唐自武德元年(618)立国,至开元二十六年(738)正好是十纪。又《全唐诗》卷二一三高适也有《燕歌行》,诗有序,序曰:"开元二十六年,客有从御史大夫张公出塞而还者,作《燕歌行》以示适。感征戍之事,因而和焉。"高适诗中有"大漠穷秋塞草腓,孤城落日斗兵稀。身当恩遇恒轻敌，力尽关山未解围"，贾至诗中有"季秋胶折边草腓，治兵羽猎因出师。千营万队连旌旗，望之如火忽雷驰"等句，时间上颇一致，故当同时作。

742年（壬午）
天宝元年　公二五岁

十月，公在长安，任校书郎，见乡名坑儒，奉敕作《旌儒庙碑》。

《全唐文》卷三六八《旌儒庙碑》："开元末，天子在骊山之宫，登集灵之台，考图验纪，周览原隰。见乡名坑儒，颓堑犹在，慨然感亡秦之败德，哀先儒之道丧，强死千载，游魂无依。乃诏有司，是作新庙，牲币有数，以时飨祀，因祠命乡，号曰旌儒。……今天子矫覆车之前轨，崇明祀于后叶，秦之所灭，我之所兴，斯区夏无疆之休，子孙万代之福也。"《新唐书·地理一》："昭应……有旌儒乡，有庙，故坑儒，玄宗更名。"《旧唐书·玄宗纪》："（天宝元年）冬十月丁酉，幸温泉宫。辛丑，改骊山为会昌山，仍于秦坑儒之所立祠宇，以祀遭难诸儒。新成长生殿名曰集灵台，以祀天神。"同书《礼仪四》："十月，改新丰骊山为会昌山，仍于秦坑儒之所立祠宇。新作长生殿改为集灵台。"贾文中的"开元末"乃玄宗准备建祠，祠成当在天宝元年十月，故贾至《旌儒庙碑》当作此时。《册府元龟》卷五〇："若等按《贾至文集》有《旌儒庙碑》，奉敕撰也。"

约本年或稍后，贾至在单父尉任上。

贾至《虙子贱碑颂》："天宝初，至始以校书郎尉于单父。"《校笺》以为贾至有《微子庙碑颂》："皇帝二十有一载，予作吏于宋，思其先圣遗事，求于古老舆人，则得君之祠庙存焉。"开元二十一年，贾至才十五岁，不可能作吏于宋，故推断其为三十一年即天宝元年。

约本年前后，公在宋州，送友人使循州河源，有诗作。

《全唐诗》卷二三五贾至《送友人使河源》："送君鲁郊外，下车上高丘。萧条千里暮，日落黄云秋。举酒有余恨，论边无远谋。河源望不见，旌旆去悠悠。"《礼记》："是以鲁君……祀帝于郊，配以后稷，天子之礼也。"按：鲁郊即曲阜之郊，是春秋时鲁国举行祭祀之处。单父距曲阜不过百公里，古曰鲁郊。《元和郡县图志》卷三四："河源县，本汉龙川县之地，齐于此置河源县，以县东北三百里有三河之源，故名也，属南海郡。隋开皇十年改属循州。"故诗当作于单父尉任上。

744 年（甲申）

天宝三载　公二七岁

正月，改"年"为"载"。

《旧唐书·玄宗下》："三载正月丙辰朔，改年为载。赦见禁囚徒。"《新唐书·玄宗纪》："三载正月丙申，改年为载。降死罪，流以下原之。"

746 年（丙戌）

天宝五载　公二九岁

本年前后，公与独孤及、陈兼、高适等游于梁宋。

《全唐文》卷五二二梁肃《朝散大夫使持节常州诸军事守常州刺史赐紫金鱼袋独孤公行状》："二十余以文章游梁宋间，通人颍川陈兼、长乐贾至、渤海高适，见公皆色授心服，约子孙之契。"又《全唐文》卷三九三独孤及《祭贾尚书文》："某获见于兄，二十有六年矣，兄有七年之长，蒙以伯仲相视。"贾至于大历七年（772）卒，上溯二十六年当为本年。也与《行状》所云年"二十余"合。

748年（戊子）

天宝七载　公三一岁

本年，贾至自宋州之洛阳，途经虎牢关，有感汉高祖和唐太宗事，作《虎牢关铭》。

《全唐文》卷三六八贾至《虎牢关铭》（并序）："天宝七载，至自宋都，西经洛阳，歇鞍登兹，怀古钦望。览山河之壮丽，想威灵而咫尺，慨然有怀。"又曰："唐汉绍兴，得非山灵河神，正直是辅，乃知英雄者不独恃险，而颠沛者在于凉德欤！"铭曰："岁在戊子，西经登兹。"戊子年亦为天宝七载。虎牢关，《元和郡县图志》卷五："汜水县，古东虢国，郑之制邑，汉之成皋县，一名虎牢。"同卷载："成皋故关，在县东南二里。"虎牢关当在此处，历史上有名的成皋之战、虎牢之战就发生在该地。故序曰："时则汉祖守之以临山东，坐清三齐，强楚踯躅而不进。"又曰："我唐光于兹日，其创业之主，戡难定功，咸在斯地，意者天开险固，为霸王之器乎？圣作功业，知窅冥之意乎？不然，何元期时事，影响之若此也？"

公天宝元载以校书郎为单父尉，天宝七载回归洛阳，前后经历七年，以下诗文作于单父尉任上。

贾至《宓子贱碑颂》曰："天宝初，至始以校书郎尉于单父，想先生行事，征其颂声。而古碑残缺，苔篆磨灭，使立志之士，何以挹其遗风焉？呜呼！其道存而其事往，其人亡而其政息，哀哉！遂作颂。"可见作于单父尉任上。《颜氏家训集解》："伏羲或谓之宓羲。……何以验之？孔子弟子宓子贱为单父宰，即虙羲之后，俗字亦为宓，或复加山。今兖州永昌郡城，旧单父地也，东门有'子贱碑'，汉世所立，乃曰：'济南伏生，即子贱之后。'是虙之与伏，古来通字，误以为宓，较可知矣。"

贾至《微子庙碑颂》曰："噫！汤之德衰，故微子复兴于宋矣。"

又言："是太王立季历而昌，帝乙舍微子而亡，成败系人，不其昭彰乎？皇帝二十有一载，予作吏于宋，思其先圣遗事，求于古老舆人，则得君之祠庙存焉。"按：韩愈《题李生壁》："是来也，余黜于徐州，将西居于洛阳。泛舟于清冷池，泊于文雅台下。西望商丘，东望修竹园。入微子庙，求邹阳、枚叔、司马相如之故文。久立于庙陛间，悲《那颂》之不作于是者已久。"旧注："清冷池、文雅台、商丘、修竹园、微子庙，皆在睢阳。"《金石略·通志略》："微子庙碑（南京）。"按：宋州即今河南商丘，历史上又称亳、宋国、梁国、梁园、睢阳、宋城、宋州、应天府、南京、归德府等。故《微子庙碑颂》当作于单父尉任上，具体创作时间不详。

749年（己丑）

天宝八载　公三二岁

秋，公在洛阳，作《闲居秋怀，寄阳翟陆赞府、封丘高少府》，抒写对友人的思念及对友人遭遇的愤慨。

《全唐诗》卷二三五贾至《闲居秋怀，寄阳翟陆赞府、封丘高少府》：封丘高少府，指高适。陆赞府则不知所指。《旧唐书·高适传》："适少濩落，不事生业，家贫，客于梁、宋，以求丐取给。天宝中，海内事干进者注意文词。适年过五十，始留意诗什……宋州刺史张九皋深奇之，荐举有道科。时右相李林甫擅权，薄于文雅，唯以举子待之。解褐汴州封丘尉，非其好也，乃去位，客游河右。"《新唐书·高适传》："客梁、宋间，宋州刺史张九皋奇之，举有道科中第，调封丘尉，不得志，去。"《郡斋读书志》卷一七："（高适）天宝八年，举有道科中第。"高适《答侯少府》："赫赫三伏时，十日到咸秦。褐衣不得见，黄绶翻在身。"当年六月授职封丘尉，七月过洛阳，十一年秋，高适在长安。本年七月过洛阳作《留别郑三、韦九兼洛下诸公》，洛下诸公当包括贾至等人。诗云："蹇质蹉跎竟不成，年过四十尚躬耕。长歌达者杯中物，大笑前人身后名。"贾至《闲居秋怀，寄阳翟陆赞府、封丘高少府》诗云："八月白露降，玄蝉号枯桑。"当作本年八月。诗中另有句："天朝富英髦，多士如圭璋。盛才溢下位，蹇步徒猖狂。"感叹高适等人之不遇。与高适诗相呼应，可视为答谢之作。当作高适到任封丘后不久。又《新唐书·地理二》："许州颍川郡……县九。长社、长葛、阳翟、许昌、鄢陵、扶沟、临颍、舞阳、郾城。"《新唐书·地理二》："汴州陈留郡……县六。浚仪、开封、尉氏、封丘、雍丘、陈留。"两县均距洛阳不远。

本年前后，秋，公在洛阳，作序送李兵曹往江外，并嘱其问候颍川陈兼、河南于逖。

《全唐文》卷三六八贾至《送李兵曹往江外序》："李侯吾之鲍子也，我知其为人，立身清而廉，从政敏而达，内以孝悌著，外以信义称。嘉辰良宵，亹亹清话，又足见林宗高识、叔度洪量，一命佐邑，非以政学也；再命环卫之曹，非为官择也。徒栖迟下位，禄未代耕，是以去游镜亭，探禹穴，水宿云卧，弥年始还。今又匹马出关，舣舟洛下，念安石东山之赏，怀子猷剡溪之兴，何云思浩荡，而野情寥廓哉？……想子行迈，路经夷门，见颍川陈兼、河南于頔，为问道心无恙、星鬓如何，宿昔屡空，复为安邑也。"据《唐五代文学编年史》考，于頔元和十三年致仕，不可能在天宝中即有星鬓，且于逖本年前后居于汴州，与《序》一致，故当是于逖，"逖""頔"音近，《编年史》考当无误。又《编年史》以为："贾至以天宝七载至洛阳，陈兼于十二载十月应辟赴京，序当作于此数年中秋日。"今从之。

751年（辛卯）

天宝十载　公三四岁

四月，梁耿篆刻公文《唐宓子贱碑》。

《金石录》卷七："第一千二百九十一 唐宓子贱碑（贾至文，梁耿篆书。天宝十载四月）。"

又《唐才子传·贾至传》："至天宝十年明经擢第。"实误，详见开元二十三年条。

753年（癸巳）

天宝十二载　公三六岁

十月，公在洛阳，时独孤及在宋州，有诗送陈兼应辟，兼寄公与高适。

《全唐诗》卷二四六独孤及《送陈兼应辟兼寄高适、贾至》："罢官梁山外，获稻楚水湄。适会傅岩人，虚舟济川时。天网忽摇顿，公才难弃遗。凤凰翔千仞，今始一鸣岐。"又曰："旧友满皇州，高冠飞翠蕤。相逢绛阙下，应道轩车迟。高侯秉戎翰，策马观西夷。方从幕中事，参谋王者师。贾生去洛阳，焜燿琳瑯姿。芳名动北步，逸韵凌南皮。"可见，当时贾至在洛阳。按：《全唐文》卷三八八独孤及《送陈赞府兼应辟赴京序》："十二载冬十月，果以公才征。龙泉自惜，暂隐牛斗之次；美玉无胫，竟为秦人所得。……况朝廷顿八绂久矣。顷来儒服立于鲁人之门者，公祗命台铉，将濯缨而孤矣。当贞女不字，十年反常，及大翼怒飞，知一日几万？"可知送别时间在天宝十二载冬十月。

754年（甲午）

天宝十三载　公三七岁

天宝十载，颜允臧制举县令对策及第，授延昌令。本年，由于公等赞誉，颜以清白名闻。时公在关内道采访使判官任上。

《全唐文》卷三四一颜真卿《朝请大夫行江陵少尹兼侍御史荆南行军司马上柱国颜君神道碑铭》云："君讳允臧，字季宁，京兆长安人。……天宝十载，制举县令对策及第，授延昌令。君悉心致理，远者怀而迩者安。采访判官贾至、王伦言于使，清白名闻。会安禄山反，遂止。"《旧唐书·地理一》："关内道……延州中都督府，隋延安郡。……延昌，武德二年，置北平州。贞观三年废，十年于废州置罢交县。天宝元年，改名为延昌县。"按：颜允臧天宝十载授延昌令，公任关内道采访使判官当在此后。又天宝十二载公尚在洛阳，天宝十四载公在中书舍人任。故任关内道采访使判官当在本年。"公言于使"在天宝十三年，而因天宝十四载会"安禄山反"，使"遂止"。

本年前后，公在关内道采访使判官任上，出使盐州，有诗作。

《全唐诗》卷二三五贾至《出塞曲》："万里平沙一聚尘，南飞羽檄北来人。传道五原烽火急，单于昨夜寇新秦。"按：《元和郡县图志》卷四："盐州，五原。中府。……禹贡雍州之域。……隋大业三年为盐川郡。贞观二年讨平梁师都，置盐州。天宝元年改为五原郡，乾元元年复为盐州。"盐州部分地区在唐属塞外。《出塞曲》当作于此时。又同卷贾至有《白马》："白马紫连钱，嘶鸣丹阙前。闻珂自蹀躞，不要下金鞭。"或为出塞前作，现姑系于此。

755年（乙未）

天宝十四载　公三八岁

十一月，甲子，安禄山率兵十余万，以诛杨国忠为名，自幽州南下，安史之乱起。十二月，丁酉，禄山陷东京。时公在长安。

《旧唐书·玄宗纪》："（天宝十四载）十一月……丙寅，范阳节度使安禄山率蕃、汉之兵十余万，自幽州南向诣阙，以诛杨国忠为名，先杀太原尹杨光翙于博陵郡。"同卷："十二月……丁酉，禄山陷东京，杀留守李憕、中丞卢奕、判官蒋清。时高仙芝镇陕郡，弃城西保潼关。……丙午，斩封常清、高仙芝于潼关，以哥舒翰为太子先锋兵马元帅，领河、陇兵募守潼关以拒之。"《资治通鉴》卷二一七："（天宝十四载）十一月，甲子，禄山发所部兵及同罗、奚、契丹、室韦凡十五万众，号二十万，反于范阳。"《安禄山事迹》卷中："十一月九日，禄山起兵反，以同罗、契丹、室韦曳落河，兼范阳、平卢、河东、幽、蓟之众，号为父子军，马步相兼十万，鼓行而西，以诛杨国忠为名。"《新唐书·玄宗纪》所载不言安禄山反日。按：《全唐文》卷三四二颜真卿《临淮武穆王李公神道碑铭》："十四载冬十一月，安禄山反范阳。"又同卷有《夏州都督康公神道碑铭》："十四载冬十一月九日甲子，安禄山反范阳。"颜真卿亲历安史之乱，故安禄山反日当为十一月甲子，而非丙寅。

756年（丙申）

唐肃宗李亨

天宝十五载　至德元载　公三九岁

正月，授南阳太守鲁炅襄阳郡防御使，公为之制。公亦或此稍前拜为起居舍人，知制诰。

《全唐文》卷三六七贾至《授鲁炅襄阳郡防御使制》："南阳太守鲁炅，忠肃懿文，仁而能武，历危难之际，见贞固之诚。自翰守南阳，载罹寒暑，城孤师寡，负户以汲，虏不得进，江汉赖宁。……汉水方城，国之要害，宜加亚相之任，兼收御众之功。可依前件。"按：《旧唐书·鲁炅传》："禄山之乱，选任将帅。十五载正月，拜炅上洛太守，未行，迁南阳太守、本郡守捉，仍充防御使。"《新唐书·鲁炅传》："安禄山反，拜上洛太守，将行，于帝前画攻守势，迁南阳太守，兼守捉防御使，封金乡公。"又《新唐书·玄宗纪》："十五载正月……甲子，南阳郡太守鲁炅为南阳节度使，率岭南、黔中、山南东道兵屯于叶县。"防御使只负责一州或数州的军事，常由刺史或观察使兼任，地位相当于团练使，比节度使低。《新唐书》作节度使，当误。因新、旧《唐书》都提及本年正月为南阳太守，故系此文于此。贾至诏旨制敕、玺书册命以本篇为最早，故贾至拜起居舍人，知制诰，当在本月或稍前。

又《旧唐书·文苑中》："至，天宝末为中书舍人。禄山之乱，从上皇幸蜀。"而《新唐书》本传："从玄宗幸蜀，拜起居舍人，知制诰。"《唐才子传·贾至传》："累官起居舍人，知制诰。"《唐才子传校笺》以为先拜起居舍人，后拜中书舍人知制诰。并依据《新唐书》卷四七《百官志》："起居舍人二人，从六品上。掌修记言之史，录制诰德音，如记事之制，季终以授国史。"《新唐书》卷四七《百官志》："中书省……舍人六人，正五品上。掌侍进奏，参议表章。凡诏旨制敕、玺书册命，皆起草进画；既下，则署行。"认为起居舍人不应撰册，只应记言。故"疑贾至于天宝末先任起居舍人，安史乱起，从玄宗入蜀，及撰传位册文，乃又迁为中书舍人"。按：《校笺》以为"中书舍人为正六品上"误，应为正五品上，是一较显赫的官位。贾至之前乃为关内道采访使判官之类小职，不可能升为中书舍人。又按：《新唐书》本传载："至……从玄宗幸蜀，拜起居舍人，知制诰。……历中书舍人。"历中书舍人在知制诰后，又《资治通鉴》卷二一九载："（至德二年）将军王去荣以私怨杀本县令，当死。上以其善用炮，壬辰，敕免死，以白衣于陕郡效力。中书舍人贾至不即行下，上表。"《全唐文》卷三三一崔器《将军王去荣杀人议》："右件官打杀本部富平县令杜徽，恩旨以其能放抛石，免死夺官，自身配陕郡效力，中书舍人贾至等未即行下，奏请奉进敕旨议者。"则《新唐书》把历中书舍人置于"从玄宗幸蜀，拜起居舍人，知制诰"后是合理的。又玄宗前"知制诰"为中书舍人专任，但唐玄宗开元年间，以他官掌诏、敕、册、命者称为兼知制诰，知制诰遂成为差遣职名，凡加此号者，即有撰作诏敕之责。在新、旧《唐书》中，就有不少起居舍人知制诰的。故本年八月时，贾至虽为起居舍人，也可以撰传位册文，不必过多纠缠起居舍人和中书舍人的职责。又本年八月，贾至在肃宗朝为起居郎，见本年八月条，盖由于其曾任起居舍人故。

又本月，安禄山于洛阳称帝。

《旧唐书·玄宗纪》："十五载春正月乙卯……其日，禄山僭号于东京。"

三月七日，肃宗慰喻朔方将士。公为之敕。

《唐大诏令集》卷一一五贾至《慰喻朔方将士敕》："敕朔方将士等，自寇逆乱常，殆涉三载。卿等披坚执锐，暴露原野，东征西伐，未尝暂宁；雪霜风雨之间，白刃鸣镝之下，艰勤至矣……故令宣慰，知朕意焉。"其后注曰："至德元年三月七日。"按：《全唐文》中贾至文未载此篇，现补辑于此。

六月，贼军陷潼关，玄宗幸蜀。公扈从。

《旧唐书·玄宗下》："六月……辛卯，哥舒翰至潼关，为其帐下火拔归仁以左右数十骑执之降贼，关门不守，京师大骇，河东、华阴、上洛等郡皆委城而走。"同卷："甲午，将谋幸蜀，乃下诏亲征，仗下后，士庶恐骇，奔走于路。"《资治通鉴》卷二一七、《新唐书·玄宗纪》所载略同。公七月与玄宗抵普安郡，本月当扈从玄宗。

又本月或稍前，韩洪自襄阳太守授山南东道防御使，公为之制。

《全唐文》卷三六七贾至《授韩洪山南东道防御使等制》："襄阳太守韩洪、左补阙韩纮等，令德之后，象贤而立，克光前业，不坠家声。……洪可山南东道防御使，纮可考功员外郎知制诰。"又《旧唐书·韩休传》："属安禄山反，西京失守，洪陷于贼，贼授官，将见委任，洪与浩及泐、滉、浑同奔山谷，以投行在。至谷口，洪、浩、浑及洪子四人并为贼所擒，并命于通衢。洪重交友，籍甚于时，见者掩涕，肃宗闻其重臣子，能以忠而死，赠太常卿。浩赠吏部郎中，浑赠太常少卿。"按：从《旧唐书》可见，韩洪自西京失守，未能从叛军中逃出，最后为叛军所杀。贾至文中又言："今冠虐未清，邦家多事。"则安史之乱已发生，故《制》作于本月或稍前。

七月甲子，太子即皇帝位于灵武，改元至德，是为肃宗。

《旧唐书·肃宗纪》："是月甲子，上即皇帝位于灵武。礼毕，冕等跪进曰：'自逆贼凭陵，两京失守，圣皇传位陛下，再安区宇，臣稽首上千万岁寿。'群臣舞蹈称万岁。上流涕歔欷，感动左右。"《新唐书·肃宗纪》："（七月）甲子，即皇帝位于灵武，尊皇帝曰上皇天帝，大赦，改元至德。"《全唐文》卷四四肃宗《即位大赦文》："朕所以理兵朔方，将殄寇逆，务以大者，本其孝乎。须安兆庶之心，敬顺群臣之请，乃以七月癸丑朔十二日甲子，即皇帝位于灵州。敬崇徽号，上尊圣皇曰上皇天帝。"

七月十五日，玄宗抵普安郡，以太子亨充天下兵马元帅，公作制。后拜宪部侍郎房琯为吏部尚书、同中书门下平章事。公为之制。

《旧唐书·玄宗纪》："秋七月……甲子，次普安郡，宪部侍郎房琯自后至，上与语甚悦，即日拜为吏部尚书、同中书门下平章事。"又《全唐文》卷三六六贾至《元宗幸普安郡制》文中言及安史之乱："泉壤一漏，成此滔天。构逆召戎，驰突中夏，倾覆我河洛，扰乱我崤函，使衣冠奔走于草莽，黎庶狼狈于锋镝。伊朕薄德，不能守厥位，贻祸海内，负兹苍生。是用罪已责躬，瘠瘵战灼，上愧乎天地，下愧乎庶人，外愧乎四海，内愧乎九族，乾乾惕厉，思雪大耻。"又言："太子亨宜充天下兵马元帅，仍都统朔方、河东、河北、平卢等节度采访都大使，与诸路及诸副大使等计会，南收长安、洛阳。"《唐

大诏令集》卷三六作《命三王制》，文末注曰："天宝十五载七月十五日。"又《全唐文》卷三六七贾至《授房琯文部尚书同平章事制》："宪部侍郎房琯，清识雅量，工文茂学。秉忠义之规，靡惮艰险；挺松筠之操，宁移岁寒。宜承赐剑之荣，式允济川之望。可文部尚书同中书门下平章事。"《唐大诏令集》卷四五作《房琯平章事制》，文末注曰："天宝十五载七月十四日。"

又七月，帝册汉中王李瑀及御史中丞魏仲犀。公为之制。

《全唐文》卷三六七贾至《册汉中王瑀等文》："惟天宝十五载岁次景申七月戊子朔，皇帝若曰：'咨尔汉中王瑀暨御史中丞魏仲犀……其镇抚黎人，庄肃守位；仲犀其悉心戮力，赞我维城。则瑀有任贤之各，犀有忠勤之绩。匡复社稷，戡定寇仇，在此行也。'"

八月壬午，玄宗至成都；癸巳，灵武使至，始知皇太子即位。于是令公起草诏书及册文，又公之父贾曾在玄宗即位时作《命皇太子即位制》，两朝皇帝的册文为公父子所撰，公因此呜咽感涕。

《新唐书》本传："帝传位，至当撰册，既进稿，帝曰：'昔先天诰命，乃父为之辞，今兹命册，又尔为之，两朝盛典，出卿家父子手，可谓继美矣。'至顿首，呜咽流涕。"《旧唐书》本传："时肃宗即位于灵武，上皇遣至为传位册文，上皇览之叹曰：'昔先帝逊位于朕，册文则卿之先父所为。今朕以神器大宝付储君，卿又当演诰。累朝盛典，出卿父子之手，可谓难矣。'至伏于御前，呜咽感涕。"《唐才子传·贾至传》所载略同。又《全唐文》卷三六七贾至《肃宗皇帝即位册文》："维天宝十五载岁次景申八月癸未朔十八日己亥，皇帝若曰：'咨尔元子某，惟天为大，惟人君则之。……予懋乃懿绩，嘉乃神武，天之历数在尔躬。汝惟推诚，祸乱将冀尔永清；汝惟从谏，宗社将冀尔复宁。佞言惟疵，直言惟师，任贤勿贰，去邪勿疑。民非后孰治？后非贤罔与守邦。钦哉！慎乃有位，无忝我祖宗之丕烈矣！'"《唐大诏令集》卷三〇另有贾至《明皇令肃宗即位诏》："况我元子，其睿哲聪明，恪慎克孝，才备文武，量吞海岳。付之神器，不曰宜然。今宗社未安，国家多难，某英勇雄毅……朕称太上皇。且天下兵权，制在中夏，朕处巴蜀，应卒则难。其四海军郡，先奏取皇帝进止，仍奏朕知。……待克复上京已后，朕将凝神静虑，偃息大庭。"文后注："至德元年八月十六日。"按《全唐文》卷三三有玄宗《命皇太子即皇帝位诏》，其文乃《唐大诏令集》部分，非诏书全文，盖来源于《册府元龟》卷一一。

八月二十一日，玄宗为防止诸王争斗，停颍王、永王、丰王等节度使，令诸子听取肃宗处分。公为之制。

《唐大诏令集》卷三六贾至《停颍王等节度诰》："颍王、永王、丰王等，朕之诸子，早承训诲。琢磨《诗》《书》之教，佩服仁义之方。乐善无厌，好学不倦。顷之委任，咸缉方隅。今者皇帝即位，亲统师旅，兵权大略，宜有统承，庶若网在纲，惟精惟一。颍王以下节度使并停。其诸道先有节度等副使，便令知事。仍并取皇帝处分。李岘未到江陵，永王且莫离使，待交付兵马了，永王、丰王赴皇帝行在。"按：《全唐文》卷三八作玄宗《停颍王等节度诰》，今从《唐大诏令集》。又其文末注曰："至德元年八月二十一日。"《旧唐书·永王璘传》："璘七月至襄阳，九月至江陵，召募士将数万人，恣情补署，江淮租赋，山积于江陵，破用钜亿。以薛镠、李台卿、蔡坰为谋主，因有异志。肃宗闻之，诏令归觐于蜀，璘不从命。"当是指此事，然非肃宗，而是玄宗。

又本月，高适在成都，陈哥舒翰潼关败亡之由，自侍御史擢谏议大夫。公为之制。

《旧唐书·高适传》："至成都，八月，制曰：'侍御史高适，立节贞峻，植躬高朗，感激怀经济之略，纷纶赡文雅之才。长策远图，可云大体；谠言义色，实谓忠臣。宜回纠逖之任，俾超讽谕之职。可谏议大夫，赐绯鱼袋。'"又《新唐书·高适传》："天子西幸……俄迁侍御史，擢谏议大夫，负气敢言，权近侧目。"《资治通鉴》卷二一九："（至德元载）上皇命诸子分总天下节制，谏议大夫高适谏，以为不可；上皇不听。"《全唐文》卷三六七贾至《授高适谏议大夫制》："监察御史高适，立节贞峻，直躬高朗，感激效经济之略，纷纶赡风雅之才。长策远图，可云大体；谠言毅色，实谓忠良。宜迴纠逖之任，俾超风谕之职。可守谏议大夫。"

又本月，襄阳太守李峘授武部侍郎。公为之制。

《全唐文》卷三六七贾至《授李峘武部侍郎制》："前襄阳太守李峘，贞固简肃，宗枝标秀，历践中外，咸克有声。今巴蜀之地，停銮驻跸，举尔以文武之才，倚尔以维城之固。且小司马之职，连率之重，兼而处之，不曰厚寄？懋哉厥德，无替朕命。可行武部侍郎。"《旧唐书·玄宗纪》："八月癸未朔，御蜀都府衙。"与文中提及"今巴蜀之地，停銮驻跸"合，当在至德元载八月。《新唐书·李峘传》："峘性质厚，历宦有美名……方入计，而玄宗入蜀，即走行在。除武部侍郎，兼御史大夫。"《旧唐书》所载同。故制当作于本年八月。

又本月，帝封宰相韦见素为豳国公，时韦忧得罪于公议，故辞之。公代为之表。

《全唐文》卷三六七贾至《为韦相让豳国公表》："且臣值禄山干纪，不能制其命；臣与国忠同侪，不能正其恶。尸飨厚禄，窃位多时。一昨扈从之初，不即死者，盖以翠华历险，牧圉无扞，驽马思效，且伏辕舆，候至蜀城，自拘司败。"文中言及安史之乱、马嵬兵变及玄宗幸成都事，当在本年八月。故文当作于此时。又言："以此受封，不可以训。贪荣冒宠，非臣所图。伏愿俯乘矜悯，舍此阶爵，不使臣父子得罪于公议，见嗤于有识。"按：据《旧唐书·韦见素传》："（天宝十三载）其年八月，拜武部尚书、同中书门下平章事，充集贤院学士，知门下省事，代陈希烈。"韦见素拜相在天宝十三载八月。

又本月，玄宗命房琯、韦见素、崔涣传国宝玉册奉使灵武，宣传诏命，便行册礼。令公为册礼使判官，随行途中有诗呈房琯、韦见素、崔涣。

《旧唐书·韦见素传》："八月，肃宗使至，始知灵武即位。寻命见素与宰臣房琯赍传国宝玉册奉使灵武，宣传诏命，便行册礼。……见素等悲泣不自胜。仍以见素子谔及中书舍人贾至充册礼使判官。"《旧唐书·房琯传》："其年八月，与左相韦见素、门下侍郎崔涣等奉使灵武，册立肃宗。"《新唐书·韦见素传》："肃宗立，与房琯、崔涣持节奉传国玺及册，宣扬制命……见素涕泣拜辞，又命见素子谔及中书舍人贾至为册使判官。"

贾至《自蜀奉册命往朔方途中，呈韦左相、文部房尚书、门下崔侍郎》云："胡羯乱中夏，銮舆忽南巡。衣冠陷戎寇，狼狈随风尘。幽公秉大节，临难不顾身。"言及安史之乱。"太皇时内禅，神器付嗣君。新命集旧邦，至德被远人。捧册自南服，奉诏趋北军。觐谒心载驰，违离难重陈。"言及册礼事。"扈从出剑门，登翼岷江滨""策马出蜀山，畏途上缘云"言及自身地位及沿途艰辛。"岂惟太公望，往昔逢周文，谁谓三杰才，功业独殊伦"，则是对三公寄予厚望。

本月，公在灵武，为起居郎知制诰，时吕諲引崔器为御史中丞，公为之制。

《旧唐书·崔器传》："及渭上军破，贼将崔乾祐先镇蒲、同，使麾下骑三十人捉器，器遂北走灵武。器素与吕諲善，諲引为御史中丞、兼户部侍郎。从肃宗至凤翔，加礼仪使。"《新唐书·崔器传》："安禄山陷京师……悉毁贼所署符敕，募众以应之。渭上军败，遂走灵武。素善吕谭，得为御史中丞、户部侍郎。"《旧唐书·肃宗纪》："（至德二载冬十月）丁卯，入长安。士庶涕泣拜忭曰：'不图复见吾君！'上亦为之感恻。九庙为贼所焚，上素服哭于庙三日，入居大明宫。是日，上皇发蜀郡。己巳，文武胁从官免冠徒跣，朝堂待罪，禁之府狱，命中丞崔器劾之。"则崔器自至德元载八月至至德二载十月在御史中丞任。《全唐文》卷三六六贾至《授崔器御史中丞制》："权判文部郎中崔器，闲邪存诚，公而不党，有栾枝贞慎，抱史蝤正直。历践清列，名与实偕。今豺狼未宁，中外多故，群才杂用，则哲惟将。肃其准绳，举其宪则，俾不仁者远，邪佞以悛。尔其留心，宜专纠正，可守御史中丞，余如故。"贾至为起居郎知制诰参见"正月条"。又《旧唐书·房琯传》："琯请自选参佐，乃以御史中丞邓景山为副，户部侍郎李揖为行军司马，中丞宋若思、起居郎知制诰贾至、右司郎中魏少遊为判官，给事中刘秩为参谋。"贾至九月以起居郎知制诰为房琯判官，八月当自起居舍人知制诰转为起居郎知制诰。参见本年"正月"及"九月"条。

本月，授杜鸿渐、崔漪中书舍人，时公在灵武，为之制。

《旧唐书·杜鸿渐传》："及至灵武，鸿渐与裴冕等劝即皇帝位，以归中外之望，五上表，乃从。鸿渐素习帝王陈布之仪，君臣朝见之礼，遂采摭旧仪，绵蕝其事。城南设坛墠，先一日具仪注草奏。……肃宗即位，授兵部郎中，知中书舍人事，寻转武部侍郎。"《旧唐书·肃宗纪》："七月甲子，即皇帝位于灵武。……以朔方度支副使、大理司直杜鸿渐为兵部郎中，朔方节度判官崔漪为吏部郎中，并知中书舍人。"又《新唐书·裴冕传》："初，冕在河西，方召还，而道遇太子平凉，遂从至灵武，与杜鸿渐、崔漪同辞进曰：……太子固让，凡五请，卒见听。"《新唐书·杜鸿渐传》："既至灵武，鸿渐即与冕等劝即皇帝位，以系中外望。六请，见听。……太子即位，是为肃宗，授鸿渐兵部郎中，知中书舍人事。俄为武部侍郎，迁河西节度使。"按：肃宗即位在本年七月，《旧唐书·韦见素传》："八月，肃宗使至，始知灵武即位。"贾至到灵武时当在八月，此制为贾至所撰，则授予杜鸿渐、崔漪中书舍人在八月而非七月。《全唐文》卷三六六贾至《授杜鸿渐崔倚中书舍人制》："知中书舍人鸿渐等，忠肃恭懿，美秀而才，蕴清通之理义，兼贞固之干能。……鸿渐可守中书舍人判武部，倚守中书舍人判文部侍郎。"按：新旧《唐书》作"瞿漪"，贵至文伯"瞿倚"，不知何者为是，姑从新、旧《唐书》。

九月，公随同房琯等人自灵武至顺化郡，见肃宗，行册礼，后又从幸彭原郡。时以琯素有重名，肃宗倾意待之，诏加持节、招讨西京兼防御蒲潼两关兵马节度等使。

《旧唐书·韦见素传》："八月，肃宗使至，始知灵武即位。寻命见素与宰臣房琯赍传国宝玉册奉使灵武……时肃宗已回幸顺化郡。九月，见素等至，册礼毕，从幸彭原郡。"《旧唐书·房琯传》："肃宗以琯素有重名，倾意待之，琯亦自负其才，以天下为己任。时行在机务，多决之于琯，凡有大事，诸将无敢预言。"同卷："寻抗疏自请将兵以诛寇孽，收复京都，肃宗望其成功，许之。诏加持节、招讨西京兼防御蒲潼两关兵马节度等使，乃与子仪、光弼等计会进兵。"《新唐书》所载略同。

又本月，公以起居郎知制诰为招讨西京兼防御蒲潼两关兵马节度判官，时节度使为房琯。

《旧唐书·房琯传》："琯请自选参佐，乃以御史中丞邓景山为副，户部侍郎李揖为行军司马，中丞宋若思、起居郎知制诰贾至、右司郎中魏少游为判官，给事中刘秩为参谋。"

约此稍后，肃宗征拜裴遵庆给事中，公为之制。

《新唐书·裴遵庆传》："肃宗时，为吏部侍郎。萧华辅政，屡荐之，拜黄门侍郎、同中书门下平章事。"未载裴任给事中事。《旧唐书·裴遵庆传》："肃宗即位，征拜给事中、尚书右丞、吏部侍郎，恭俭克己，迟重谨密，颇有时望。上元中，萧华辅政，素知遵庆，每奏见，累称之，迁黄门侍郎、同中书门下平章事。"《旧唐书·萧定传》也有载。《全唐文》卷三六六贾至《授裴遵庆给事中制》："礼部郎中裴遵庆，清正介直，公才雅望，智能利物，行可检人。今东夏务殷，宰臣任重，是资髦士，以佐辀轩。宜居驳议之职，仍领铨衡之务，可给事中。"裴遵庆为给事中，当在肃宗即位或稍后。

十月，房琯率军与贼战于陈涛斜，大败，所伤杀者四万余人，又率南军即战，复败，上并宥之。后从贺兰进明言，渐恶琯。

《旧唐书·房琯传》："琯自将中军，为前锋，十月庚子，师次便桥。辛丑，二军先遇贼于咸阳县之陈涛斜，接战，官军败绩。时琯用春秋车战之法，以车二千乘，马步夹之。既战，贼顺风扬尘鼓噪，牛皆震骇，因缚刍纵火焚之，人畜挠败，为所伤杀者四万余人，存者数千而已。癸卯，琯又率南军即战，复败，希文、刘悊并降于贼。琯等奔赴行在，肉袒请罪，上并宥之。"同卷又曰："会北海太守贺兰进明自河南至……进明曰：'……且太子出为抚军，入曰监国，琯乃以枝庶悉领大藩，皇储反居边鄙，此虽于圣皇似忠，于陛下非忠也。琯立此意，以为圣皇诸子，但一人得天下，即不失恩宠。又各树其私党刘秩、李揖、刘汇、邓景山、窦绍之徒，以副戎权。……'上由是恶琯，诏以进明为河南节度、兼御史大夫。"

十一月或稍前，永王傅窦绍授江陵防御使；侍御史崔伯阳授襄阳防御使。公为之制。

《全唐文》卷三六七贾至《授窦绍山南东道防御使等制》："永王傅窦绍侍御史崔伯阳等，强学立名，检身从政，实有忠贞之操，仍兼镇御之才。……绍可江陵防御使，伯阳可襄阳防御使，余并如故。"

又《元和姓纂》卷九："河南洛阳窦氏"："绍，给事中，荆州长史。"按：文中提及永王傅，史载，永王璘在至德二载二月处死，其叛乱事发在至德元载十二月，故授窦绍江陵防御使、崔伯阳襄阳防御使当在本月或稍前。

十二月，以广陵长史李成式试大理卿，以凤翔太守薛景仙试少府监。公为之制。

《全唐文》卷三六七贾至《授李成式大理卿薛景仙少府监制》："守广陵长史李成式，贞白俭约，履历清贯；前凤翔太守薛景仙，忠义慷慨，愤激危时。靖镇藩条，咸有成绩，递迁中外，宜登卿士。成式可试大理卿，景仙可少府监。"按：《旧唐书·肃宗纪》："（至德元载七月）以陈仓县令薛景仙为扶风太守，以陇右节度使郭英乂为天水郡太守。"又同卷："（至德元载十二月）以秦州都督郭英乂为凤翔太守，谏议大夫高适为广陵长史、淮南节度兼采访使。"扶风也即凤翔，故薛景仙试少府监时必为郭英乂为凤翔太守时。

本年，关内监河判官畅璀授谏议大夫。公为之制。

《旧唐书·畅璀传》："至德初，肃宗即位，大收俊杰，或荐璀，召见悦之，拜谏议大夫。"《全唐文》卷三六六贾至《授畅璀谏议大夫制》："关内监河判官畅璀，颐真养正，精洁惠和，有质直而无流心，秉忠信而持谠议。顷岁去职，晦迹丘园，爱其身以有待，养其志以有为。厥德不回，允谐司议。可兼谏议大夫。"可知，本年授畅璀谏议大夫。

又本年或稍后，司膳郎中张孚拜给事中。公为之制。

《旧唐书·张建封传》："安禄山反，令伪将李庭伟率蕃兵胁下城邑，至鲁郡，太守韩择木具礼郊迎，置于邮馆，玠率乡豪张贵、孙邑、段绛等集兵将杀之。择木怯懦，大惧；唯员外司兵张孚然其计，遂杀庭伟并其党数十人，择木方遣使奏闻。择木、张孚俱受官赏。"

《新唐书·张建封传》:"玠率豪桀段绦等集兵,将斩以徇,择木不许,唯司兵参军张孚助其谋,乃杀廷伟并其党以闻。择木、孚皆受赏。"按:李庭伟,《新唐书》作"李廷伟",不知何者为是,暂存疑。安禄山进兵河南在天宝十四载十二月间,则"择木方遣使奏闻。择木、张孚俱受官赏"在天宝十五载间,而张孚授司膳郎中也当为此事。由司膳郎中授给事中则又在其后。《全唐文》卷三六六贾至《授张孚给事中制》:"司膳郎中张孚,果行育德,疏通知远……可给事中。"

又本年,陈留太守嗣虢王李巨守宪部尚书,公为之制。

《全唐文》卷三六六贾至《授李巨宪部尚书制》:"陈留太守嗣虢王巨,杖剑分阃,专征东夏,俾镇遏寇之职,以宠维城之固。可守宪部尚书。"按:《旧唐书·李祗传》:"十五载二月,授祗灵昌太守,又左金吾大将军、河南都知兵马使。其月,又加兼御史中丞、陈留太守,持节充河南道节度采访使,本官如故。五月,诏以为太仆卿,遣御史大夫虢王巨代之。"又《旧唐书·李巨传》:"及禄山陷东京,玄宗方择将帅,张垍言巨善骑射,有谋略,玄宗追至京师。……寻授陈留谯郡太守摄御史大夫、河南节度使。"又同卷:"至德二年,为太子少傅。"则李巨为宪部尚书当在本年。

又本年前后,第五琦自监察御史授殿中侍御史。公为之制。

《全唐文》卷三六七贾至《授第五琦殿中侍御史等制》:"监察御史第五琦、南海长史楚璆等,吏才贞固,公心谅直,可佐军师。历试艰难,必闻其政。南越留务,西宪准绳,是择髦杰,用康厥任。俾膺宠命,钦乃攸司。第五琦可殿中侍御史,楚璆可守南海长史兼卫尉少卿,余如故。"《唐会要》卷八四:"至德元年十月。第五琦除监察御史。"《旧唐书·第五琦传》:"会安禄山反,进明迁北海郡太守,奏琦为录事参军。……令琦奏事,至蜀中,琦得谒见,奏言:'方今之急在兵,兵之强弱在赋,赋之所出,江淮居多。若假臣职任,使济军须，臣能使赏给之资，不劳圣虑。'玄宗大喜，即日拜监察御史，勾当江淮租庸使。寻拜殿中侍御史。寻加山南等五道度支使，促办应卒，事无违阙。迁司金郎中、兼御史中丞，使如故。"《新唐书·第五琦传》："肃宗驻彭原，进明遣琦奏事，既谒见，即陈：……帝悦，拜监察御史、勾当江淮租庸使。迁司虞员外郎、河南等五道支度使。迁司金郎中，兼侍御史、诸道盐铁铸钱使。"按：第五琦至德元载十月授监察御史，则授殿中侍御史稍后时贾至已随肃宗，在中书舍人任。故《旧唐书·第五琦传》以为"玄宗大喜，即日拜监察御史，勾当江淮租庸使。寻拜殿中侍御史"当有省略。又《唐会要》卷八七："乾元元年，（第五琦）加度支郎中，寻兼中丞，为盐铁使。"故贾文当作于本年前后。

757年（丁酉）

至德二载　公四十岁

正月三日，肃宗诫示诸道。公为之制。

《全唐文》卷三六六贾至《诫示诸道制》："自銮舆南幸，西巴底宁，俾予小子，受命讨难。越自河陇，及于朔陲，兼北狄兵车，亿万同至。待收秦中，后定河洛，狂寇穷窘，不日蓻灭。……朕每命中官及诸出使，所至郡县，妄宣口敕，征求赋敛，便即奏闻，不可容隐。朕以军政孔殷，朝会未备，礼犹阙于筐筥，时且急于甲兵。乡昭宣国令，以示民庶，履新之庆，与卿等同之。"《唐大诏令集》亦载此文，并于其文末注曰："至德二载正月三日。"故系该文于此。

五日，帝授嗣道王李錬云安等五郡节度使制。公为之制。

《全唐文》卷三六七贾至《授嗣道王錬云安等五郡节度使制》："卫尉少卿嗣道王錬，简约忠谅，即直而温，镇守南服，黎人用乂。且三峡艰阻，四方多虞，按抚缉熙，宜分权总。俾尔揽辔，固兹磐石。可充云安、夷陵、南浦、南平、巴东等五郡节度采访处置防御等使。"《唐大诏令集》卷三八作《嗣道王錬云安等五郡节度等使制》，文末注曰："至德二载正月五日。"

又本月，安禄山为其子安庆绪所杀。

《旧唐书·肃宗纪》："二载春正月……乙卯，逆胡安禄山为其子庆绪所杀。"

《新唐书·安禄山传》："至德二载正月朔，禄山朝群臣，创甚，罢。是夜，庄、庆绪持兵扈门，猪儿入帐下，以大刀斫其腹。禄山盲，扪佩刀不得，振幄柱呼曰：'是家贼！'俄而肠溃于床，即死，年五十余，包以毡罽，埋床下。因传疾甚，伪诏立庆绪为皇太子，又矫称禄山传位庆绪，乃伪尊太上皇。"

二月，公扈从肃宗幸凤翔。时玄宗遣张镐赴凤翔，拜谏议大夫，寻迁中书侍郎、同中书门下平章事。公为之制。

《旧唐书·肃宗纪》："二月戊子，幸凤翔郡。文城太守武威郡九姓齐庄破贼五千余众。上议大举收复两京，尽括公私马以助军。"《旧唐书·房琯传》："谏议大夫张镐上疏，言琯大臣，门客受赃，不宜见累。二年五月，贬为太子少师，仍以镐代琯为宰相。"《新唐书·张镐传》所载略同。《全唐文》卷三六六贾至《授张镐谏议大夫制》："侍御史南汝（疑）节度判官张镐，崇德广业，宣慈惠和，主善为师，志古之道。或直而温，可以居谏诤之任；或强而谊，可以在准绳之职；或理而敬，可以司草奏之繁。……可谏议大夫。"

本月或稍后，授职方员外郎元载豫章防御使，公为之制；又永王璘兵败被杀。

《全唐文》卷三六七贾至《授元载豫章防御使制》："守职方员外郎元载，识度明允，干能贞固，怀龙泉之利器，抱鸿羽之荣姿。弥纶典章，能练南宫故事；精详政理，尝闻五府交辟。……可豫章太守。"

《旧唐书·元载传》:"肃宗即位……时载避地江左,苏州刺史、江东采访使李希言表载为副,拜祠部员外郎,迁洪州刺史。两京平,入为度支郎中。"《新唐书·元载传》:"至德初,江东采访使李希言表载自副,擢祠部员外郎、洪州刺史。入为度支郎中,占奏敏给,肃宗异之。累迁户部侍郎,充度支、江淮转运等使。"按:《旧唐书·肃宗纪》:"(至德二载二月)永王璘兵败,奔于岭外,至大庾岭,为洪州刺史皇甫侁所杀。"而《元和郡县志》卷二八:"乾元元年,租庸使洪州刺史元载奏置。"故元载为洪州刺史当在皇甫侁后,又新、旧《唐书》皆言至德初,当在本月或稍后,不然,则言至德中或至德末了。《唐刺史考·洪州》也言元载至德二载至乾元元年为洪州刺史。永王璘兵败事详见上《旧唐书·肃宗纪》,同书《李璘传》及《新唐书·肃宗纪》《李璘传》也有载。

本月前后,授蜀郡长史李广琛江南防御使,以安反侧。公为之制。

《全唐文》卷三六〇贾至《授李广琛江南防御使制》:"前蜀郡长史李广琛,闲邪存诚,贞固干事,或因旁累,往从迁谪。……建康巨镇,长洲右苑,使臣之选,咸曰其难。勖乃谋猷,佐斯旄钺。可守丹阳太守。"据《唐刺史考·润州》,"李广琛"当作"季广琛",至德二载在丹阳太守任。《旧唐书·韦陟传》:"经岁余,潼关失守,肃宗即位于灵武……陟以季广琛从永王下江,非其本意,惧罪出奔,未有所适,乃有表请拜广琛为丹阳太守、兼御史中丞、缘江防御使,以安反侧。"按:贾至文又言:"凶逆未翦,江介多虞,式遏寇戎,是仗才杰。"提及永王谋反,与《旧唐书》合,然贾至制文极少出现人名错误。虽新、旧《唐书》均作季广琛,然未必贾至文出错,今且存疑。

四月一日,公在凤翔。肃宗宣慰西京陷贼官吏,公为之制。

《全唐文》卷四四肃宗《宣慰西京官吏敕》："西京官吏等，逆胡构祸，暴犯京邑，我国家图必胜之劳，取万全之功。是以避狄而西，外饬师旅，遂使卿等奔窜无所，力屈狂寇。既闭之以师旅，又临之以兵戈，或强逼驱驰，或伪署官爵，事不获已，皆是胁从。……虽陷贼中，固深忧愤，是用恻隐，矜悯于怀。宜各自安，更勿惶惧。朕与人更始，岂求录微瑕哉。旬日之间，与卿等相见。"按：此文《唐大诏令集》卷一一五有载，内容与《全唐文》同。文后注："至德二年四月一日。"言及《制》之具体创作时间，或另有所本，今估从后者。

四月八日，肃宗下诏搜天下贤俊。公为之制。

《全唐文》卷三六六贾至《诏天下搜贤俊制》："朕以薄质，嗣守大宝，寇戎未殄，王业惟艰，兢兢乾乾，日慎一日。"《制》中言及安史之乱，又言及自身称帝事，故当作于至德年间。《制》中又言："如各知其密行异能、博学深识、才堪济代、术可利人、名不彰闻、位不充量、湮沦屠钓、流落风波者，一善可录，便宜公举。"当为安史之乱后人才缺乏之故。《唐大诏令集》卷一〇三作《搜访天下贤俊制》，并于文尾注曰："至德二载四月八日。"故系该文于此。

四月，公在凤翔。帝授司空郭子仪兵马副元帅。公为之制。

《全唐文》卷三六七贾至《授郭子仪兵马副元帅制》："公上略宏才，惇信明谊，受我旄钺，辑宁区夏，典器铭勋，高视前古。实邦家之杰，岂独为予？社稷之卫，可独弼予。节制咨谋，安危斯属，惧朕之不称也。往钦哉！司空子仪可兵马副元帅，主者施行。"按：《旧唐书·郭子仪传》："（至德二载三月）安禄山死，朝廷欲图大举，诏子仪还凤翔。四月，进位司空，充关内、河东副元帅。"《新唐书·郭子仪传》："至德二载……诏还凤翔，进司空，充关内、河东副元帅。"《资治通鉴》所载同。

又四月，韦陟自御史大夫授吏部尚书。公为之制。

《全唐文》卷三六六贾至《授韦陟文部尚书制》："御史大夫郇国公韦陟，代笃惟忠，祗勤于德，文可以经国，业可以济时。……可守文部尚书，余如故。"按：《唐会要·尚书省诸司中》："吏部尚书：……天宝二年三月二十七日，改为文部尚书；至德二载十二月十五日，复为吏部尚书。"又《旧唐书·韦陟传》："即日便赴行在，谒见肃宗，肃宗深器之，拜御史大夫。拾遗杜甫上表论房琯有大臣度，真宰相器，圣朝不容，辞旨迂诞，肃宗令崔光远与陟及宪部尚书颜真卿同讯之。陟因入奏曰：'杜甫所论房琯事，虽被贬黜，不失谏臣大体。'上由此疏之。时朝臣立班多不整肃，至有班头相吊哭者，乃罢陟御史大夫，颜真卿代，授吏部尚书。"又《旧唐书·杜甫传》："十五载……其年十月，琯兵败于陈涛斜。明年春，琯罢相。甫上疏言琯有才，不宜罢免。肃宗怒，贬琯为刺史，出甫为华州司功参军。"《旧唐书·颜真卿传》："二年四月，朝于凤翔，授宪部尚书，寻加御史大夫。"颜真卿二年四月替韦陟为御史大夫，韦陟当同时或稍后为吏部尚书。

六月，崔寓自会稽太守拜给事中。公为之制。

《会稽掇英总集》："崔寓，至德二年自江夏郡太守授；其年六月召拜给事中。"《会稽志》无"其年六月"四字。（参见《唐刺史考·越州》）《全唐文》卷三六六贾至《授崔寓给事中制》："会稽太守崔寓，识敏而周，器清而直，有冉、季之政事，兼应、刘之词藻。累升台省，咸以才迁；骤历藩僚，时惟德举。左曹枢近，爰司驳正，宜择士林之秀，俾参鸾渚之荣。可给事中。"

本月前后，公由起居郎转中书舍人。

《资治通鉴》卷二一九载："（至德二载六月）将军王去荣以私怨杀本县令，当死。上以其善用炮，壬辰，敕免死，以白衣于陕郡效力。中书舍人贾至不即行下，上表。"《全唐文》卷三三一崔器《将军王去荣杀人议》："右件官打杀本部富平县令杜徽，恩旨以其能放抛石，免死夺官，自身配陕郡效力，中书舍人贾至等未即行下，奏请奉进敕旨议者。"可见贾至至德二载六月已在中书舍人任。然中书舍人在唐为正五品，上年九月，贾至尚为起居郎（从六品上），上年十月，房琯大败陈涛斜，上虽宥之，然不久恶琯。贾至与房琯交好，如无重大功绩，断无不降反升可能。考《新唐书·本传》："蒲州刺史以河东濒贼，彻傅城庐舍五千室，不使贼得保聚，民大扰。诏遣至尉安，官助营完，蒲人乃安。坐小法，贬岳州司马。"然词条列在"王去荣杀人事"之后（参见本年六月条）。新、旧《唐书》于贾至传多有纰漏，盖此应是一处。此事应在"王去荣杀人事"之后，贾才得以由起居郎迁为中书舍人。"坐小法，贬岳州司马"与"王去荣事"相距较久，是任汝州刺史之后的事。

六月，将军王去荣以私怨杀本县令，时肃宗以其善用炮，赦免其死罪。公在中书舍人任，上《论王去荣打杀本部县令表》，列其必杀之理。后帝令百官议之，诏从。

《资治通鉴》卷二一九载："将军王去荣以私怨杀本县令，当死。上以其善用炮，壬辰，敕免死，以白衣于陕郡效力。中书舍人贾至不即行下，上表，以为：'去荣无状，杀本县之君。……陛下若以炮石一能即免殊死，今诸军技艺绝伦者，其徒寔繁。必恃其能，所在犯上，复何以止之！若止舍去荣而诛其余者，则是法令不一而诱人触罪也。今惜一去荣之材而不杀，必杀十如去荣之材者，不亦其伤益多乎！夫去荣，逆乱之人也，焉有逆于此而顺于彼，乱于富平而治于陕郡，悖于县君而不悖于大君欤！伏惟明主全其远者、大者，则祸乱不日而定矣。'上下其事，令百官议之。……上竟舍之。"又《新唐书·贾至传》所载同。又《新唐书·贾至传》："太子太师韦见素、文部郎中崔器等皆以为：'法者，天地大典，王者不敢专也。帝王不擅杀，而小人得擅杀者，是权过人主。开元以前，无敢专杀，尊朝廷也；今有之，是弱国家也。太宗定天下，陛下复鸿业，则去荣非至德罪人，乃贞观罪人也。其罪祖宗所不赦，陛下可易之耶？'诏可。"《全唐文》卷三三一崔器《将军王去荣杀人议》："今陕虽要郡，不急于法，则海内无处不克，况陕郡乎无法也。贾至等皆朝之忠良，见克在近。谨议。"按：《全唐文》卷三六七贾至有《论王去荣打杀本部县令表》，内容与《资治通鉴》《新唐书》略同，当作于本年六月。

七月，度支员外郎郑叔清充江淮东西及淮南道宣慰使。公为之制。

《全唐文》卷三六七贾至《遣郑叔清往江淮宣慰敕》："逆虏未平，师旅淹岁，军用匮乏，常赋莫充。……度支员外郎郑叔清，贞固干事，节用爱人，考绩视成，所错斯枉。宜以本官兼侍御史，充江淮东西及淮南道宣慰使。"按：《唐大诏令集》卷一一五作《遣郑叔清往江淮宣慰制》，文末注："至德二年七月十二日。"

闰八月，杜甫在凤翔，上疏言房琯罢相事，触怒肃宗，放还鄜州老家，时公在中书舍人任，甫有诗留别公。

《旧唐书·杜甫传》："其年十月，琯兵败于陈涛斜。明年春，琯罢相。甫上疏言琯有才，不宜罢免。肃宗怒，贬琯为刺史，出甫为华州司功参军。"又《杜诗详注》卷五《北征》："皇帝二载秋，闰八月初吉。杜子将北征，苍茫问家室。维时遭艰虞，朝野无暇日。顾惭恩私被，诏许归蓬筚。"同卷《留别贾严二阁老两院补阙》，贾当指贾至，严指严武。诗言："去远留诗别，愁多任酒醺。一秋常苦雨，今日始无云。"与《北征》时间一致。

九月或稍前，公在中书舍人任，时司封郎中程休文授礼部郎中。公为之制。约此同时，司驾员外郎韦偡授司封郎中，公亦为之制。

《全唐文》卷三六六贾至有《授程休文礼部郎中制》："司封郎中程休文。郎中应列宿之位，御史为准绳之举，纪必以德，任难其人。况于四海多虞，两京未复，台省枢要，非贤不居，或以节推，或以才择。可守礼部郎中。"文中提及"况于四海多虞，两京未复"，故授礼部郎中当在九月收复西京之前。又《唐尚书省郎官石柱题名》卷五"司封郎中"有"程休"之名。又《新唐书·元德秀传》："是时程休、邢宇、宇弟宙、张茂之、李崿……柳识皆号门弟子。……房琯每见德秀，叹息曰：'见紫芝眉宇，使人名利之心都尽。'"《全唐诗》卷一一八孙逖《故程将军妻南阳郡夫人樊氏挽歌》："德配程休甫，名高鲁季姜。"程休与孙逖、元德秀、房琯同时，盖亦与贾至同时，如此，则贾至文中的程休文或就是程休。

　　又《全唐文》卷三六六贾至有《授韦儇司封郎中制》："司驾员外郎韦儇，忠义激切，智深谋敏，怀断割之利用，慨国家之深仇。淮海多虞，寇戎未殄，是择才彦，佐斯旌钺。宜兼台阁，以懋勋庸。可司封郎中，充淮南行军司马兼召募使。"按：此文列于《授程休文礼部郎中制》稍前，也言及"淮海多虞，寇戎未殄"，则当为程休文去司封郎中而后授之于韦儇。又《唐尚书省郎官石柱题名》卷五"司封郎中"补遗中有韦儇之名。韦儇之名，《旧唐书·赵晔传》有载："时有京兆韦氏，夫任畿官，以不供贼军遇害，韦被逆贼没入为婢。江西观察使韦儇，族兄弟也。"《新唐书》所载略同。

九月，广平王李豫统朔方、安西、回纥、南蛮、大食之众二十万，收复西京。

　　《旧唐书·肃宗纪》："二载……九月丁丑，上党节度使程千里与贼挑战，为贼将蔡希德所擒。燉煌王承寀自回纥使还，拜宗正卿；纳回纥公主为妃，回纥封为叶护，持四节，与回纥叶护太子率兵四千助国讨贼。叶护入见，宴赐加等。丁亥，元帅广平王统朔方、安西、回纥、南蛮、大食之众二十万，东向讨贼。壬寅，与贼将安守忠、李归仁等战于香积寺西北，贼军大败，斩首六万级，贼帅张通儒弃京城东走。癸卯，广平王收西京。甲辰，捷书至行在，百僚称贺，即日告捷于蜀。上皇遣裴冕入京，启告郊庙社稷。"《新唐书·肃宗纪》所载略同。

本月二十九日，授太子少保嗣虢王李巨西京留守。公为之制。

《全唐文》卷三六七贾至《授嗣虢王巨西京留守制》："京师初复，宫室始清，可择宗臣，俾之居守。银青光禄大夫守太子少保嗣虢王巨，惠和忠谅，贞干含宏，尝处节度之权，更居师傅之任。嘉猷允塞，茂绩居多，可以固我维城，殿兹邦国。可权充西京留守，余如故。"《旧唐书·李巨传》："（李巨）至德二年，为太子少傅。十月，收西京，为留守、兼御史大夫。"按：至德二载，凤翔称西京，以肃宗避地凤翔故。又《唐大诏令集》卷三八贾至《嗣虢王巨西京留守制》，文末注曰："至德二年九月二十九日。"

本月前后，肃宗遣使巡抚四方，公为之制。

《全唐文》卷三六七贾至《遣巡抚使敕》言："顷者羯贼开衅，乱常干纪，诱胁戎卒，窃弄边兵，九有之人，罹其凶害。"又曰："扫清中原，诛斩蛇豕。岂朕薄德，能建功业？盖人心竭节于本朝，而戮力于寇难也。……犹虑抚字尚阙，疾苦未除，于是分遣使臣，亲访闾里。"故制当作此前后。

十月，肃宗以崔光远为京兆尹。癸亥，上自凤翔还京，仍遣太子太师韦见素入蜀迎上皇。

《旧唐书·肃宗纪》："冬十月乙巳朔，以崔光远为京兆尹。诏曰：'缘京城初收，要安百姓，又洒扫宫阙，奉迎上皇。以今月十九日还京，应缘供顿，务从减省。'……癸亥，上自凤翔还京，仍遣太子太师韦见素入蜀迎上皇。"

本月或稍后，萧昕自礼部侍郎授秘书监。公为之制。

《全唐文》卷三六七贾至《授萧昕秘书监等制》："行礼部侍郎萧昕，文质彬彬，学于旧史；行给事中韩液，恭俭庄敬，藏器于身。咸有令名，升降朝列，正我坟典，懋乃直清。昕可守秘书监，液可守太常少卿。"按：《新唐书·萧昕传》："肃宗立，奉诰册见行在。历中书舍人、礼部侍郎。"《新唐书·张巡传》："始，肃宗诏中书侍郎张镐代进明节度河南，率浙东李希言、浙西司空袭礼、淮南高适、青州邓景山四节度掎角救睢阳，巡亡三日而镐至，十日而广平王收东京。镐命中书舍人萧昕谏其行。"《旧唐书·萧昕传》："潼关败，间道入蜀，迁司门郎中。寻兼安陆长史，为河南等道都统判官。迁中书舍人，兼扬府司马，佐军仍旧，入拜本官，累迁秘书监。代宗幸陕，昕出武关诣行在，转国子祭酒。"广平王收东京在至德二载十月，其后，萧昕转礼部侍郎，再由礼部侍郎授秘书监，贾至至德二载至至德三载春在中书舍人任，后转汝州刺史，故该文当作于本年十月至三年春间。

本月或稍后，授左骁卫将军李光进鸿胪卿。公为之制。

《全唐文》卷三六七贾至《授李光进鸿胪卿制》："左骁卫将军李光进，行已庄肃，临戎果断，有卞庄之勇，怀孟明之材。……光进可鸿胪卿同正。"又言："屡献奇功，益闻干略，克副难兄之业，能摧强寇之锋。"《旧唐书·李光进传》："肃宗自灵武观兵，光进从郭子仪破贼，收两京，累有战功。至德中，授代州刺史，封范阳郡公，食邑二百户。"从制文及《旧唐书》看，李光进为鸿胪卿在收复长安后。

本月或稍后，公在长安，时肃宗宴群臣于勤政楼，公与焉，作诗纪之。

《全唐诗》卷二三五贾至《勤政楼观乐》："银河帝女下三清，紫禁笙歌出九城，为报延州来听乐，须知天下欲升平。"按：《唐五代文学编年史》依据《旧唐书·玄宗纪》："十四载春三月丙寅，宴群臣于勤政楼，奏《九部乐》，上赋诗效柏梁体。"实误，该诗中有句"须知天下欲升平"，当克复二京，安史叛军节节败退之际。故系诗于此。

十一月，时贾至在中书舍人任，肃宗册回纥毗伽可汗为英武威远可汗，每岁赏绢五万匹。贾至制册文。

《全唐文》卷三六七贾至《册回纥为英武威远可汗文》："维至德二年岁次丁酉十一月某日……回纥毗伽可汗，生而英姿，迈越前古，代济威赫，主祀北天，与唐唇齿，奕叶姻妤。安禄山窃弄边兵，暴乱函夏，诱胁戎卒，毒蠹黎人。而可汗感激，义动天地，爰命叶护，统率锐帅，叶赞官军，驱除凶逆。……朕是用式遵典礼，封崇徽号，敬册可汗为英武威远可汗，每载赏绢五万匹。"文当作于本年十一月。

本年或稍前，授弘农太守李晔宗正卿。公为之制。

《全唐文》卷三六七贾至《授李煜宗正卿制》，《文苑英华》作《授李晔宗正卿制》，煜、晔音近，故必为同一人，据李白诗歌，李煜当为李晔。《制》曰："前弘农太守李煜，体正心和，操端行洁。或政能茂异，所莅必闻，或忠孝兼全，避权勤让。咸推公议，多负卿才，官惟其人，用必有适。宜钦尔职，以弼予教。可守宗正卿。"《唐会要》卷六八："（至德）二载十二月十五日，改为凤翔府。称西京，以李煜为尹。"李晔任弘农太守应在此前。据《资治通鉴》卷二二一："（乾元二年四月）。伯阳贬高要尉，献贬桂阳尉，晔与凤翔尹严向皆贬岭下尉。"

本年或稍前，授九陇令李莘为礼部员外郎。公为之制。

《全唐文》卷三六六贾至《授李莘礼部员外郎制》："九陇令李莘，学行薰茂，藻思清新，誉流京剧，政洽巴庸。会府章奏之殷，春官典礼之要，任难其选，才可当人。可试礼部员外郎。"按：《唐尚书省郎官石柱题名考》李莘位列薛邕前。《唐摭言》卷一四："至德二年，驾临岐山，右初阙兼礼部员外薛邕下二十一人。"则李莘为礼部员外郎当在本年或稍前。

758年（戊戌）
至德三载　乾元元年　公四一岁

二月，改"载"为"年"，改元乾元，本月或稍前，帝令节度使与郡县长官悉收战士阵亡骸骨。公为之制。

《旧唐书·肃宗纪》："（三载二月）丁未，御明凤门，大赦天下，改至德三载为乾元元年。"《全唐文》卷三六七贾至《收葬阵亡将士及慰问其家口敕》："自寇戎猾夏，干戈不戢，涉三载亦。……近者诸军告捷，屡摧贼众，天意人事，若将叶符。而战士阵亡，多委沟壑，已令收瘗，犹虑或遗。抚存哀殁，朕之所切。宜令节度使与郡县长官计会，悉收骸骨，埋葬致祭。"《唐大诏令集》卷一一四贾至《收葬阵亡将士及慰问其家口敕》文后注："至德。"故当作于本月或前月。

春，贾至在长安，作《早朝大明宫呈两省僚友》，杜甫、岑参、王维等人有和作。

《瀛奎律髓》卷二"朝省类"："按此四诗倡和在乾元元年戊戌之春。唐肃宗至德二载丁酉九月，广平王复长安。子美以是年夏间道奔凤翔，六月除左拾遗。十月肃宗入京师，居大明宫。贾至为中书舍人，岑参为右补阙。十二月六等定罪，王维降授太子中允。四人早朝之作，俱伟丽可喜，不但东坡所赏子美'龙蛇''燕雀'一联也。然京师喋血之后，疮痍未复，四人虽夸美朝仪，不已泰乎！"

贾至《早朝大明宫呈两省僚友》："银烛熏天紫陌长，禁城春色晓苍苍。千条弱柳垂青琐，百啭流莺绕建章。"杜甫《奉和贾至舍人早朝大明宫》："五夜漏声催晓箭，九重春色醉仙桃。旌旗日暖龙蛇动，宫殿风微燕雀高。"岑参《奉和中书舍人贾至早朝大明宫》："鸡鸣紫陌曙光寒,莺啭皇州春色阑。……花迎剑佩星初落,柳拂旌旗露未干。"诗当作于春日。又贾至诗中有："共沐恩波凤池上,朝朝染翰侍君王。"王维《和贾舍人早朝大明宫之作》中也有："朝罢须裁五色诏,佩声归向凤池头。"可见此时贾至尚为中书舍人,负责为皇帝撰写诏书。

又本年春,贾至在长安,由中书舍人转著作郎。

《旧唐书·职官一》："谏议大夫、御史中丞、给事中、中书舍人、太子中允、中舍人、左右赞善大夫、洗马、国子博士、尚书诸司郎中、秘书丞、著作郎、太常丞、左右卫郎将、左右卫率府郎将、已上五品。"然中书舍人为正五品上,著作郎为从五品上。按:贾至由中书舍人转著作郎,盖由房琯事,时房琯备受众人非议。《旧唐书·房琯传》:"上由是恶琯,诏以进明为河南节度、兼御史大夫。"另至德二载六月,公《论王去荣打杀本部县令表》也逆帝意志,故由此而转著作郎。

又以下作品为天宝十五载至本年春作。

《全唐文》卷三六七贾至《授张光奇光禄少卿制》："始安充经略使张光奇,忠肃周敏,怀其利用,历试中外,累有能名。岭峤地遐,方隅寄重,威怀之政,惟尔悉举。宜参荣于卿士,俾兼镇于藩条。可兼光禄少卿,勋封如故。"《旧唐书·罗希奭》:"(天宝)十四载,以张博济、吉温、韦陟、韦诫奢、李从一、员锡等流贬,皆于始安,希奭或令假摄。右相杨国忠奏遣司直蒋沇往按之,复令张光奇替为始安太守。"《资治通鉴》卷二二一:"(乾元二年八月)戊午,上使将军曹日升往襄州慰谕康楚元,贬王政为饶州长史,以司农少卿张光奇为襄州刺史;楚元不从。"授张光奇光禄少卿当在贾至任起居舍人或中书舍人时,也即天宝十五载至至德三载间。贾至《制》亦当作此期间。

《全唐文》卷三六七贾至《授崔器大理少卿制》："守保定太守崔器，谅直忠肃，才行周敏，登于清列，庶绩其凝。可守大理少卿。"据《唐刺史考·泾州》，崔器至德中为保定太守，故《制》当作于至德年间。

又稍后，贾至进《百家类例》十卷，后因此授汝州刺史。

《唐会要》卷三六载："乾元元年，著作郎贾至撰《百家类例》十卷。"

《唐才子传校笺·贾至》以为，贾至在"乾元元年春由中书舍人出为汝州刺史"。然据《唐会要》，贾至已由中书舍人转为著作郎，当为"乾元元年春由著作郎出为汝州刺史"。《新唐书·地理二》："汝州临汝郡，雄。……户六万九千三百七十四，口二十七万三千七百五十六。"《通典》卷三三载："开元中，定天下州府，自京都及都督、都护府之外，以近畿之州为四辅。其余为六雄、十望、十紧及上中下之差。"雄州刺史为从三品。按：贾至之所以出为汝州刺史，乃由于进《百家类例》。其序旨曰："以其婚姻承家，冠冕备尽，则存谱。大谱所纪者，唯尊官清职。传记本原，分为十卷。爰列百氏，其中须有部折，各于当族注之，通为百氏，以陇西李氏为第一。"安史之乱后，李唐王朝威信不再，贾至撰《百家类例》，无疑具有尊李姓王朝的因素，故深得肃宗赞赏，从而由从五品提升为从三品，并以雄州刺史相授。

春，贾至出刺汝州，杜甫时在长安，为门下省拾遗，作诗相送。

杜甫《送贾阁老出汝州》："西掖梧桐树，空留一院阴。"西掖，中书或中书省的别称。张九龄《酬周判官兼呈耿广州》诗中的"既起南宫草，复掌西掖制"即指中书省。贾至虽以著作郎（属秘书省）身份出刺汝州，然本年春曾任中书舍人，任著作郎时间极短，故有上说。后来，贾至被贬谪岳州后，李白在诗中仍称其为贾舍人至。盖唐人多喜欢称最高官职故。《新唐书·地理二》："汝州临汝郡，雄。本伊州襄城郡，贞观八年更州名，天宝元年更郡名。土贡：绌。户六万九千三百七十四，口二十七万三千七百五十六。"汝州在唐属河南道，贾至是洛阳人，故杜诗曰："艰难归故里，去住损春心。"又贾至《汝州刺史谢上表》："伏奉某月日制，除臣汝州刺史。……即以今月至州上讫，臣某诚惶诚恐顿首顿首。……臣遭遇艰难，谬忝近侍，扈巡巴蜀，朝觐朔方，崎岖三年，恒伏舆轸。"自天宝十五载至今恰三年，故杜诗与贾表均作于本年。杜诗作于本年春，表则稍后，为贾至到汝州后作。

759 年（己亥）

乾元二年　公四二岁

正月，史思明称大圣周王，建元应天；本月，史思明杀安庆绪。

《新唐书·史思明传》："乾元二年正月朔，筑坛，僭称大圣周王，建元应天，以周贽为司马；救相州，却王师，杀庆绪，并其众，欲遂西略，虞根本未固，即留朝义守相州，自引还。"

三月，李光弼等九节度与安庆绪战于相州城下，官军大败，公时在汝州，弃城而逃，南奔襄、邓。

《册府元龟》卷四四三载："乾元二年三月壬申，子仪……等九节度与逆贼安庆绪战于相州城下……李光弼、王思礼、许叔冀、鲁炅遇贼先战，杀伤相半，鲁炅中矢，子仪军承后，阵未及整，忽有大风扬砂拔木，天地昼晦，咫尺不相辨，师人惊溃，官军大奔，弃甲仗器械，委积道路。子仪等收兵断河阳桥保东京。……留守崔圆、河南尹苏震、詹事高适、汝州刺史贾至百余人南奔襄、邓。回兵剽劫，官吏不能止，旬日方定。"《新唐书·肃宗纪》："三月……壬申，九节度之师溃于滏水。史思明杀安庆绪。东京留守崔圆、河南尹苏震、汝州刺史贾至奔于襄、邓。"

四月，史思明称大燕皇帝，年号"天顺"。

《新唐书·史思明传》："乾元二年……夏四月，更国号大燕，建元顺天，自称应天皇帝。"

八月，公坐弃汝州事贬岳州司马。

《新唐书·本传》："坐小法，贬岳州司马。"《唐才子传·贾至传》："初，尝以事谪守巴陵。"按：二书均未言及因何事而贬岳州司马。严武之贬，已见于贬房琯之制。而贾至以著作郎出守汝州，《旧唐书》不载，他皆无可考。《初学集》卷一〇九："贺兰之谮已入，至安能一日容于朝廷？琯将贬而至先出守，其坐琯党明矣。至父子演纶，受知于玄宗。肃宗深忌蜀郡旧臣，其再贬岳州，虽坐小法，亦以此故也。"贾至之贬，虽与肃宗深忌蜀郡旧臣有一定关系，但直接原因是本年三月弃汝州奔襄、邓事。据《唐才子传校笺》依据宋吴缜《新唐书纠谬》："按崔圆留守东都，王师之败相州，圆惧，委东都奔襄阳，诏削阶封，寻召拜济王傅。又《苏震传》云：'震为河南尹，九节度兵败，震与留守崔圆奔襄邓，贬济王府长史，起为绛州刺史。'然则，至之贬岳州司马，正当至德、乾元之际，其贬岳州，即坐弃汝州而出奔之故也。"结合《初学集》，不难看出贾至贬岳州司马的真正原因。

秋，公在岳州司马任。时李白长流夜郎，会赦离鄂州南行，至岳阳；又白族叔李晔因事贬岭下尉，至岳阳，三人同游洞庭，诗酒唱和。公《初至巴陵，与李十二裴九同泛洞庭湖三首》《江南送李卿》；李白《陪族叔刑部侍郎晔及中书贾舍人至游洞庭五首》《陪侍郎叔游洞庭醉后三首》《与贾舍人至于龙兴寺剪落叶梧桐枝望滟湖》等诗均当作此期间。

《新唐书·李白传》："安禄山反，转侧宿松、匡庐间，永王璘辟为府僚佐。璘起兵，逃还彭泽；璘败，当诛。初，白游并州，见郭子仪，奇之。子仪尝犯法，白为救免。至是子仪请解官以赎，有诏长流夜郎。会赦，还寻阳，坐事下狱。"《旧唐书·李白传》："禄山之乱，玄宗幸蜀，在途以永王璘为江淮兵马都督、扬州节度大使，白在宣州谒见，遂辟为从事。永王谋乱，兵败，白坐长流夜郎。后遇赦得还。"贾至有《初至巴陵，与李十二裴九同泛洞庭湖三首》，诗中有句"枫岸纷纷落叶多，洞庭秋水晚来波"。则李白流夜郎遇赦返回，在乾元二年秋。又《资治通鉴》卷二二一："（乾元二年四月）凤翔马坊押官为劫，天兴尉谢夷甫捕杀之。其妻讼冤。李辅国素出飞龙厩，敕监察御史孙蓥鞫之，无冤。又使御史中丞崔伯阳、刑部侍郎李晔、大理卿权献鞫之，与蓥同。犹不服。又使侍御史太平毛若虚鞫之，若虚倾巧士，希辅国意，归罪夷甫。伯阳怒，召若虚诘责，欲劾奏之。……伯阳贬高要尉，献贬桂阳尉，晔与凤翔尹严向皆贬岭下尉。"《旧唐书·李岘传》也载："上怒，叱出之。伯阳贬端州高要尉，权献郴州桂阳尉，凤翔尹严向及李晔皆贬岭下一尉，蓥除名长流播州。"故乾元二年秋得以在岳州与贾至等人相遇。

贾至有《初至巴陵，与李十二裴九同泛洞庭湖三首》，李十二，即李白；裴九，不详其名，或为裴隐。李白在岳州时作有《答裴侍御先行至石头驿，以书见招，期月满泛洞庭》《至鸭栏驿上白马矶赠裴侍御》《夜泛洞庭寻裴侍御清酌》《酬裴侍御对雨感时见赠》《酬裴侍御留岫师弹琴见寄》等诗，李白另有《流夜郎至西塞驿，寄裴隐》："空将泽畔吟，寄尔江南管。"时裴隐在江南地区任官。裴九、裴侍御、裴隐或为同一人。贾至诗中有句："明月秋风洞庭水，孤鸿落叶一扁舟。""枫岸纷纷落叶多，洞庭秋水晚来波。""江畔枫叶初带霜，渚边菊花亦已黄。"当是深秋时节作。《李太白全集》卷二〇《陪族叔刑部侍郎晔及中书贾舍人至游洞庭五首》其一曰"日落长沙秋色远，不知何处吊湘君";其二曰"南湖秋水夜无烟,耐可乘流直上天";其四曰"洞庭湖西秋月辉,潇湘江北早鸿飞。醉客满船歌白苎,不知霜露入秋衣";其五曰"帝子潇湘去不还,空余秋草洞庭间",可见与贾至诗同作于深秋季节。《李太白全集》卷二〇《陪侍郎叔游洞庭醉后三首》诗中有"巴陵无限酒,醉杀洞庭秋",亦当在此先后作。

于此前后,李白和贾至同在岳州,有交游唱和之作。《李太白全集》卷二一《与贾至舍人于龙兴寺剪落叶梧桐枝望灉湖》即与贾至唱和。《岳阳风土记》:"龙兴观故基,在太平寺东,旧有西阁,为登览之胜。见滕公诗咏,皮日休、陆龟蒙亦为观步之什。今治平寺江路,两山间林木邃密,故基存焉,天禧中赐名天庆,昔时观名,因而泯没。"同书又载:"阁子湖,本角子湖,语讹。以其在洞庭之角,故谓之角子湖。灉湖亦谓之阁子湖。"故诗当作于岳州。诗中有句"雨洗秋山净,林光淡碧滋",诗亦作于秋季。

又秋,李晔离岳阳,前往岭南贬所,贾至作《江南送李卿》相送。

《全唐诗》卷二三五贾至《江南送李卿》:"双鹤南飞度楚山,楚南相见忆秦关。愿值回风吹羽翼,早随阳雁及春还。"按:晔本年四月为崔辅国所排,自刑部侍郎贬岭下尉。事见《资治通鉴》卷二二一。

又秋,公在岳州,与李白追忆京华旧游,李有诗作赠公。

《李太白全集》卷一一《巴陵赠贾舍人》:"贾生西望忆京华,湘浦南迁莫怨嗟。圣主恩深汉文帝,怜君不遣到长沙。"《唐才子传·贾至传》:"初,尝以事谪守巴陵,与李白相遇,日酣杯酒,追忆京华旧游,多见酬唱。白赠诗有云:'圣主恩深汉文帝,怜君不遣到长沙。'"

又此前后,公在岳州,李白将之零陵,公有诗送之;时李之弟台卿亦在岳州,李白有诗留别。另,李白《荆州贼乱临洞庭湖言怀作》

《九日登巴陵置酒望洞庭水军》等诗作于在岳期间。

《全唐诗》卷二三五贾至《洞庭送李十二赴零陵》，诗中言"今日相逢落叶前，洞庭秋水远连天。共说金华旧游处，回看北斗欲潸然"。诗当作于本年秋。李白有《赠别舍人弟台卿之江南》："令弟经济士，谪居我何伤。潜虬隐尺水，著论谈兴亡。"《旧唐书·永王璘传》："（天宝十五载）璘七月至襄阳，九月至江陵，召募士将数万人，恣情补署，江淮租赋，山积于江陵，破用钜亿。以薛镠、李台卿、蔡垧为谋主，因有异志。"《唐会要》卷五也有载。由诗题看，时李台卿由舍人贬谪岳州。

《李太白全集》卷二四《荆州贼乱临洞庭湖言怀作》、卷二一《九日登巴陵置酒望洞庭水军》。言及荆州战乱，事见《资治通鉴》卷二二一，指康楚元、张嘉延之乱。当为李白在岳州时所作。

秋，杜甫在秦州，作寄诗岳州贾至、巴州严武。

《杜诗详注》卷八杜甫有《寄岳州贾司马六丈、巴州严八使君两阁老五十韵》。诗云："衡岳啼猿里，巴州鸟道边。故人俱不利，谪宦两悠然。"按：岳州贾司马六丈，即贾至。《全唐文》卷三九三独孤及《祭贾尚书文》载："谨以清酌庶羞之奠，敬祭于故散骑常侍赠礼部尚书贾公六兄之灵。"巴州严八使君，即严武。《全唐文》卷四二肃宗《贬房琯刘秩严武诏》："房琯……又与前国子祭酒刘秩、京兆少尹严武等，潜为交结，轻肆言谈……宜从贬秩，俾守外藩。琯可邠州刺史，秩可阆州刺史，武可巴州刺史。"《旧唐书·崔圆传》："乾元元年六月，诏曰：……琯可邠州刺史，秩可阆州刺史，武可巴州刺史，散官、封如故。"又《新唐书·严武传》："已收长安，拜京兆少尹。坐琯事贬巴州刺史。久之，迁东川节度使。"《舆地碑记目》卷四巴州："《唐古佛龛石刻》……载唐乾元三年山南西道严武奏：'臣顷牧巴州，其州南二里有古佛龛旧石，镌五百余佛，望特赐洪名。'敕以'光福'

为额。"又《金石苑》严武《巴州古佛龛记》:"臣顷牧巴州……乾元三年四月十三日。"故严武于乾元元年六月至乾元三年在巴州刺史任上。其间仅本年历秋,故系于本年。

760年(庚子)

乾元三年　上元元年　公四三岁

本年,岳州隶荆南节度。

见《新唐书》卷六八,表第八。

本年,夏侯宋客在岳州刺史任上,清正宽恕,为元结所赞。

《全唐文》卷三八三元结《夏侯岳州表》:"庚子中,公镇岳州,予时为尚书郎,在荆南幕府,尝因廉问到公之州。其时天下兵兴,已六七年矣,人疲州小,比太平时力役百倍。公能清正宽恕,静以理之,故其人安和而服悦,为当时法则。"

二月或稍前,萧颖士客死汝南逆旅,年五十二,谥号文元先生。开元年间公之父曾及公与颖士多有交往。

《全唐文》卷三二一李华《祭萧颖士文》云:"维乾元三年二月十日,孤子赵郡李华,以清酌之奠,敬祭于亡友故扬州功曹兰陵萧公之灵。"《新唐书·萧颖士传》载:"后客死汝南逆旅,年五十二,门人共谥曰文元先生。"《旧唐书·萧颖士传》载:"萧颖士者,字茂挺。与华同年登进士第。当开元中,天下承平,人物骈集,如贾曾、席豫、张垍、韦述辈,皆有盛名,而颖士皆与之游,由是缙绅多誉之。"《新唐书·萧颖士传》:"所与游者,孔至、贾至、源行恭、张有略、族弟季遐、刘颖、韩拯、陈晋、孙益、韦建、韦收。独华与齐名,世号'萧、李'。"《新唐书·艺文志》:"《游梁新集》三卷,又《集》十卷。"李华《扬州功曹萧颖士文集序》:"有文十卷。"《全唐文》存文两卷。《全唐诗》编诗一卷。

春，贾至在岳州司马任上，有诗寄李季卿、张谓。

《全唐诗》卷二三五贾至《巴陵寄李二户部、张十四礼部》，诗中有句："江南春草初幂幂，愁杀江南独愁客。秦中杨柳也应新，转忆秦中相忆人。"贾至在岳州两度历春，故诗当作于本年或次年春。李二，即李季卿。《郎官石柱题名新著录》户部郎中第十行、吏部郎中第十二行均有李季卿名。与贾至交好，贾至《工部侍郎李公（适）集序》："至先大夫与公有皮、鲍之知，公嗣子季卿与至有声誉之好……敢不序焉。"季卿去世，贾至作墓志铭。《全唐文》卷三六八贾至有《故正议大夫右散骑常侍赠礼部尚书李公墓志铭》。《全唐文》卷三九一独孤及《唐故正议大夫右散骑常侍赠礼部尚书李公墓志铭》："岁在丁未，七月丁卯，有唐故右散骑常侍李季卿薨，享年五十九。……其后领二曹，判二州，再司王言，三贰京尹。……尚书右丞长乐贾至作铭以铭之。""领二曹"即谓为吏、户二部郎中。贾至铭文见《全唐文》卷三六八。诗中张十四即张谓。《全唐诗》卷一七九李白《泛沔州城南郎官湖》诗序："乾元岁秋八月，白迁于夜郎，遇故人尚书郎张谓出使夏口。"按：李白乾元二年秋八月在岳州，与贾至游洞庭，从序言可见，同游洞庭的还有张谓。

本年或次年春，公在岳州司马任。王崟自员外郎贬长沙，公作诗四首相送。

《全唐诗》卷二三五贾至有《送王员外赴长沙》《巴陵夜别王八员外》《岳阳楼宴王员外贬长沙》《岳阳楼重宴别王八员外贬长沙》。其一："春生云梦泽。水溢洞庭湖。"其二："柳絮飞时别洛阳。梅花发后到三湘。"其三："极浦三春草。高楼万里心。"均点明送别时间是本年或次年春天。又王员外或王八员外当为同一人。据陶敏在《全唐诗人名汇考》中考证：《全唐文》卷二六四李邕《赠安州都督王仁忠碑》："长子右卫长史巏，次子尚衣奉御嵩，司农主簿崐、京兆府参军崇、岩、屶、崿、崟等。"可见王崟排行第八，又《郎官石柱题名新著录》左司员外郎第五行、度支员外郎第六行均有王崟名，吏部员外郎第十行元特（持）后见王崟名，同行裴儆后又见。崟为员外郎当在肃宗朝。又独孤及有《自东都还濠州，奉酬王八谏议见赠》，可见王崟任官于洛阳，而贾至《巴陵夜别王八员外》："柳絮飞时别洛阳。梅花发后到三湘。"贾至本洛阳人，又多次在洛阳或附近为官，故有机会相见。《全唐诗》卷二一四高适也有《别王八》："客来东道远。归去北风高。"王八亦当指王崟。《杜诗详注》卷十九杜甫也有《奉送王信州崟北归》。贾至与高适、杜甫、独孤及为至交，而王八为四人共同好友，故贾至诗中的王八员外当指王崟。真若如此，或王崟被贬亦与房琯罢相相关，则贾至四诗更可能作于本年。

七月，公在岳州司马任，有诗寄荆州崔司马、吏部阎功曹舍人。

《全唐诗》卷二三五贾至《巴陵早秋，寄荆州崔司马、吏部阎功曹舍人》，诗中言"巴陵早秋"，又曰："谪居潇湘渚，再见洞庭秋。"公乾元二年秋贬岳州司马，至本年七月再见"洞庭秋"，故当作于上元二年七月。岳州，在唐属巴陵郡。又言："故人西掖寮，同扈岐阳蒐。差池尽三黜，蹭蹬各南州。相去虽地接，不得从之游。"可见三人同朝为官。又约同时遭受贬谪。崔司马即崔漪，贾至文作"崔倚"，姑从新、旧《唐书》。《全唐文》卷三六六贾至《授杜鸿渐崔倚中书舍人制》："倚守中书舍人，判文部侍郎。"《旧唐书·肃宗纪》："（天宝十五载）七月……甲子，上即皇帝位于灵武。……以朔方度支副使、大理司直杜鸿渐为兵部郎中，朔方节度判官崔漪为吏部郎中，并知中书舍人。"（参见"至德元年八月"条）《旧唐书·颜真卿传》："（至德）二年四月，朝于凤翔……中书舍人兼吏部侍郎崔漪带酒容入朝……真卿劾之；贬漪为右庶子。"崔漪贬荆州司马在贬为右庶子后。阎舍人，阎伯玙。《全唐文》卷四一一常衮《授阎伯玙刑部侍郎等

制》："银青光禄大夫婺州刺史本州团练守捉使上柱国阎伯玙……早以文章侍从，润色纶言……伯玙可行尚书刑部侍郎。"知伯玙曾掌中书制诰。《封氏闻见记》卷九："阎伯屿为袁州……专以惠化招抚，逃亡皆复。……及移抚州，阆州思恋，百姓率而随之。……到职一年。抚州复如袁州之盛。代宗闻之，征拜户部侍郎，未至而卒。"阎伯屿应为阎伯玙，当时由舍人贬荆州功曹参军，后迁袁、抚、婺诸州刺史，入为刑部侍郎。以上考证参见陶敏《全唐诗人名汇考》贾至诗。

秋，李华复左补阙，奉诏征，至岳阳华容，作诗怀陈兼。时陈兼由清江丞贬所移武陵丞。

《全唐诗》卷一五三李华《云母泉诗并序》："颍川陈公，天宝中，与华同为谏官。……乾元初，公贬清江丞，移武陵丞。华贬杭州司功，恩复左补阙。上元中，俱奉诏征。公自清江至武陵，道路多虞，制书不至。华溯江而西，次于岳阳，江山延望，日夕相顾属，思与高贤共饮云母之泉，躬耕墨山之下。敢违朝命，以徇私欲，秋风露寒，洞庭微波，一闻猿声，不觉涕下。"诗当作于本年秋日。按：墨山在今岳阳市华容县境内。

761 年（辛丑）

上元二年　　公四四岁

荆南节度增领涪、衡、潭、岳、郴、邵、永、道、连九州。

参见《新唐书》卷六七，表第七。

秋，公在岳州司马任，有序送于兵曹往江夏。

《全唐文》卷三六八贾至《送于兵曹往江夏序》："予谪居洞庭，岁三秋矣。有客自蜀浮舟来者，则河南于侯。能读古人书，辨当世务，年迩四十，犹沉下位。为静者之尚退乎？先达之怠贤乎？与子登丽谯，缘岛屿，一时累月，多情甚欢，忽然挂帆，告我行迈，岂非穷辙不能濡故也？冯翊太守王公，移镇武昌，好贤下士，所以衣缝掖袭艺文者，归之如川，吾子东行，谓得时矣。"冯翊太守王公，即王政，《唐刺史考》以为约在宝应元年为鄂州刺史。《序》言："予谪居洞庭，岁三秋矣。"贾至乾元二年秋贬为岳州司马，于今正好三秋，故诗作于本年。

本年，公有诗送南巨川贬崖州。

《全唐诗》卷二三五贾至有《送南给事贬崖州》《重别南给事》。此二诗当先后作。南给事，南巨川。《旧唐书·肃宗纪》："（至德二载三月）吐蕃遣使和亲，遣给事中南巨川报命。"《唐会要》卷九七也有载。《千唐志斋藏志》卷九九九《陈商夫人南氏墓志》："大父皇给事中讳巨川。"然南巨川因何事贬崖州不详。贾前诗云："畴昔丹墀与凤池，即今相见两相悲。"意谓己贬岳州，南给事贬崖州，故曰"两相悲"。又："朱崖云梦三千里，欲别俱为恸哭时。"朱崖指崖州，岳阳古为云梦之地，也言及两人贬地。后诗云："谪宦三年尚未回，故人今日又重来。"贾至本年贬岳州前后已三年，故诗当作于本年。

762 年（壬寅）

宝应元年　公四五岁

四月，甲寅，玄宗卒。甲子，制改元宝应。同月，肃宗死，太子豫即位，是为代宗。

《旧唐书·玄宗纪》："上元二年四月甲寅，崩于神龙殿，时年七十八。群臣上谥曰至道大圣大明孝皇帝，庙号玄宗。"《旧唐书·肃宗纪》《新唐书·玄宗纪》《新唐书·肃宗纪》《资治通鉴》卷二二二皆有载。又《全唐文》卷四五肃宗《改元宝应赦文》："其元年应改为宝应元年，建巳月改为四月，其余月并为常数，仍旧以正月一日为岁首。"

又《旧唐书·代宗纪》:"宝应元年四月……丁卯,肃宗崩,元振等始迎上于九仙门,见群臣,行监国之礼。己巳,即皇帝位于枢前。"事亦见于《新唐书·代宗纪》

九月,严武从剑南节度使归京,任京兆尹,有诗寄公。时公在岳州司马任,以诗酬答。

按:严武诗已佚,《全唐诗》卷二三五存贾至《答严大夫》,诗曰:"今夕秦天一雁来,梧桐坠叶捣衣催。思君独步华亭月,旧馆秋阴生绿苔。"言及秋天,当为本年作。《资治通鉴》卷二二二:"(宝应二年六月)上命诸司通议,给事中李栖筠、左丞贾至、京兆尹严武并与绾同。"《新唐书·严武传》:"上皇合剑南为一道,擢武成都尹、剑南节度使。还,拜京兆尹,为二圣山陵桥道使,封郑国公。"

冬,公在岳州司马任,后召复为中书舍人。

《新唐书·贾至传》:"宝应初,召复故官,迁尚书左丞。"按:故官即中书舍人,贾至在至德元载与至德三载间为中书舍人。《唐会要·孝廉举》:"宝应二年六月二十日。礼部侍郎杨绾奏。请每岁举人。依乡举里选察秀才孝廉。敕令公卿以下集议。中书舍人贾至议曰……"贾至宝应二年六月二十日为中书舍人,其迁尚书左丞当是以后之事。

冬,贾至自岳州归京,过沔州,刺史贾载建秋兴亭,公为之记。

《全唐文》卷三六八贾至《沔州秋兴亭记》:"沔州刺史贾载,吾家之良也。理沔州未期月,而政通民和。于听讼堂之西,因高构宇,不出庭户,在云霄矣。却负大别之固,俯视沧海之浸,阅吴蜀楼船之殷,览荆衡薮泽之大。自公退食,游焉息焉。"又曰:"四时之兴,秋兴最高,因以命亭焉。余自巴丘征赴宣室,歇鞍棠树之侧,解带竹林之下,嘉其俯仰,美其动息,乃命进牍抽毫以记之。"按:"四时之兴,秋兴最高,因以命亭焉。"亭之命名之人乃贾载,非贾至。《记》

曰："余自巴丘征赴宣室。"岳州又名巴丘，故《记》当作于此时。

又约此前后，公编其贬谪岳州期间的诗歌为《巴陵诗集》，集中所录公在岳州司马任上所作诗歌。

独孤及《毗陵集》卷一《贾员外处见中书贾舍人巴陵诗集，览之怀旧，代书寄赠》，可知，贾至把作于岳州的诗编为《巴陵诗集》。

又以下诗当作于贾至岳州司马任上，均出自《全唐诗》卷二三五，具体时间已不可考。

《赠裴九侍御昌江草堂弹琴》："朔风吹疏林，积雪在崖巘。鸣琴草堂响，小涧清且浅。沉吟东山意。欲去芳岁晚。怅望黄绮心，白云若在眼。"诗作于乾元二年至宝应元年冬。《元和郡县图志》卷二七："岳州，巴陵。下。……管县五：巴陵、华容、湘阴、沅江、昌江。……昌江县，中下。西北至州六百五十里。后汉分长沙为汉昌县，孙权改为吴昌县。神龙三年，析湘阴于故吴昌城改置昌江县。"昌江县即今岳阳市平江县。故诗作于岳州司马任。裴九侍御即裴隐，贾至有《初至巴陵，与李十二裴九同泛洞庭湖三首》。又贾至有《别裴九弟》："西江万里向东流，今夜江边驻客舟。月色更添春色好，芦风似胜竹风幽。"亦当是与裴隐分别时作。

《送李侍御》："我年四十余，已叹前路短。羁离洞庭上，安得不引满。李侯忘情者，与我同疏懒。孤帆泣潇湘，望远心欲断。"诗言"羁离洞庭上，安得不引满。"当指贬谪岳州司马。又"我年四十余"贾至任岳州司马在四十二岁到四十五岁间。故此诗作于岳州司马任上。

《送耿副使归长沙》："画舸欲南归，江亭且留宴。日暮湖上云，萧萧若流霰。昨夜相知者，明发不可见。惆怅西北风，高帆为谁扇。"长沙在岳州之南，故曰"南归"，诗中另有"江亭""湖上云"等词，当是贾至在岳州司马任上送别耿副使所作。耿副使，姓名不详。

《送夏侯子之江夏》《送夏侯参军赴广州》。据《唐刺史考·岳州》，夏侯宋客在上元元年（760）至宝应元年（763）在岳州刺史任。《全唐文》卷三八三元结《夏侯岳州表》："癸卯岁，岳州刺史夏侯公没于私家。门人弟子，爱思不忘，愿旌遗德，将显来世。会予诏许优闲，家于樊上，故为公作表。庚子中，公镇岳州，予时为尚书郎，在荆南幕府，尝因廉问到公之州。其时天下兵兴，已六七年矣，人疲州小，比太平时力役百倍。公能清正宽恕，静以理之，故其人安和而服悦，为当时法则。及公罢归州里，公家与吾相邻，见公在州里，与山野童孺，与当道辞色均。"前诗云："扣楫洞庭上，清风千里来。"送别地点在岳州，诗中夏侯子当指夏侯宋客。据元结文，夏侯宋客为岳州刺史后，曾告老还家。诗中云："羡君还旧里，归念独悠哉。"与元结文"及公罢归州里，公家与吾相邻，见公在州里，与山野童孺，与当道辞色均"一致，可知夏侯子指夏侯宋客。后诗云："闻道衡阳外，由来雁不飞。送君从此去，书信定应稀。"亦当作于岳州，"夏侯参军"或为夏侯宋客之亲眷。

《寓言二首》《长门怨》。《寓言二首》其一："春草纷碧色，佳人旷无期。"其二："凛凛秋闺夕，绮罗早知寒。"盖二诗非作于同一时间，诗点明"寓言"，则另有所托。诗言"叹息良会晚，如何桃李时""闻有关河信，欲寄双玉盘。玉以委贞心，盘以荐嘉餐"，当为贬谪岳州司马时作。贾至另有《长门怨》，诗言"深情托瑶瑟，弦断不成章"与《寓言二首》之意同，也应是贬谪岳州司马时作。

《长沙别李六侍御》。按：诗中有"放逐长沙外，相逢路正难"，当为两人同处贬谪时，然贾至在岳州司马任时，未见有长沙之行，据唐律，也不可能有长沙之行。又诗中有"月明湘水白，霜落洞庭干"，则分别地点似在岳州，李侍御所去地点在长沙附近，时间在深秋。然诗题为《长沙别李六侍御》，不知何解。李六侍御，人名不详。前有诗《送李侍御》所写或为同一人。

《送李侍郎赴常州》。诗言"雪晴云散北风寒，楚水吴山道路难"，当作于岳州司马任上，送别时间在冬季。李侍郎，一作李侍御，名不详。

又《送王道士还京》："借问清都旧花月，岂知迁客泣潇湘。"《送陆协律赴端州》："越井人南去，湘川水北流。"《西亭春望》："岳阳城上闻吹笛，能使春心满洞庭。"《君山》："春至不知湖水深，日暮忘却巴陵道。"这些诗歌均应作于岳州司马任上，具体创作时间不可考。

又以下诗或作于岳州司马任，具体时间不可考。

《对酒曲二首》其一："通宵留暮雨，上客莫言归。"其二："寄语尊前客，生涯任转蓬。"贾至一生除贬谪岳州司马外，无其他大的贬谪，该诗似作于岳州司马任上。

763年（癸卯）

唐代宗李豫

宝应二年　广德元年　公四六岁

正月，公在中书舍人任。本月或稍后，太府卿卢正巳（己）授工部尚书河南尹东都留守。公为之制。

卢正巳，生平事迹主要见于《全唐文》卷四二〇常衮《太子宾客卢君墓志铭》："大历五年七月癸酉制：故太子宾客卢正巳，可赠太子少保。……公之居守也，自胡马入洛，三川大残，长乐卫尉，悉无官守，中台文书，尽成灰烬，而白昼大都之中，剽吏夺金，杀人横道，河南尹不能禁。公以明恕清汙俗，以淳和消沴气，礼新序旧，士庶欣欣，勤懋郎吏，增严屯校，日引月长，四方人大和会，翼翼之颂，复睹于京师矣。"又《旧唐书·玄宗纪》作"卢正己"："安禄山陷洛阳，以庙为马厩，弃其神主，而协律郎严郢收而藏之。史思明再陷洛阳，

寻又散失。贼平，东京留守卢正己又募得之，庙已焚毁，乃寄主于太微宫。"按：据新、旧《唐书》载，乾元二年九月，史思明再入洛阳。上元二年，史朝义杀其父史思明。宝应二年，正月，史朝义逃亡自杀，安史之乱结束。"贼平"当指此事。又贾至宝应元年冬才自岳州司马复为中书舍人，广德二年转礼部侍郎，《授卢正巳工部尚书河南尹东都留守制》当作于本年。文曰："今寇逆始平，洛师残弊，周南分陕，寄莫斯重。太府卿卢正巳，忠肃恭懿，仁而爱人，专镇分忧，居必致理。……可守工部尚书东都留守，散官勋封如故。"也言及安史之乱平一事。

四月，房琯自汉州刺史召拜刑部尚书。公为之制。

《全唐文》卷三百六十六贾至《授房琯刑部尚书制》："前汉州刺史房琯，既明且哲，贞静尚宽，有文行可济于时，有直言能匡其国。献可替否，翼亮先朝。……是用采人望于旧臣，举国桢于元老。俾掌二典，以弼五教，庶不仁者远，奸宄道消。尚德优贤，仍加八命，可特进兼刑部尚书，封如故。"《旧唐书·房琯传》："宝应二年四月，拜特进、刑部尚书。"《新唐书·房琯传》："召拜太子宾客，迁礼部尚书，为晋、汉二州刺史。宝应二年，召拜刑部尚书，道病卒，赠太尉。"

六月，公在中书舍人任上，太常少卿兼修国史杨绾拜礼部侍郎。公为之制。

《全唐文》卷三百六十六贾至《授杨绾礼部侍郎制》："太常少卿兼修国史杨绾，质禀天和，才优大雅，理能自畅，学不为人。……可守礼部侍郎，仍修国史，余如故。"《旧唐书·贾至传》："宝应二年，为尚书左丞。时礼部侍郎杨绾上疏请依古制……议者多与绾同。"《唐会要·孝廉举》："宝应二年六月二十日，礼部侍郎杨绾奏，请每岁举人，依乡举里选察秀才孝廉，敕令公卿以下集议。"《旧唐书·杨绾传》所载同。故杨绾拜礼部侍郎当在宝应二年六月稍前。现姑系此文于此。

又六月，公在中书舍人任上，礼部侍郎杨绾上疏论贡举，帝令诸司通议，公及给事中李栖筠、京兆尹严武并与绾同。然旧业既成，理难速改，绾议竟不行。

《全唐文》卷三三一杨绾《条奏贡举疏》指出了进士科之积弊，文曰："幼能就学，皆诵当代之诗；长而博文，不越诸家之集。递相党与，用致虚声，六经则未尝开卷，三史则皆同挂壁。况复征以孔孟之道，责其君子之儒者哉！"又指出了改良途径："望请依古制，县令察孝廉，审知在乡闾有孝悌及信义廉耻之行，加以经业才堪策试者，以孝廉为名，荐之于州。刺史当以礼待之，试其所通之学，其通者送名于省。自县至省，不得令举人辄自陈牒。比来有到状保辨识牒等，一切并停。"希冀通过改革，达到"所冀数年之间，人伦一变，既归实学，当识大猷。居家者自修德业，从政者皆知廉耻，浮竞自止，敦庞自劝，教人之本，实在兹焉"。李栖筠、严武之议不存，仅存贾至《议杨绾条奏贡举疏》。

《全唐文》卷三六八贾至《议杨绾条奏贡举疏》亦当同时作。文曰："今取士试之小道，而不以远者大者，使干禄之徒，趋于末术，是诱道之差也。夫以蜗蚓之饵，杂乘沧海，而望吞舟之鱼至，不亦难乎？"又曰："杨绾所奏，实为正论。"又提出"保桑梓者，乡里举焉；在流寓者，庠序推焉。朝而行之，夕见其利。如此，则青青不复兴刺，扰扰由其归本矣。人伦之始，王化之先，不是过也"。

按：贾至议杨绾条奏贡举时，一说在尚书左丞任上：《旧唐书·贾至传》："宝应二年，为尚书左丞。时礼部侍郎杨绾上疏请依古制。"《旧唐书·杨绾传》："（绾）再迁礼部侍郎，上疏条奏贡举之弊曰：……给事中李廙、给事中李栖筠、尚书左丞贾至、京兆尹兼御史大夫严武所奏议状与绾同。"《资治通鉴》卷二二二："六月，癸酉，礼部侍郎华阴杨绾上疏，以为：……上命诸司通议，给事中李栖筠、左丞贾至、京兆尹严武并与绾同。"《新唐书·选举上》："诏给事中李栖筠、李廙、尚书左丞贾至、京兆尹兼御史大夫严武议。栖筠等议曰：夏之政忠，商之政敬。"另一说是在中书舍人任上：《旧唐书·礼仪四》："宝应二年六月……因杨绾之请也。诏下朝臣集议，中书舍人贾至议，请依绾奏。"《唐会要·孝廉举》："宝应二年六月二十日，礼部侍郎杨绾奏：'请每岁举人，依乡举里选察秀才孝廉。'敕令公卿以下集议。中书舍人贾至议曰：'杨绾所奏。实为正论。'"又独孤及《贾员外处见中书贾舍人巴陵诗集，览之怀旧，代书寄赠》作于本年岁末，但仍称中书贾舍人，则尚书左丞贾至为误。又尚书左丞在唐为正四品，广德二年，贾至转礼部侍郎，礼部侍郎为正四品下，而中书舍人为正五品。由尚书左丞转礼部侍郎品秩降低，由中书舍人转礼部侍郎品秩略有上升，更符合官场晋升情况。

八月四日，房琯卒于阆州僧舍，时年六十七岁。

《旧唐书·房琯传》："广德元年八月四日，卒于阆州僧舍，时年六十七，赠太尉。"按：房琯与贾至为至交，肃宗立，同持节奉传国玺及册，宣扬制命，后房琯兵败陈涛斜，渐为肃宗恶，贾至也因此多遭迁谪。《旧唐书·房琯传》："唐名儒多言琯德器，有王佐材，而史载行事，亦少贬矣。一举丧师，讫不复振。原琯以忠谊自奋，片言悟主而取宰相，必有以过人者，用违所长，遂无成功。……使琯遭时承平，从容帷幄，不失为名宰。而仓卒济难，事败隙生，陷于浮虚比周之罪，名之为累也！"这是较中肯的评价。

十月，吐蕃陷长安，代宗逃往陕州。时公扈从。至陕，公作《陕州铁牛碑颂》，又有诗赠陕州功曹掾梁宏。

《旧唐书·代宗纪》："冬十月庚午朔。辛未，高晖引吐蕃犯京畿，寇奉天、武功、盩厔等县。……丙子，驾幸陕州。……戊寅，吐蕃入京师，立广武王承宏为帝，仍逼前翰林学士于可封为制封拜。辛巳，车驾至陕州。"《新唐书·代宗纪》所载同。

《全唐文》卷三六八贾至《陕州铁牛碑颂》："乃询耆耋，听舆诵，金曰子之镇，其日固久，人由是怙恃，物由是生资。尝欲掘地及源，以观其徼，庀徒执用，大臻于兹。横縻林梗，四进云锸，寻下体之极，达纯阴之精。至于退诸泉而入于穴，俾围木靡拉，悬绋绝缒，既致乃穿，其见如初。……夫能利于物，帝之念；择善而为，臣之忠。是以我国家咸秩无文，发天使以祀；我明牧谋始有作，招墨客以颂。"《说郛》卷三四载："陕州城南有铁牛，出（长）〔土〕数尺，大如五六斗。铁上有两穴，世人称是铁牛鼻。又河北道观中有一干出，云是铁牛尾。俗传此牛盘泊地下，其河北出，以为陕州（北）〔凡〕临大河，无此牛，即城不复立。河东杨谏立碑以颂之。上元中，卫伯玉为陕州刺史，发卒掘〔土〕以观〔铁〕牛之势，才深二丈许，其铁即绝，更无根系。遂却于旧处以土掩之。"贾文中提及卫伯玉事，当在上元年后，考广德元年十月代宗入陕州，十二月还长安。贾文亦当作此期间。又《全唐诗》卷二三五贾至有《赠陕掾梁宏》，也当作此期间。

十二月，公扈从代宗还长安。

《旧唐书·代宗纪》："十二月……丁亥，车驾发陕郡还京。"《新唐书·代宗纪》所载同。

岁末，独孤及见公《岳州诗集》，作诗寄赠。

《毗陵集》卷一独孤及《贾员外处见中书贾舍人巴陵诗集，览之怀旧，代书寄赠》，诗云："适逢阮始平，立马问长安。取公咏怀诗，示我江海澜。"中书贾舍人即贾至，贾员外当是贾至侄，诗用阮咸"与叔父籍为竹林之游"及后官始平太守事。又诗中有句："大驾今返正，熊罴扈鸣銮。公游凤凰沼，献可在笔端。"当作于贾至归长安，官复中书舍人时。又诗中有句："嘉会不我与，相思岁云殚。"当作于岁末。按：贾至宝应元年冬入京，其编《岳州诗集》当在其后，独孤及宝应元年至广德二年在江南，能见到《岳州诗集》不大可能在宝应元年。故诗当作于广德元年岁末。

又本年前后，授泽州刺史张禹兵部郎中、怀州刺史；授丘据泽潞行军司马、兵部员外郎。公为之制。

《全唐文》卷三百六十六贾至《授张禹兵部郎中丘据兵部员外郎制》："泽州刺史张禹，有贞固之资，为干时之器；泽潞司马殿中侍御史丘据，秉温良之质，多利物之才。……禹可守兵部郎中怀州刺史，据可兵部员外郎，依前行军司马。"《唐刺史考·泽州》张禹约上元中至宝应元年为泽州刺史；又《唐刺史考·怀州》张禹在宝应元年为怀州刺史。按：《唐刺史考》把张禹自泽州刺史转兵部郎中、怀州刺史系于宝应元年，然不知所据。贾至二任中书舍人在宝应二年前后，故系贾至文于本年。

本年前后，崔圆在淮南节度使任，奏汾州司马董晋为殿中侍御史，充判官。公为之制。

《全唐文》卷三百六十七贾至《授董晋殿中侍御史制》："汾州司马董晋，恪慎励精，详于吏事，饮冰将命，克有成绩。准绳之地，举直任能，俾彰善于使车，宜即真于宪简。可殿中侍御史。"按：《旧唐书·董晋传》："董晋字混成……至德初，肃宗自灵武幸彭原，晋上书谒见，授校书郎、翰林待制，再转卫尉丞，出为汾州司马。未几，刺史崔圆改淮南节度，奏晋以本官摄殿中侍御史，充判官。"《新唐书·董晋传》："董晋……肃宗幸彭原，上书行在，拜秘书省校书郎，待制翰林。出从淮南崔圆府为判官。还朝，累迁祠部郎中。"《旧唐书·肃宗纪》："（上年二月）以太子詹事、赵国公崔圆为扬州大都督府长史、淮南节度观察等使。"又同书《代宗纪》："（大历三年六月）庚子，淮南节度使、检校尚书左仆射、知省事、扬州大都督府长史、赵国公崔圆卒。"故董晋为殿中侍御史必在上元二年至大历三年间。又贾至被贬岳州司马后，本年左右在中书舍人任，故系此文于此。

764年（甲辰）

广德二年　公四七岁

九月或稍前，公在长安，由中书舍人转礼部侍郎。

《新唐书·贾至传》："转礼部侍郎，待制集贤院。"《旧唐书·贾至传》："广德二年，转礼部侍郎。"按：贾至当自中书舍人转礼部侍郎，见"广德元年六月"条。

公在起居舍人知制诰或中书舍人任上，多作制。又以下制文作于公任起居舍人知制诰或中书舍人五年期间，自天宝十五载（756）三月至乾元元年（758）春，或自宝应二年（763）正月至广德二年（764）九月，具体时间已不可考。

《全唐文》卷三六六贾至《授王延昌谏议大夫兼侍御史制》《授裴综起居郎制》《授韦启左拾遗制》《授张伯禽等通事舍人制》《授徐浩尚书左丞制》《授裴谞考功郎中制》《授王玙祠部郎中兼侍御史制》《授邢宇司封员外郎制》《授韦少游祠部员外郎等制》《授裴荐摄主客员外郎制》《授敬羽武部员外郎兼殿中侍御史制》《授李何忌职方员外郎制》《授赵良弼司库员外郎制》《授柏庭昌宪部员外郎制》《授李岑工部员外郎制》《授宋晦屯田员外郎制》《授韩滉吏部郎中制》。

《全唐文》卷三六七贾至《授高岑殿中侍御史制》《授卢虚舟殿中侍御史等制》《授吴仲孺试光禄卿制》《授马承进试卫尉卿制》《授向昌鋈试卫尉卿等制》《授敬令琬太仆卿制》《授许诚言检校太仆卿制》《授李椿光禄少卿制》《授向蕁光禄少卿制》《授裴藏之司农少卿制》《授萧晋太府少卿等制》《授高忠良殿中少监制》《授王震将作少匠制》。

九月，公以岁方艰歉，建言两都分试举人，两都奏请分举选自此始。

又《新唐书·贾至传》："代宗广德二年，诏曰：'古者设太学，教胄子，虽年谷不登，兵革或动，而俎豆之事不废。顷年戎车屡驾，诸生辍讲，宜追学生在馆习业，度支给厨米。'是岁，贾至为侍郎，建言岁方艰歉，举人赴省者，两都试之。两都试人自此始。"《旧唐书·贾至传》所载同。《旧唐书·代宗纪》："（广德二年九月己未）尚书左丞杨绾知东京选，礼部侍郎贾至知东都举，两都分举选，自此始也。"按：贡举考试时间一般在每年春天，此处言九月尚书左丞杨绾知东京选，礼部侍郎贾至知东都举，乃是议定，而非本年知贡举。故《登科记考补正》："（广德二年）知贡举，礼部侍郎杨绾。"未言贾至。

本年冬，公在礼部侍郎任。时杜甫在成都严武幕，有诗别唐试，兼寄公。

杜甫《别唐十五诫，因寄礼部贾侍郎》。礼部贾侍郎，即贾至。诗言："为吾谢贾公，病肺卧江沱。"江沱即沱江，在四川省，成都位于沱江流域，故诗作于成都严武幕时。杜甫永泰元年四月即离成都，贾至广德二年至永泰二年在礼部侍郎任上，又诗中言及"念子善师事，岁寒守旧柯"，当在冬季，故诗必作于本年冬。又唐诫应为唐试，详见《全唐诗人名汇考》本诗条。其去洛阳当为参加来年东都科举考试，贾至为知贡举，故杜甫以诗荐之。

765 年（乙巳）

永泰元年　公四八岁

二月，公在洛阳，以礼部侍郎知东都贡举，尚书左丞杨绾知上都贡举，两都分举自此始。皇甫彻等二十七人登进士第。

《登科记考补正》卷一〇载："（永泰元年）始置两都贡举，礼部侍郎官号皆以知两都为名。每岁两地别放及第。"同卷又载："（永泰元年）知贡举：上都，尚书左丞杨绾。东都，礼部侍郎贾至。"

三月，公在礼部侍郎任，与左仆射裴冕等十三人加集贤院待制。时独孤及在长安左拾遗任上，上表谏帝虽容公等人之直，但不能用其言。

《全唐文》卷四八代宗《授裴冕等集贤待制敕》："朕以国步未康，朝经或阙，思与文武荩臣，咨谋善道。尚书左仆射裴冕、右仆射郭英乂、太子少傅裴遵庆、太子少保兼御史大夫白志贞、太子詹事兼御史大夫臧希让、左散骑常侍畅璀、检校刑部尚书王昂、高昂、检校工部尚书崔涣、吏部侍郎李季卿、王延昌、礼部侍郎贾至、泾王傅吴令瑶等，并集贤待制。"《旧唐书·代宗纪》："三月壬辰朔，诏左仆射裴冕、右仆射郭英乂、太子少傅裴遵庆、检校太子少保白志贞、太子詹事臧希让、左散骑常侍畅璀、检校刑部尚书王昂高升、检校工部尚书崔涣、吏部侍郎李季卿王延昌、礼部侍郎贾至、泾王傅吴令瑶等十三人，并集贤院待诏。"《旧唐书·贾至传》："永泰元年，加集贤院待制。"《唐会要·册让》所载同。又同书卷三八四独孤及《直谏表》："伏见陛下屡发德音，招延献纳，使左右侍臣，得直言极谏。忠謇者无不听，狂讦者无不容。又辛丑诏书，诏裴冕、崔涣等十有三人并集贤殿待制，以备询事考言之问。此五帝之盛德也，而臣以目睹，生则幸矣！然顷者陛下虽容其直，而不用其言。"

七月，公在礼部侍郎、集贤院待制任。适朝士诗送蒋晁归淮南，公与独孤及为之序。

《全唐文》卷三六八贾至《送蒋十九丈奏事毕正拜殿中归淮南幕府序》："天子以淮海多虞，黎人未乂，命旧相崔公董之。公以封略所覆，澄清是图，辟柱史蒋公佐之。如翰负风，以石投水，于兹五稔，方隅克定。乃朝天阙，将命述职，帝用嘉之，进其命秩。七月流火，言旋幕府。……时临歧赠言,盍各有望,众君子之志其诗乎。"《旧唐书·肃宗纪》:"(上元二年二月)以太子詹事、赵国公崔圆为扬州大都督府长史、淮南节度观察等使。"可见崔公即崔圆。又《序》言"于兹五稔,方隅克定",崔圆自上元二年镇淮南至今,正值五年。序言"七月流火,言旋幕府",盖蒋晃七月回归淮南幕。

又《全唐文》卷三八七独孤及《送蒋员外奏事毕还扬州序》:"扬州牧赵国崔公,使其部从事侍御史吴兴蒋晃如京师,条奏官府之废置、岁月之要会。……既将命,赵公拜左仆射,蒋侯加尚书郎之位。其还也……然后西人之旧者,皆赋韵道别,而鄙夫和之。……今也于归,腰曳两绶。然浊泾素浐,春水始生,秦原青青,诸草皆秀,可共乐也,而又别焉。凡我同寮,是以有瞻望不及之叹,故送远之志,悉形于文。"所言之事与贾至同,然"春水始生,秦原青青,诸草皆秀,可共乐也,而又别焉"暗示归淮南为本年春,不知何者为是。

本年前后,公在礼部侍郎任,为李季卿之父李适文集撰序。

《全唐文》卷三六八贾至《工部侍郎李公集序》:"皇唐绍周继汉,颂声大作,神龙中兴,朝称多士。济济儒术,焕乎文章,则我李公,杰立当代。……而公当颓靡之中,振洋洋之声,可谓深见尧舜之道、宣尼之旨,鲜哉希矣!……至先大夫与公有皮、鲍之知,公嗣子吏部侍郎季卿与至有声誉之好。德业度量,弱岁闻之于趋庭;文学编简,中年得之于吏部。所见异辞,所传异文,敢不序焉?"由上文可知,贾至与李季卿为世交,贾至贬谪岳州司马时,便有诗与李季卿唱和,参见上元元年条。又永泰元年三月,两人并集贤院待诏。参见本年三月条。序言:"文学编简,中年得之于吏部。"《唐仆尚丞郎表》卷一○载李季卿永泰初迁吏部侍郎,大历二年春夏间为右散骑常侍。故序当作此前后。又李适,《旧唐书·李适传》载:"李适者,雍州万年人。景龙中,为中书舍人,俄转工部侍郎。睿宗时,天台道士司马承祯被征至京师。及还，适赠诗，序其高尚之致，其词甚美，当时朝廷之士，无不属和，凡三百余人。徐彦伯编而叙之，谓之《白云记》，颇传于代。寻卒。"

766年（丙午）

永泰二年　大历元年　公四九岁

二月，公在礼部侍郎任，知上都举，裴枢等二十六人登进士第。

《登科记考补正》卷一〇："进士两都共二十六人。裴枢……"同卷："知贡举：上都，尚书右丞贾至。"孟考："温庭筠《乾䑑子》：'河东裴枢。……永泰二年贾至侍郎知贡举，枢一举而登第。'是又知大历元年春贡举也。是年冬，薛邕已迁礼侍知二年春贡举，则至卸礼侍不能迟过元年冬。"按：贾至转尚书右丞或在是年冬，也即薛邕迁礼部侍郎知贡举时，然温庭筠《乾䑑子》为小说杂谈类作品，未可全信。

十一月，甲子，大赦天下，改永泰二年为大历元年。

《全唐文》卷四九代宗《改元大历赦文》："建元发号，革故维新，俾及履长之节，用深行庆之典，可大赦天下。其永泰二年宜改为大历元年。"《旧唐书·代宗纪》《新唐书·代宗纪》所载同。

冬，贾至由吏部侍郎转尚书右丞。

参见本年"二月"条。

又，公在吏部侍郎任上，诠疏笺注《道德经》。

《全唐文》卷九三一杜光庭《道德真经广圣义序》："此《道德经》自函关所授，累代尊行。哲后明君，鸿儒硕学，诠疏笺注，六十余家，则有《节解》上下、《内解》上下、《想尔》二卷……吏部侍郎贾至……元宗皇帝所注《道》《德》上下二卷，即今所广疏矣。"

767 年（丁未）

大历二年　公五十岁

七月，公在长安，任尚书右丞，是月右散骑常侍李季卿薨，享年五十九。公作铭以铭之，时独孤及在礼部侍郎任，为其撰墓志。

《全唐文》卷三六八贾至《唐故正议大夫右散骑常侍赠礼部尚书李公墓志铭》："于维李公，诞灵中和。……早岁登科，以文从吏。累擢大邑，拔乎其萃。时之方难，朝慎名器。帝曰忠谠，尔居建议。出典方岳，入趋礼闱。再掌丝纶，翱翔凤池。乃作天官，又侍紫薇。八使澄清，功济危时。"又《全唐文》卷三九一独孤及《唐故正议大夫右散骑常侍赠礼部尚书李公墓志铭》："岁在丁未七月丁卯，有唐故右散骑常侍李季卿薨，享年五十九。……当昔天步方艰，王师有征，公入参谏臣，出佐军政，直躬咨诹，戎臣赖之。其后领二曹，判二州，再司王言，三贰京尹。由秘书少监为吏部侍郎，复兼御史大夫，慰抚山东、淮南。明年劳旋，典选如故。大历三年拜右常侍。……诸公以为不可奈何者寿夭之数，若奋扬景行，宜在知已，由是尚书右丞长乐贾至作铭以铭之。"按：独孤及《墓志铭》首曰"岁在丁未七月丁卯，有唐故右散骑常侍李季卿薨"，后曰"大历三年拜右常侍"，"丁未"年即大历二年李季卿薨，则何以能在大历三年拜右常侍，故"三年"必为"二年"笔误。又后文"尚书右丞长乐贾至作铭以铭之"，其时，贾至已转尚书右丞了。

768 年（戊申）

大历三年　公五一岁

春正月，公在长安，由尚书右丞徙兵部侍郎。

《旧唐书·代宗纪》："三年春正月……甲戌，以工部侍郎蒋涣为尚书左丞，浙西团练观察使、苏州刺史韦元甫为尚书右丞，左丞李涵、右丞贾至并为兵部侍郎。"同书《贾至传》："大历初，改兵部侍郎。"《新唐书·贾至传》："大历初，徙兵部。"

769年（己酉）
大历四年　公五二岁
公在长安兵部侍郎任。

《旧唐书·代宗纪》："（大历五年）二月……辛卯，以兵部侍郎贾至为京兆尹。"则本年尚在兵部侍郎任。

770年（庚戌）
大历五年　公五三岁
二月，公累封信都县伯，以兵部侍郎转京兆尹、兼御史大夫。常衮作制。

《旧唐书·代宗纪》："二月……辛卯，以兵部侍郎贾至为京兆尹。"同书《贾至传》："五年，转京兆尹、兼御史大夫，卒。"《新唐书·贾至传》："累封信都县伯，进京兆尹。"《唐才子传·贾至传》所载略同。

又《全唐文》卷四一二常衮《授贾至京兆尹制》："正议大夫行尚书兵部侍郎信都县开国男赐紫金鱼袋贾至，高文典诰，合于《韶》《雅》，五经大义，会于宗极。……可守京兆尹兼御史大夫，散官勋封赐如故。"

九月或稍前，公在京兆尹任，举授李融为长安主簿。

《册府元龟》卷七二八载："李融少孤，自修立性，严正善吏，事累官至美原尉。京兆尹贾至举授长安主簿。"

九月，公在长安，由京兆尹转右散骑常侍。

《唐会要》卷六一："大历五年九月，杜济除京兆尹，充本府馆驿使。自后京兆常带使。"杜济大历五年九月除京兆尹，则贾至卸任京兆尹当在此时。又《新唐书·贾至传》载："七年，以右散骑常侍卒。"可见贾至由京兆尹转右散骑常侍甚明。

本年前后，公与杨炎有诗赠元载歌姬。

《全唐诗》卷二三五贾至《赠薛瑶英》诗有注："元载末年，纳薛瑶英为姬，以体轻不胜重衣，于外国求龙绡衣之。惟至及杨炎与载善，得见其歌舞，各赠诗。"《全唐诗》卷一二一杨炎也有《赠元载歌妓》，《杜阳杂编》亦云："载宠姬薛瑶英，玉质香肌，善歌舞。唯炎及贾至与载善，得见，炎作长歌赠之。"按：《新唐书·元载传》："帝积怒，大历十二年三月庚辰，仗下，帝御延英殿，遣左金吾大将军吴凑收载及王缙，系政事堂，分捕亲吏、诸子下狱。……遣中使临诘阴事，皆服。乃下诏赐载自尽。""元载末年"，当在本年前后。又《旧唐书·元载传》："五年三月，朝恩伏法……载兼判度支，志气自若，谓己有除恶之功，是非前贤，以为文武才略，莫己之若。外委胥吏，内听妇言。城中开南北二甲第，室宇宏丽，冠绝当时。又于近郊起亭榭，所至之处，帷帐什器，皆于宿设，储不改供。城南膏腴别墅，连疆接畛，凡数十所，婢仆曳罗绮一百余人，恣为不法，侈僭无度。"亦可视为诗系本年前后一佐证。

771年（辛亥）

大历六年　公五四岁

夏，公在洛阳，与韦应物等人集于林亭，韦有诗作。

《韦江州集》卷一《贾常侍林亭燕集》："群公尽词客，方驾永日游。朝旦气候佳，逍遥写烦忧。绿林蔼已布，华沼淡不流。没露摘幽草，涉烟玩轻舟。圆荷既出水，广厦可淹留。放神遗所拘，觥罚屡见酬。乐燕良未极，安知有沉浮。醉罢各云散，何当复相求。"按：《新唐书·贾至传》载："七年，以右散骑常侍卒。"则贾至本年尚在右散骑常侍任上。

772年（壬子）

大历七年　公五五岁

四月或稍前，以右散骑常侍卒，年五十五，赠礼部尚书，谥曰文。独孤及有文祭之。

贾至之卒，《大唐传载》有记："贾至常侍平生毁佛，尝假寐厅事，忽见一牛首人，长不满尺，携小锅而燃薪于床前。公惊起而讯之，对曰：'所谓镬汤者，罪其毁佛人。'公曰：'小鬼何足畏耶。'遂伸足床下，其汤沸，忽染于足，涌然而上，未几烘烂而卒。"当为小说家语，不可全信。然贾至不尚佛应是实事，《全唐文》卷三九三独孤及《祭贾尚书文》中写道："誓将以儒，训齐斯民。"其所作制多引儒家经典，又从诗文中可见其终身不与佛教徒交往。

《新唐书·贾至传》："七年，以右散骑常侍卒，年五十五，赠礼部尚书，谥曰文。"《旧唐书·贾至传》《唐才子传·贾至传》《郡斋读书志》不载卒之年月，但云以右散骑常侍卒。又《全唐文》卷三九三独孤及《祭贾尚书文》："维大历七年四月二十一日，朝散大夫检校尚书司封郎中兼舒州刺史赐紫金鱼袋独孤及，谨以清酌庶羞之奠，敬祭于故散骑常侍赠礼部尚书贾公六兄之灵。"则贾至之卒，当在此稍前。《唐会要·谥法上》："文：赠中书令楚国公上官仪……赠礼部尚书贾至、赠礼部尚书韩愈。"

贾至为唐代著名散文家、诗人，与独孤及、萧颖士、李华、房琯、李白、杜甫、王维、高适、岑参、严武、李季卿、杨绾等人相友善。《新唐书·艺文四》："《贾至集》二十卷、别十五卷（苏冕编）。"《唐会要·氏族》："著作郎贾至撰《百家类例》十卷。"又曾注《道德经》,见"大历元年条"。《郡斋读书志》卷一七:"集,李邯郸淑家本二十卷,苏弁编次,常仲儒为序,以墓铭、序碑列于后,今亡其半。"《直斋书录解题》卷一六:"《贾幼几集》十卷。唐起居舍人河南贾至幼几撰……又有十卷者,有序。"《唐才子传·贾至传》则曰:"有集三十余卷。"《全唐文》存其文三卷,《全唐诗》存其诗一卷。

《全唐文》卷三九三独孤及《祭贾尚书文》对其人其文赞曰:"追念凤昔,尝陪讨论。综覈微言,揭厉孔门。匪究枝叶,必探本根。高论拔俗,精义入神。誓将以儒,训齐斯民。文章陵夷,郑声夺伦。兄于其中,振三代风。复雕为朴,正始是崇。学者归仁,如川朝宗。六义炳焉,自兄中兴。"杜甫《别唐十五诫因寄礼部贾侍郎》称其:"雄笔映千古,见贤心靡他。"皇甫湜《谕业》赞其文:"如高冠华簪,曳裾鸣玉,立于廊庙,非法不言,可以望为羽仪,资以道义。"《唐才子传·贾至传》则对其诗多加赞叹:"至特工诗,俊逸之气,不减鲍昭、庾信。调亦清畅,且多素辞,盖厌于漂流沦落者也。"

《全唐诗》卷二三五贾至诗歌中,以下诗不能确定具体创作时间。

《铜雀台》:"日暮铜台静,西陵鸟雀归。"似是实景,从诗意看,似乎作于早年。

《侍宴曲》:"欢余剑履散,同辇入昭阳。"贾至一生多次入居长安,故诗的具体创作时间不能确定。

《春思二首》:其一:"东风不为吹愁去,春日偏能惹恨长。"其二:"笙歌日暮能留客,醉杀长安轻薄儿。"从诗歌风格看,似是早年作品。

《咏冯昭仪当熊》:该诗为咏史诗,不能确定其具体创作时间。《艺文类聚》第九十五:"孝元帝冯昭仪:上幸虎圈斗兽,后宫皆坐。熊出圈,攀槛欲上殿。昭仪乃当熊而立,及左右格杀熊。上问:'人情惊惧，汝何故前当？'昭仪对曰：'夫猛兽得人而止，妾恐熊至御座，故身当之耳。'帝嗟叹，以此倍敬重之。"

《全唐文》误收入贾至作品。

《全唐文》卷三六六贾至《授韦绶礼部尚书薛放刑部侍郎丁公著工部侍郎等制》。

按：《旧唐书·穆宗纪》："（长庆元年三月）庚戌，以左丞韦绶为礼部尚书。"韦绶，德宗、宪宗、穆宗时人。同卷："十五年正月庚子，宪宗崩。丙午，即皇帝位于太极殿东序。是日，召翰林学士段文昌杜元颖沈传师李肇、侍读薛放丁公著对于思政殿，并赐金紫。"《旧唐书·丁公著传》："穆宗即位，未及听政，召居禁中，询访朝典，以宰相许之。公著陈情，词意极切，超授给事中，赐紫金鱼袋。未几，迁工部侍郎，仍兼集贤殿学士，宠青宫之旧也。"《唐会要·舆服下》："长庆二年十月。以礼部尚书韦绶为山南西道节度使。"可见，韦绶、薛放、丁公著主要活动于宪宗、穆宗朝，三人授予官职在长庆元年三月，其时距贾至去世已四十九年，故非贾至作品。

《全唐文》卷三六六贾至《授学士李让夷职方员外郎充职制》。

按：《旧唐书·李让夷传》："李让夷字达心，陇西人。……让夷，元和十四年擢进士第，释褐诸侯府。大和初入朝，为右拾遗，召充翰林学士，转左补阙。三年，迁职方员外郎、左司郎中充职。九年，拜谏议大夫。"贾至《授学士李让夷职方员外郎充职制》："翰林学士朝议郎行左补阙赐绯鱼袋李让夷，器以琢成，材为众出，蕴积迈时之志，发明扶道之心。学务研精，文推轶拔，早飞身于戎幕，遂蹑位于谏垣。忠言屡闻，密命斯委，果扬温雅之称，宜获讦谟之效。亦既久次，宜所转迁，受假宠于握兰，用酬劳于视草。勉宏前懿，以服宠荣。可行尚书职方员外郎，依前充翰林学士，散官赐如故。"与《旧唐书》所载同，李让夷元和十四年及进士第，大和三年迁职方员外

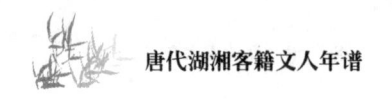

郎、左司郎中充职。其时贾至已卒多年，故文非贾至作。

《全唐文》卷三六七贾至《授敬昭道殿中侍御史等制》。

按：《制》曰："朝议郎行监察御史敬昭道等，见素为质，怀清守道，学以润身，文能比事。自乘骢晓谒，絷隼秋飞，或出禀王纶，或入持天宪。传使者之命，往则有功；按罪人之赃，居而不挠。因其绩用，彩以声华，宜叶岁迁，允符时议。可依前件。"《大唐新语》卷四载："延和中，沂州人有反者，诖误坐者四百余人，将隶于司农，未即路，系州狱。大理评事敬昭道援赦文刊而免之。……昭道迁监察御史。先是夔州征人舒万福等十人次于巴阳滩，溺死。……昭道即募善游者出其尸，具酒殽以酹之，观者莫不歔欷。乃移牒近县，备榇椟归之故乡。征人闻者，无不感激。"又《唐会要》卷四四："开元四年……八月二十四日己卯。敕河南河北检校杀蝗虫使狄光嗣、康瓘、敬昭道、高昌、贾彦璇等。宜令待虫尽。"《制》中所言"自乘骢晓谒，絷隼秋飞，或出禀王纶，或入持天宪。传使者之命，往则有功；按罪人之赃，居而不挠"及《大唐新语》和《唐会要》所载事，距贾至为起居舍人或中书舍人有四十余年，定非贾至所作。又至父贾曾在先天、开元年间任中书舍人，或为贾曾所作。

戎昱年谱

  戎昱一生主要活动于天宝至贞元年间,他并非湖湘本土文人,然其一生,多次往返于湖湘地区。《唐才子传·戎昱传》载其:"爱湖湘山水,来客。"又载:"至德中,以罪谪为辰州刺史。"《唐诗纪事》则载其曾为永州刺史。故其作品多作于湖湘地区。《新唐书·艺文四》:"《戎昱集》五卷。"然散佚颇多,《全唐诗》仅存诗一卷、《全唐文》存其文一篇。

  戎昱与杜甫、岑参等人多有交往,其诗早年似杜甫,多关怀现实之作,中晚年后,由于多遭生活折磨,仕途处于困顿之中,其诗虽艺术上有所精进,但豪气丧失殆尽,多衰飒之风。故《唐才子传·戎昱传》评价:"昱诗在盛唐,格气稍劣,中间有绝似晚作。然风流绮丽,不亏政化,当时赏音,喧传翰苑,固不诬矣。"唐诗由盛唐转入中唐,戎昱之诗表现尤为明显。

  关于戎昱的生平,闻一多、傅璇琮、谭优学、臧维熙等均有考证。他们对戎昱生平中部分时间段的考证比较详细,主要侧重于与戎昱相关的笔记、史料的考订,但还缺乏对戎昱生平的整体观照。这里以《戎昱年谱》为题,试图还原戎昱完整的人生经历。对戎昱生平记载较为详细的是《唐才子传》,另外《本事诗》《云溪友议》《唐诗纪事》《全唐诗话》等皆有载,但正史记载很少,仅《新唐书·艺文志》

中略有记载。除《新唐书》外，各类史料、笔记的可信度并不高，要编年谱谈何容易。不过，除了这些史料、笔记外，戎昱还有125首诗歌，这些诗歌的可信度远超那些史料笔记甚至正史，戎昱的诗成为编年谱所需的重要依据。

本年谱的编订取得了一些成就，如《唐才子传·戎昱传》所载"初事颜平原，尝佐其征南幕"就从其诗中找到了确切证据。另外，一直困扰学者的戎昱的出生地与籍贯问题，也得到了较完善的解决。戎昱晚年流寓桂州也找到了相应的证据。在戎昱的一生中，除少数几年的生活是空白外，大多数时间历历可查，因而具备了年谱的格局。

但令人遗憾的是，戎昱虽然留下了不少诗歌，后人在给他编集子时，却打乱了诗歌创作的原本顺序，而且次序颠倒很严重。于是在编订年谱时，不得不加进了笔者的诸多主观判断，虽然笔者自认为是谨密的逻辑推理，但依然还是缺乏有效的证据。例如，戎昱是否中过进士、在哪一年中进士，尚缺乏有效的资料证明。还有一些篇章，如《汉阴吊崔员外坟》，明显表明诗人曾到过汉阴（或汉水之阴），但与此相关的诗却仅此一篇，无法确定戎昱汉阴之行的经历，因此略而不提。期望以后能够出现相关的文献，来弥补《年谱》中存在的缺陷。

公之先人出自姜姓，四岳之后别为允姓。晋惠公时谓之姜戎。春秋时居伊水、洛水之间。

《左传》"襄公十四年"："诸戎是四岳之裔胄。"同书"昭公九年"云："允姓之奸居于瓜州，伯父惠公归自秦，而诱以来。"杜预注《左传》"僖公二十二年"："允姓之戎居陆浑，在秦、晋西北，二国诱而徙之伊川，遂从戎号，至今为陆浑县。"《古今姓氏书辩证》卷一载："戎出自姜姓，四岳之后别为允姓。先王居梼杌于四裔，故允姓之戎居于瓜州。春秋时秦人贪其土地，迫逐诸戎。戎子吾离附于晋，晋惠公封以南鄙之田，谓之姜戎。"（《志氏姓》第三十五）

公之祖、父均不可考。

新、旧《唐书》及唐宋有关史料对戎昱之祖、父均无记载。

公荆南人，祖籍扶风。

《唐才子传·戎昱传》："昱，荆南人。"《万姓统谱》卷一："戎昱，唐荆南人。"《古今姓氏书辩证》卷一载："唐虔州刺史戎昱，岐州人。"又《直斋书录解题》卷十六："《戎昱集》五卷，唐虔州刺史扶风戎昱撰。"按：《全唐诗》卷二七〇戎昱《长安秋夕》："昨宵西窗梦，梦入荆南道。远客归去来，在家贫亦好。"盖戎昱生于荆南无疑。又据戎氏宗族网，戎氏宗族郡望有二：一为江陵郡，二为扶风郡。盖扶风为其郡望。又《元和郡县图志》："凤翔府，岐州。扶风四辅。……《禹贡》雍州之域。……武帝太初元年更名右扶风，所以扶助京师行风化也，与京兆尹、左冯翊谓之三辅理，皆在长安城中。……魏文帝除'右'字为扶风郡……后魏太武帝于今州理东五里筑雍城镇，文帝改镇为岐州。……大业三年罢州，为扶风郡，武德元年复为岐州。至德元年改为凤翔郡，乾元元年改为凤翔府。"岐州、扶风名二实一，乃戎昱之郡望所在。杜注《左传》："杂戎居伊水、洛水之间者。"扶风之戎姓，应自陆浑西迁而至。

公时有诗名。美风度，善机变，能谈。

唐人韦縠《才调集》卷八录其《中秋感怀》《闻笛》《客堂秋夕》《霁雪》四诗，韦庄《又玄集》卷下录其《冬夜怀归》《闻笛》二诗。

《唐才子传·戎昱传》："美风度，能谈。"《唐诗纪事》卷二八对其逸事也多有所载。

743年（乙未）

唐玄宗李隆基

天宝二载　公出生

本年前后，公出生于荆南。

闻一多定戎昱为开元二十八年出生（740），然未有依据。傅璇琮也仅依据戎昱《八月十五日》"年少逢胡乱，时平似梦中"，推断闻一多的结论大致正确。据《直斋书录解题》卷一六："《戎昱集》五卷。……其侄孙为序言：'弱冠谒杜甫于渚宫，一见礼遇。'"《礼记·曲礼上》："二十曰弱，冠。"孔颖达疏："二十成人，初加冠，体犹未壮，故曰弱也。"如果大历三年戎昱才二十岁，安史之乱发生时戎昱才七岁，显然不得说"年少逢胡乱"。但如依闻一多推断，戎昱"谒杜甫于渚宫"则发生在二十八岁，已近而立之年，不得说弱冠。毕竟，其侄孙应该是见过戎昱的，他的序不宜推翻。如果我们把人二十岁到三十岁分为两段，以二十五岁为界，二十五以下近弱冠，二十五以上则近而立之年。又顾及"年少逢胡乱"，故定戎昱"谒杜甫于渚宫"发生在二十五岁时，以此上推，则戎昱在本年出生。

又戎昱早年作有《长安秋夕》，其诗曰："昨宵西窗梦，梦入荆南道。远客归去来，在家贫亦好。"此诗作于至德二载前后（参见"至德二年"条），以此推出，戎昱当出生荆南。

744 年（甲申）

天宝三载　公一岁

本年，公在荆南。

参见"至德二年"条。

745 年（乙酉）

天宝四载　公二岁

本年，公在荆南。

参见"至德二年"条。

746 年（丙戌）

天宝五载　公三岁

本年，公在荆南。

参见"至德二年"条。

747 年（丁亥）

天宝六载　公四岁

本年，公在荆南。

参见"至德二年"条。

748 年（戊子）

天宝七载　公五岁

本年，公在荆南。

参见"至德二年"条。

749 年（己丑）

天宝八载　公六岁

本年前后，公在荆南，已能诵读岑参作品。

《全唐诗》卷二七〇戎昱《赠岑郎中》："童年未解读书时，诵得郎中数首诗。"岑郎中，即岑参。《全唐文》卷四五九杜确《岑嘉州集序》："（岑参）入为祠部、考功二员外郎，转虞部、库部二正郎。"

750 年（庚寅）

天宝九载　公七岁

本年，公在荆南。

参见"至德二年"条。

751年（辛卯）

天宝十载　公八岁

本年，公在荆南。

参见"至德二年"条。

752年（壬辰）

天宝十一载　公九岁

本年，公在荆南。

参见"至德二年"条。

753年（癸巳）

天宝十二载　公十岁

春，颜真卿出守平原郡。

《旧唐书·颜真卿传》："（颜真卿）迁殿中侍御史、东都畿采访判官，转侍御史、武部员外郎。杨国忠怒其不附己，出为平原太守。"《全唐诗》卷一九八岑参《送颜平原并序》："十二年春，有诏补尚书十数公为郡守。上亲赋诗饯群公，宴于蓬莱前殿，仍赠以缯帛，宠钱加等。参美颜公是行，为宠别章句。"据《唐刺史考·德州》，颜真卿为平原太守在天宝十二载（753）至至德元载（756）。据《唐才子传·戎昱传》："初事颜平原，尝佐其征南幕，亦累荐之。"然本年戎昱尚幼，又无战乱发生，不大可能入颜真卿幕，当仍在荆南家中。

754年（甲午）

天宝十三载　公十一岁

本年，公在荆南。

参见"至德二年"条。

755年（乙未）

天宝十四载　公十二岁

十一月，甲子，安禄山率兵十余万，以诛杨国忠为名，自幽州南下，安史之乱起。十二月，丁酉，禄山陷东京。时公尚年少，遭遇战乱，后有诗忆及此事。

《全唐诗》卷二七〇戎昱《八月十五日》："忆昔千秋节，欢娱万国同。今来六亲远，此日一悲风。年少逢胡乱，时平似梦中。梨园几人在，应是涕无穷。""年少逢胡乱"当指安史之乱。本年，戎昱十二岁，与年少相符。按：《旧唐书·玄宗纪》："（天宝十四载）十一月……丙寅，范阳节度使安禄山率蕃、汉之兵十余万，自幽州南向诣阙，以诛杨国忠为名，先杀太原尹杨光翙于博陵郡。"同卷："十二月……丁酉，禄山陷东京，杀留守李憕、中丞卢奕、判官蒋清。时高仙芝镇陕郡，弃城西保潼关。……丙午，斩封常清、高仙芝于潼关，以哥舒翰为太子先锋兵马元帅，领河、陇兵募守潼关以拒之。"《资治通鉴》卷二一七："（天宝十四载）。十一月，甲子，禄山发所部兵及同罗、奚、契丹、室韦凡十五万众，号二十万，反于范阳。"《新唐书·玄宗纪》所载不言安禄山反日。按：颜真卿《唐故……武穆王李公神道碑铭》："十四载冬十一月，安禄山反范阳。"又有《特进……兼夏州都督康公神道碑铭》："十四载冬十一月九日甲子，安禄山反范阳。"颜真卿亲历安史之乱，故安禄山的反叛日期当为十一月甲子，而非丙寅。

756年（丙申）

唐肃宗李亨

天宝十五载　至德元载　公十三岁

正月，安禄山于洛阳称帝。

《旧唐书·玄宗纪》:"十五载春正月乙卯……禄山僭号于东京。"

春,公离开荆州,前往颜真卿幕,离别前有诗作。

《全唐诗》卷二七〇戎昱《别离作》:"手把杏花枝,未曾经别离。黄昏掩门后,寂寞自心知。"按:从诗意看,此是戎昱第一次离家。且此诗在艺术手法上尚稚嫩,当是戎昱早年作品。

据《唐才子传·戎昱传》:"初事颜平原,尝佐其征南幕,亦累荐之。"唐法定十六岁至二十一岁为中男,不能应征。故安史之乱前,戎昱是不可能入伍的,只有在战乱爆发的情况下才可能入伍。故定戎昱初事颜平原在安史之乱爆发后,又颜真卿为平原太守在天宝十二载(753)至至德元载(756)年间,故戎昱入颜真卿幕当在本年。

又《全唐诗》卷二七〇戎昱《赋得铁马鞭》:"成器虽因匠,怀刚本自天。为怜持寸节,长拟静三边。未入英髦用,空存铁石坚。希君剖腹取,还解抱龙泉。"从诗意看,当是早年作品,"长拟静三边"也应是暗示安史之乱的发生。

六月,贼军陷潼关,玄宗幸蜀。

《旧唐书·玄宗纪》:"六月……辛卯,哥舒翰至潼关,为其帐下火拔归仁以左右数十骑执之降贼,关门不守,京师大骇,河东、华阴、上洛等郡皆委城而走。"同卷:"甲午,将谋幸蜀,乃下诏亲征,仗下后,士庶恐骇,奔走于路。"《资治通鉴》卷二一七、《新唐书·玄宗纪》所载略同。

七月甲子,太子即皇帝位于灵武。改元至德,是为肃宗。

《旧唐书·肃宗纪》:"是月甲子,上即皇帝位于灵武。礼毕,冕等跪进曰:'自逆贼凭陵,两京失守,圣皇传位陛下,再安区宇,臣稽首上千万岁寿。'群臣舞蹈称万岁。上流涕歔欷,感动左右。"《新唐书·肃宗纪》:"甲子,即皇帝位于灵武,尊皇帝曰上皇天帝,大赦,改元至德。"《全唐文》卷四四肃宗《即位大赦文》:"朕所以理兵朔方，将殄寇逆，务以大者，本其孝乎。须安兆庶之心，敬顺群臣之请，乃以七月癸丑朔十二日甲子，即皇帝位于灵州。敬崇徽号，上尊圣皇曰上皇天帝。"

本年，公在德州颜真卿幕，十月，颜真卿弃城渡河，入郓州，过东平军，公随之，有诗作。

《全唐诗》卷二七〇戎昱《过东平军》："画角初鸣残照微，营营鞍马往来稀。相逢士卒皆垂泪，八座朝天何日归。"按：隋唐以六尚书、左右仆射及令为"八座"。从诗意看，长安当被攻破，皇帝与大臣逃离长安，考戎昱一生的经历，有三次皇帝逃离长安：宝应二年（763）十月，唐代宗自长安逃往陕州，十二月返回，同年秋，公自滑州返回洛阳，不大可能至东平；唐建中四年（783）十月，唐德宗自长安逃往奉天，兴元元年（784），又逃往梁州，同年返回，时戎昱已前往辰州任刺史，不可能过东平军。唯有至德元载（756），唐玄宗逃离长安前往成都，戎昱才可能过东平。又"东平军"也即"天平军"，据《唐方镇年表》卷三："天平军节度使、郓曹濮观察等使、郓州刺史，领郓、曹、濮三州。"至德元载时，始置郓、齐、衮三州都防御使，治齐州。又郓州在历史上曾为东平郡，东平军当属此处。又《唐才子传·戎昱传》："初事颜平原，尝佐其征南幕，亦累荐之。"《旧唐书·颜真卿传》："颜真卿……迁殿中侍御史、东都畿采访判官，转侍御史、武部员外郎。杨国忠怒其不附己，出为平原太守。"据《唐刺史考·德州》，颜真卿为平原太守在天宝十二载（753）至至德元载（756）间。《旧唐书·肃宗纪》："（至德元载十月）平原太守颜真卿以食尽援绝，弃城渡河。"自德州（平原郡）渡河后，即进入天平军范围，正与戎昱《过东平军》相合，戎昱诗多有从军之作，此或为从军之始。

《全唐诗》卷二七〇戎昱《闻颜尚书陷贼中》："闻说征南没，那堪故吏闻。能持苏武节，不受马超勋。国破无家信，天秋有雁群。同荣不同辱，今日负将军。"此诗作于建中四年，诗言"故吏"，戎昱当任职于颜真卿幕。

公与颜真卿自德州返，取淮南、山南路，是年冬抵凤翔行在。

《全唐文》卷五一四殷亮《颜鲁公行状》："是年秋，禄山遣其将史思明、尹子奇等，并力攻河北诸郡，前后百余日。饶阳、河间、景城、乐安，相次而陷，所存平原、博平、清河三郡而已。然人心溃叛，不可复制。公乃将麾下骑数百，弃平原渡河，由淮南、山南取路，朝肃宗于凤翔行在。"《全唐文》卷三九四令狐峘《光禄大夫太子太师上柱国鲁郡开国公颜真卿墓志铭》："其年冬十月，贼将尹子奇、史思明等，以劲兵十万，发自燕南。先陷沧瀛，次陵德棣，猛若燎火，冲如决防。公内无兼月之蓄，外绝同盟之援，度势量力，义无幸绐，不敢委身待擒，贻国之耻，遂与麾下归于凤翔。有诏迁宪部尚书，寻兼御史大夫。"《全唐文》卷四四肃宗《答颜真卿让宪部尚书御札》："虽平原不守，而功效殊高。自远归朝，深副朕望。允膺曳履之命，无至免冠之请。"按：本年十月，戎昱与颜真卿渡河，次年，戎昱在长安，与岑参有交往（参见"至德二年"条），故当于本年与颜真卿一起返行在。

本年前后，戎昱作《塞下曲六首》，记载安史之乱带来的灾难。

《全唐诗》卷二七〇戎昱《塞下曲》其六曰："自有卢龙塞，烟尘飞至今。""卢龙塞"，古地名，在今河北省迁安县西，三国时魏称卢龙郡。《新唐书·地理三》妫州怀戎县："北九十里有长城，开元中张说筑。东南五十里有居庸塞，东连卢龙、碣石，西属太行、常山，实天下之险。"唐置平卢节度使，领有其地，以抵御突厥、契丹、回纥的入侵。玄宗天宝年间，安禄山为平卢节度使，后据此险发动叛乱。又其二曰："上山望胡兵，胡马驰骤速。"其五曰："何意休明时，终年事鼙鼓。"这都暗示了安史之乱尚未平息。又此六诗在《戎昱集》中位列第一，创作时间当较早，故系于戎昱第一次从军时。

757年（丁酉）
至德二载　公十四岁

正月，安禄山为其子安庆绪所杀。

《旧唐书·肃宗纪》："二载春正月……乙卯，逆胡安禄山为其子庆绪所杀。"

《新唐书·安禄山传》："至德二载正月朔，禄山朝群臣，创甚，罢。是夜，庄、庆绪持兵扈门，猪儿入帐下，以大刀斫其腹。禄山盲，扪佩刀不得，振幄柱呼曰：'是家贼！'俄而肠溃于床，即死，年五十余，包以毡罽，埋床下。因传疾甚，伪诏立庆绪为皇太子，又矫称禄山传位庆绪，乃伪尊太上皇。"

本月，颜真卿在御史大夫任，稍后，贬冯翊太守。

《全唐文》卷五一四殷亮《颜鲁公行状》："至二年正月，又除御史大夫。未几，因忤圣旨，贬冯翊太守。"同书卷三三六颜真卿有《谢兼御史大夫表》，又《全唐文》卷四四肃宗有《答颜真卿谢兼御吏大夫批》。

九月，广平王李豫统朔方、安西、回纥、南蛮、大食之众二十万，收复西京。

《旧唐书·肃宗纪》："（至德二载）九月丁丑，上党节度使程千里与贼挑战，为贼将蔡希德所擒。燉煌王承寀自回纥使还，拜宗正卿；纳回纥公主为妃，回纥封为叶护，持四节，与回纥叶护太子率兵四千助国讨贼。叶护入见，宴赐加等。丁亥，元帅广平王统朔方、安西、回纥、南蛮、大食之众二十万，东向讨贼。壬寅，与贼将安守忠、李归仁等战于香积寺西北，贼军大败，斩首六万级，贼帅张通儒弃京城

东走。癸卯，广平王收西京。甲辰，捷书至行在，百僚称贺，即日告捷于蜀。上皇遣裴冕入京，启告郊庙社稷。"《新唐书·肃宗纪》所载同。

十月，肃宗自凤翔还京，乃遣太子太师韦见素入蜀迎上皇。

《旧唐书·肃宗纪》："冬十月乙巳朔，以崔光远为京兆尹。诏曰：'缘京城初收，要安百姓，又洒扫宫阙，奉迎上皇。以今月十九日还京，应缘供顿，务从减省。'……癸亥，上自凤翔还京，仍遣太子太师韦见素入蜀迎上皇。"

本年前后，公至长安。时岑参在右补阙任，公与之多有交往。本年前后，公有思乡之作。

《全唐诗》卷二七〇戎昱《赠岑郎中》："四海烟尘犹隔阔，十年魂梦每相随。"按：《赠岑郎中》作于永泰二年（766），参见后文"永泰二年条"。上溯十年，正好为本年。《全唐文》卷四五九杜确《岑嘉州集序》："南阳岑公……天宝三载进士高第，解褐右内率府兵曹参军，转右威卫录事参军，又迁大理评事，兼监察御史，充安西节度判官，入为右补阙。"据陈铁明《岑参集校注》，岑参天宝十三载即赴北庭，本年春东归。故戎昱与其交往，当在本年春后。

《全唐诗》卷二七〇戎昱《长安秋夕》："八月更漏长，愁人起常早。闭门寂无事，满院生秋草。昨宵西窗梦，梦入荆南道。远客归去来，在家贫亦好。"按：戎昱出生于荆南，后举家迁于长安、陇西。故在戎昱诗中，早年作品多思念荆南之作，中晚年作品多思念长安或陇西之作。此处提及"昨宵西窗梦，梦入荆南道。远客归去来，在家贫亦好"。其家尚未迁入长安，故系此诗于本年前后。

758 年（戊戌）

至德三载　乾元元年　公十五岁

二月，改"载"为"年"，改元乾元。

《旧唐书·肃宗纪》："（三载二月）丁未，御明凤门，大赦天下，改至德三载为乾元元年。"

三月，颜真卿自冯翊太守改授蒲州刺史本郡防御使。本年，公或在长安。

《全唐文》卷五一四殷亮《颜鲁公行状》："乾元元年三月又改蒲州刺史本郡防御使，封丹阳县开国子，食邑一千户。"

759年（己亥）

乾元二年　公十六岁

正月，史思明称大圣周王，建元应天；本月，史思明杀安庆绪。

《新唐书·史思明传》："乾元二年正月朔，筑坛，僭称大圣周王，建元应天，以周贽为司马；救相州，却王师，杀庆绪，并其众，欲遂西略，虞根本未固，即留朝义守相州，自引还。"

四月，史思明称大燕皇帝，年号"天顺"。

《新唐书·史思明传》："乾元二年……夏四月，更国号大燕，建元顺天，自称应天皇帝。"

六月，颜真卿为浙西节度使，约此稍后，公在颜真卿幕。

《全唐文》卷五一四《颜鲁公行状》："（乾元）二年六月拜升州刺史，充浙江西道节度使兼宋亳都防御使。"同书卷三九四令狐峘《光禄大夫太子太师上柱国鲁郡开国公颜真卿墓志铭》："西京平，思复旧章，屡进谠议，触鳞忤旨，竟不久留，出为冯翊太守。换蒲州刺史，充本州防御使。又为酷吏所构，贬饶州刺史。迁升州刺史，充浙西节度使。"按：《唐才子传·戎昱传》："初事颜平原，尝佐其征南幕，亦累荐之。""征南"当指颜真卿任浙西节度使。

本年，公在颜真卿幕，与寂上人交游，有诗作。

《全唐诗》卷二七〇戎昱《寂上人禅房》："俗尘浮垢闭禅关，百岁身心几日闲。安得此生同草木，无营长在四时间。"按：刘长卿有诗《赴宣州使院夜宴寂上人房留辞前苏州韦使君》。据杨世明《刘长卿集编年校注》，系此诗于上元二年。浙西节度使驻节苏州，又韦黄裳乾元元年拜升州节度使，颜真卿乾元二年拜升州刺史，二人又同在乾元中为浙西观察使，按：《新唐书·方镇表五》："（乾元元年）置浙江西道节度兼江宁军使……治升州，寻徙治苏州。"可见乾元二年戎昱在苏州，而上元二年，刘长卿、寂上人也在苏州。时间上仅隔一年，则与刘长卿交往的寂上人就是戎昱交往的寂上人，此也可证戎昱在本年随颜真卿入浙西幕。

乾元中，澧州蛮作乱，公后有文提及此事。

《全唐文》卷六一九戎昱《澧州新城颂并序》："澧州荆之近庸，国之南屏，水陆吴楚，风俗夷獠，溪蛮好乱，相寇仍梗。……乾元中盗不盈百，即州将失守。"

760年（庚子）

乾元三年　上元元年　公十七岁

正月，颜真卿离浙西节度使任，拜刑部侍郎。公或随之进京。

《全唐文》卷三九四令狐峘《光禄大夫太子太师上柱国鲁郡开国公颜真卿墓志铭》："都统使李峘奏，以为过防骇众，肃宗有诏，追拜刑部侍郎，进爵县公。"同书卷五一四《颜鲁公行状》："肃宗诏追，未至京，拜刑部侍郎。"按：戎昱上元中已在长安，参见"上元二年"条，故当本年随颜真卿进京。

761年（辛丑）

上元二年　公十八岁

本年或稍前，公在长安，于长安道中见驸马张潜，后有诗忆及此事。

《全唐诗》卷二七〇戎昱《赠别张驸马》："上元年中长安陌，见君朝下欲归宅。飞龙骑马三十匹，玉勒雕鞍照初日。"张驸马即张潜，见"大历三年条"。

又本年前后，公有感于陇右节度使郭英乂解吐蕃围，有诗作。

《全唐诗》卷二七〇戎昱《塞下曲》："汉将归来虏塞空，旌旗初下玉关东。高蹄战马三千匹，落日平原秋草中。"又有《塞上曲》："胡风略地烧连山，碎叶孤城未下关。山头烽子声声叫，知是将军夜猎还。"按：上元年间，公在长安，闻陇右节度使郭英乂捷报频传，故有是作。据《唐方镇年表》卷八，上元年间，郭英乂在陇右节度使任，"吐蕃逼河西，边捷昼至，虏围夜溃"（《唐方镇年表》卷八）。

762 年（壬寅）

宝应元年　公十九岁

四月，甲寅，玄宗卒。甲子，制改元宝应。同月，肃宗死，太子豫即位，是为代宗。

《旧唐书·玄宗纪》："上元二年四月甲寅，崩于神龙殿，时年七十八。群臣上谥曰至道大圣大明孝皇帝，庙号玄宗。"《旧唐书·肃宗纪》《新唐书·玄宗纪》《新唐书·肃宗纪》《资治通鉴》卷二二二皆有载。又《全唐文》卷四五肃宗《改元宝应赦文》："其元年应改为宝应元年，建巳月改为四月，其余月并为常数，仍旧以正月一日为岁首。"

又《旧唐书·代宗纪》："宝应元年四月……丁卯，肃宗崩，元振等始迎上于九仙门，见群臣，行监国之礼。己巳，即皇帝位于柩前。"事亦见于《新唐书·代宗纪》。

十月，雍王李适与朔方节度使仆固怀恩会合回纥兵攻史朝义，大

胜，收复洛阳等地。然回纥入东京后，肆行杀略，士民皆衣纸。

《唐会要》："宝应元年四月，回纥演者裴罗等十八人来朝。八月，可汗自将精骑五千南踰太原晋绛，屯兵于陕州平陆县，遣使奏请助王师讨平残寇。是日，引其使宴于延英殿，赐物有差，命左散骑常侍、兼御史大夫尚衡使于回纥军宣慰。可汗遣弟右杀领精骑三千，与行营节度使仆固怀恩破逆贼史朝义于北邙山。"又《资治通鉴》卷二二二："（宝应元年十月）回纥入东京，肆行杀略，死者万计，火累旬不灭。朔方、神策军亦以东京、郑、汴、汝州皆为贼境，所过虏掠，三月乃已。比屋荡尽，士民皆衣纸。"

本年前后，公从李光弼军，抗击安史叛军，后有诗忆及此段经历。

《全唐诗》卷二七〇戎昱《从军行》："昔从李都尉，双鞬照马蹄。擒生黑山北，杀敌黄云西。太白沉虏地，边草复萋萋。归来邯郸市，百尺青楼梯。"按：从内容看，从军地点在唐河北道一带。《旧唐书·李光弼传》："（天宝）十五载正月，以光弼为云中太守，摄御史大夫，充河东节度副使、知节度事。二月，转魏郡太守、河北道采访使……（乾元二年）八月，兼幽州大都督府长史、河北节度支度营田经略等使，余如故。与九节度兵围安庆绪于相州……唯光弼所部不散。……加光弼太尉、兼中书令，代郭子仪为朔方节度、兵马副元帅，以东师委之。……初，光弼次汴州……遂移牒留守及河南尹并留司官、坊市居人，出城避寇……光弼悉军赴河阳。……光弼收怀州，思明来救，迎击于沁水之上，又败之。……广德二年七月，薨于徐州，时年五十七。"可见，安史之乱中，李光弼军主要活动于今河北、河南一带，与诗中所述一致，则"李都尉"当指李光弼。又《全唐诗》卷二七〇戎昱有《苦哉行五首》，其后注曰："宝应中过滑州洛阳后同王季友作。"可见，戎昱确实在宝应年间或稍前活动于今河南、河北一带，亦可印证所从之军为李光弼军。诗为忆作，所作时间或在广德三年再次从郭子仪军时。

763 年（癸卯）

唐代宗李豫

宝应二年　广德元年　公二十岁

正月，田承嗣献莫州投降，史朝义部下李怀仙献范阳投降。史朝义走投无路，自缢而死，安史之乱结束。

沈既济《建中实录》："二年正月，贼将李怀仙擒朝义以降，山东平。"

七月，改宝应二年为广德元年，大赦天下。

《旧唐书·代宗纪》："秋七月……壬子，御宣政殿宣制，改元曰广德，大赦天下，常赦不原者咸赦除之。"

秋，公自滑州返洛阳，过招提寺，有诗作。

《全唐诗》卷二七〇戎昱《题招提寺》："招提精舍好，石壁向江开。山影水中尽，鸟声天上来。一灯传岁月，深院长莓苔。日暮双林磬，泠泠送客回。"《太平寰宇记》卷五载："缑氏县东南六十里，旧三乡，今二乡，古滑国也……古滑城在县东一十八里，城东角有招提寺。"《元和郡县图志》卷八云："州城，即古滑台城，城有三重，又有都城，周二十里。相传云卫灵公所筑小城，昔滑氏为垒，后人增以为城，甚高峻坚险。临河亦有台。"与"招提精舍好，石壁向江开"颇合，《全唐诗》卷二七〇戎昱有《苦哉行五首》，其后注曰："宝应中过滑州洛阳后同王季友作。"故诗当作于此时。

秋，公与王季友自滑州至洛阳，目睹战后民生之凋敝，感而赋诗。

《全唐诗》卷二七〇戎昱有《苦哉行五首》，其后注曰："宝应中过滑州洛阳后同王季友作。"又王安石《唐百家诗选》卷五也题作"宝应中作"。王季友，河南人，家贫卖履，博极群书，豫章太守李勉引为宾客，甚敬之，杜甫诗所谓鄛城客子王季友也。宝应年间至滑州，作《滑中赠崔高士瑾》，《全唐诗》存其诗十一首。《唐才子传》卷四有传。

《苦哉行五首》其一："冀雪大国耻，翻是大国辱。膻腥逼绮罗，砖瓦杂珠玉。"其二："上马随匈奴，数秋黄尘里。生为名家女，死作塞垣鬼。"其三："昔年买奴仆，奴仆来碎叶。岂意未死间，自为匈奴妾。"其四："匈奴为先锋，长鼻黄发拳。弯弓猎生人，百步牛羊膻。"其五："生人为死别，有去无时还。汉月割妾心，胡风凋妾颜。"诗中匈奴实指回纥，参见"宝应元年十月"条。

又其二："官军收洛阳，家住洛阳里。夫婿与兄弟，目前见伤死。"其四："前年狂胡来，惧死翻生全。今秋官军至，岂意遭戈鋋。"则宝应元年十月，回纥入洛阳，本年秋，官军入洛阳，俱给百姓带来巨大灾难。按：《全唐诗》及《唐百家诗选》均题作宝应中作，然宝应二年七月改元广德，诗作于秋天，如为宝应元年，则回纥尚未入洛阳。故诗当作于广德元年秋。

又其五："可汗奉亲诏，今月归燕山。"新、旧《唐书》未载和亲事，《唐会要》卷九八："（宝应）二年正月，可汗辞还蕃。六月，册命为颉咄登里骨啜密施合俱录英义建功毗伽可汗。"或和亲在此期间。

约此前后，公有诗讽和亲政策。

《全唐诗》卷二七〇戎昱有《咏史》诗："汉家青史上，计拙是和亲。社稷依明主，安危托妇人。岂能将玉貌，便拟静胡尘。地下千年骨，谁为辅佐臣。"《云溪友议》："宪宗皇帝朝，以北狄频侵边境，大臣奏议：古者和亲之有五利，而日无千金之费。……上悦曰：'朕又记得《咏史》一篇，此人若在，便与朗州刺史，武陵桃源足称诗人之兴咏.'……其《咏史》诗云:'汉家青史上,计拙是和亲。社稷依明主,安危托妇人。岂能将玉貌,便欲静胡尘?地下千年骨,谁为辅佐臣?'上笑曰:'魏绛之功,何其懦也!'大臣公卿,遂息和戎之议矣。"《唐才子传》卷三、《全唐诗话》卷二所载略同。据《苦哉行》(其五),回纥收洛阳后,确有和亲政策,且戎昱在诗中有所讽刺,故《咏史》诗当与《苦哉行》(其五)前后相继。

秋,公返长安,有感于安史之乱给长安带来的破坏,有诗作。

《全唐诗》卷二七〇戎昱《秋望兴庆宫》:"先皇歌舞地,今日未游巡。幽咽龙池水,凄凉御榻尘。随风秋树叶,对月老宫人。万事如桑海,悲来欲恸神。"按:兴庆宫是唐长安城三大宫殿群之一,被称为"南内"。是唐玄宗做藩王时的府邸,唐玄宗登基后大规模扩建,后成为唐玄宗与杨贵妃长期居住的地方。诗中先皇指唐玄宗。宝应元年四月,甲寅,玄宗崩。同月,肃宗亦崩。此诗必是宝应二年戎昱返回长安后有感而作。

又《全唐诗》卷二七〇戎昱《八月十五》:"忆昔千秋节,欢娱万国同。今来六亲远,此日一悲风。年少逢胡乱,时平似梦中。梨园几人在,应是涕无穷。"此诗与上诗皆有感而发,应同是本年秋作。

冬,卫伯玉拜江陵尹,兼御史大夫,充荆南节度观察等使。

《旧唐书·卫伯玉传》:"(广德元年冬)乃拜江陵尹、兼御史大夫,充荆南节度观察等使。"

又冬,仆固怀恩叛乱,郭子仪赴任河东副元帅、河中节度使,时公或在郭子仪幕。

《新唐书·郭子仪传》:"仆固怀恩纵兵掠并、汾属县,帝患之,以子仪兼河东副元帅、河中节度使,镇河中。怀恩子玚屯榆次,为帐下张惟岳所杀,传首京师,持其众归子仪。怀恩惧,委其母走灵州。"按:广德三年戎昱在郭子仪幕,则拜幕时间可能与郭子仪赴任河东副元帅、河中节度使时间一致。

本年岑参拜祠部员外郎，与郎士元同作诗题刘晏《三湘图》。

岑参《岑嘉州集》卷一有《刘相公中书江山画障》，《全唐诗》卷二四八郎士元有《题刘相公三湘图》。

764年（甲辰）

广德二年　公二一岁

本年，以衡、潭、邵、永、道五州隶湖南观察使。剑南西川节度复领东川十五州。

《新唐书·方镇四》："荆南节度罢领忠、涪二州，以衡、潭、邵、永、道五州隶湖南观察使。"又同卷："剑南西川节度复领东川十五州。"

本年，郭子仪领北道邠宁、泾原、河西通和吐蕃及朔方招抚观察使。时公或在郭子仪幕。冬，公于军中闻笛，有诗作。

《新唐书·郭子仪传》："广德二年，进太尉，兼领北道邠宁、泾原、河西通和吐蕃及朔方招抚观察使。辞太尉不拜。"又同卷："（广德二年）怀恩诱吐蕃、回纥、党项数十万入寇，朝廷大恐，诏子仪屯奉天。帝问计所出，对曰：'无能为也。怀恩本臣偏将，虽慓果，然素失士心。今能为乱者，诖思归之人，劫与俱来，且皆臣故部曲，素以恩信结之，彼忍以刃相向乎？'帝曰：'善。'虏寇邠州，先驱至奉天，诸将请击之。子仪曰：'客深入，利速战。彼下素德我，吾缓之，当自携贰。'因下令：'敢言战者斩！'坚壁待之，贼果遁。"

《全唐诗》卷二七〇戎昱有《闻笛》诗，此诗一说李益作，另题为《夜上受降城闻笛》，被收入《李尚书集》中，而《又玄集》《才调集》均记作戎昱诗。现录此诗如下："入夜思归切，笛声清更哀。愁人不愿听，自到枕前来。风起塞云断，夜深关月开。平明独惆怅，飞尽一庭梅。"与戎昱其他边塞诗相比，此诗风格较异，故为李益作品可能性更大。然此次从郭子仪军，离其家长安较近，故也有戎昱所作的可能，今人以为作于桂州（见余锋《大唐刺史李昌夔》，《南国早报》）。虽然此诗与《郡斋读书志》所载较合，然诗中有"塞云"，当作于北方，现姑系于此。

本年或稍后，公听董庭兰友人杜某弹胡笳，有诗作。

《全唐诗》卷二七〇戎昱《听杜山人弹胡笳》："绿琴胡笳谁妙弹，山人杜陵名庭兰。杜君少与山人友，山人没来今已久。"又李颀有《听董大弹胡笳声兼寄语弄房给事》，董大即董庭兰，即戎昱诗中的"山人杜陵名庭兰"，杜陵乃董庭兰之郡望，故有是称。《新唐书·杜甫传》："（房）琯时败陈涛斜，又以客董廷兰，罢宰相。甫上疏言：'罪细，不宜免大臣。'帝怒，诏三司杂问。"杜甫《奉谢口敕放三司推问状》："窃见房琯，以宰相子，少自树立，晚为醇儒，有大臣体。时论许琯，必位至公辅，康济元元。……而琯性失于简，酷嗜鼓琴，董庭兰今之琴工，游琯门下有日，贫病之老，依倚为非，琯之爱惜人情，一至于玷污。"《旧唐书·房琯传》："谏议大夫张镐上疏，言琯大臣，门客受赃，不宜见累。二年五月，贬为太子少师，仍以镐代琯为宰相。"据杜甫所言，董庭兰依房琯时，已是"贫病之老"，故其卒当在至德二载稍后，故戎昱诗中有"杜君少与山人友，山人没来今已久"。山人即隐士，董庭兰与杜君均是山人，又同为杜陵人，故得深交。

又《听杜山人弹胡笳》中有句："回鹘数年收洛阳，洛阳士女皆驱将。岂无父母与兄弟，闻此哀情皆断肠。""回鹘收洛阳"发生在宝应元年，永泰元年，公往成都，以后似再无从军经历，而诗中出现"始闻第一第二拍，泪尽蛾眉没蕃客。更闻出塞入塞声，穹庐毡帐难为情。胡天雨雪四时下，五月不曾芳草生。须臾促轸变宫徵，一声悲兮一声喜。南看汉月双眼明，却顾胡儿寸心死"。当作于公从郭子仪军时，故系此诗于本年前后。

又按：永泰元年九月仆固怀恩诱回纥、吐蕃、吐谷浑、党项、奴刺数十万众俱入寇，《听杜山人弹胡笳》《闻笛》诗均未提及，且《闻笛》诗作于冬，故系此二诗于本年。

765年（乙巳）

广德三年　永泰元年　公二二岁

本年，潭州刺史崔瓘去官，张谓在潭州刺史任上。

《崔潭州表》："乙巳岁，潭州刺史崔瓘去官，州人衡州司功参军郑涧为乡人某等请余为崔公作表。……时艰道远，州人等不得诣阙冤诉，且欲刻石立表，以彰盛德。"崔瓘，《新唐书·地理五》作"翟灌"。本年，张谓在潭州刺史任上（765—767）。参见《元结湖湘诗文系年》。

正月，改广德三年为永泰元年，大赦天下。

《旧唐书·代宗纪》："永泰元年春正月癸巳朔，制曰：……今将大振纲维，益明惩劝，肇举改元之典，弘敷在宥之泽，可大赦天下，改广德三年为永泰元年。"

十月，剑南西川兵马使崔旰杀节度使郭英乂，杨子琳、李昌夔等兴兵讨旰，西蜀大乱。

《新唐书·杜鸿渐传》："（永泰元年）崔旰杀郭英乂据成都，邛州牙将柏贞节、泸州牙将杨子琳、剑州牙将李昌夔以兵讨旰，蜀、剑大乱。"《旧唐书·杜鸿渐传》："永泰元年十月，剑南西川兵马使崔旰杀节度使郭英乂，据成都，自称留后。邛州衙将柏贞节、泸州衙将杨子琳、剑州衙将李昌夔等兴兵讨旰，西蜀大乱。"

本月，公在泾州，观关内河东副元帅郭子仪出师，有诗作。

《全唐诗》卷二七〇戎昱《泾州观元戎出师》："寒日征西将，萧萧万马丛。……朔野长城闭，河源旧路通。……枪垒依沙迥，辕门压塞雄。燕然如可勒，万里愿从公。"《资治通鉴》卷二二三："（永泰元年九月）仆固怀恩诱回纥、吐蕃、吐谷浑、党项、奴剌数十万众俱入寇，令吐蕃大将尚结悉赞摩、马重英等自北道趣奉天，党项帅任敷、郑庭、郝德等自东道趣同州，吐谷浑、奴剌之众自西道趣盩厔，回纥继吐蕃之后，怀恩又以朔方兵继之。……冬，十月……吐蕃退至邠州，遇回纥，复相与入寇，辛酉，至奉天。癸亥，党项焚同州官廨、民居而去。……子仪竟与定约而还。吐蕃闻之，夜，引兵遁去。回纥遣其酋长石野那等六人入见天子。药葛罗帅众追吐蕃，子仪使白元光帅精骑与之俱；癸酉，战于灵台西原，大破之，杀吐蕃万计，得所掠士女四千人。丙子，又破之于泾州东。"故诗中元戎当指关内河东副元帅郭子仪，从诗意看，此时戎昱或在郭子仪军中。

闰十月，郭子仪入朝，公亦或随郭返长安。

《资治通鉴》卷二二四载："（永泰元年）闰十月，乙巳，郭子仪入朝。子仪以灵武初复，百姓雕弊，戎落未安，请以朔方军粮使三原路嗣恭镇之；河西节度使杨志烈既死，请遣使巡抚河西及置凉、甘、肃、瓜、沙等州长史。上皆从之。"

766年（丙午）

永泰二年　大历元年　公二三岁

二月，杜鸿渐以黄门侍郎、同平章事兼成都尹，充剑南西川节度使，以平郭英乂之乱。

《旧唐书·代宗纪》："（永泰二年二月）壬子，命黄门侍郎、同平章事杜鸿渐兼成都尹，持节充山南西道、剑南东川等道副元帅，仍充剑南西川节度使，以平郭英乂之乱也。"同书《崔宁传》："永泰二年二月，乃以黄门侍郎平章事杜鸿渐兼成都尹、山南西道剑南东川西川邛南等道副元帅、剑南西川节度使。"《新唐书·崔宁传》《资治通鉴》卷二二四、《册府元龟》卷三二二所载略同。

春，公自长安入蜀，自褒斜道入梁州，有诗作。

《全唐诗》卷二七〇戎昱《汉上题韦氏庄》："结茅同楚客，卜筑汉江边。日落数归鸟，夜深闻扣舷。水痕侵岸柳，山翠借厨烟。调笑提筐妇，春来蚕几眠。"汉上在唐诗中多指汉水上游地区，主要指唐梁州地区，即今天的汉中地区。考戎昱行踪，当从长安出发，经褒斜道、金牛道入蜀，梁州正处于这条交通要道上。一说此诗为岑参作品，岑参入蜀时虽也经此道，然此诗风格与岑集中其他作品有较大不同，当为戎昱诗作。

春，公经利州入剑门，有诗作。

《全唐诗》卷二七〇戎昱《入剑门》："剑门兵革后，万事尽堪悲。鸟鼠无巢穴，儿童话别离。山川同昔日，荆棘是今时。征战何年定，家家有画旗。"诗中"剑门兵革"当指剑南西川兵马使崔旰杀节度使郭英乂，据成都，自称留后事。

春，公在成都，入成都杜鸿渐幕。有诗送严某往长安。

《全唐诗》卷二七〇戎昱《送严十五郎之长安》："送客身为客，思家怆别家。暂收双眼泪，遥想五陵花。路远征车迥，山回剑阁斜。长安君到日，春色未应赊。"《文苑英华》卷二七三作"《送严十五之长安》"。按：戎昱约上年冬至长安，戎诗"长安君到日，春色未应赊"当是本年春。

戎昱出蜀后，多在杨子琳、李昌夔幕，究其原因，三人皆曾在杜鸿渐幕下共事，故有以后的交往。

七月，岑参抵达成都，公前往逢迎，作诗相赠，对岑参人品与诗品极为钦慕。

《全唐诗》卷二七〇戎昱《赠岑郎中》："虽披云雾逢迎疾，已恨趋风拜德迟。天下无人鉴诗句，不寻诗伯重寻谁。"当是岑参初抵成都时公赠作。按：岑郎中，即岑参。《全唐文》卷四五九杜确《岑嘉州集序》："入为祠部、考功二员外郎，转虞部、库部二正郎。"同书卷四二八于邵《送家令祁丞序》："虞部郎中岑公赠诗一篇。"据陈铁民、侯忠义《岑参集校注》：岑参广德二年（764）任考功员外郎、同年转虞部郎中，永泰元年（765）十一月赴蜀，本年入蜀，七月抵达成都，大历二年（766）六月赴嘉州。从诗意看，"云雾"符合成都天气特征；"逢迎"当在岑参抵达成都时。

秋，公因事至罗江，寓居客舍，有诗作。

《全唐诗》卷二七〇戎昱《罗江客舍》："山县秋云暗，茅亭暮雨寒。自伤庭叶下，谁问客衣单。有兴时添酒。无聊懒整冠，近来乡国梦，夜夜到长安。"《元和郡县图志》卷三三："绵州，巴西。……管县八：巴西、昌明、罗江、神泉、龙安、魏城、盐泉、西昌。"诗云："山县秋云暗，茅亭暮雨寒。"当作于秋季。公大历二年夏秋之际就已离开成都，故诗唯有作于本年秋。

暮秋，公在成都，思乡，有诗作。

《全唐诗》卷二七〇戎昱《成都暮雨秋》："九月龟城暮，愁人闭草堂。地卑多雨润，天暖少秋霜。纵欲倾新酒，其如忆故乡。不知更漏意，惟向客边长。"戎昱永泰元年冬至成都，大历二年夏秋之际离开，此诗所作时间在九月，为暮秋时节，故诗当作于本年。

又同卷戎昱《江城秋霁》："霁后江城风景凉，岂堪登眺只堪伤。远天螮蝀收残雨，映水鸬鹚近夕阳。万事无成空过日，十年多难不还乡。不知何处销兹恨，转觉愁随夜夜长。"诗言"十年多难不还乡"。自安史之乱爆发，戎昱离家十一年。十年当是约数。又按：大历二年，戎昱即从成都顺江东下，所以本年多思乡之作。

十一月，甲子，代宗大赦天下，改永泰二年为大历元年。

《全唐文》卷四九代宗《改元大历赦文》："建元发号，革故维新，俾及履长之节，用深行庆之典，可大赦天下。其永泰二年宜改为大历元年。"《旧唐书·代宗纪》《新唐书·代宗纪》所载同。

767年（丁未）
大历二年　公二四岁

春，公在成都，有诗送严某之江东。

《全唐诗》卷二七〇戎昱《成都送严十五之江东》："江东万里外，别后几凄凄。峡路花应发，津亭柳正齐。酒倾迟日暮，川阔远天低。心系征帆上，随君到剡溪。"诗言"峡路花应发，津亭柳正齐"，当在暮春时节。又同卷《题严氏竹亭》有句："忘机看白日，留客醉瑶琴。爱此多诗兴，归来步步吟。"此诗作于大历六年，戎昱流寓湖州，湖州地属江东，则严十五与严氏或为同一人。

本年，崔旰为成都尹，兼西山防御使、西川节度行军司马。

《旧唐书·崔宁传》："先时，张献诚数与旰战，献诚屡败，旌节皆为旰所夺。朝廷因鸿渐之请，加成都尹，兼西山防御使、西川节度行军司马，仍赐名曰宁。大历二年，鸿渐归朝，遂授宁西川节度使。"《资治通鉴》卷二二四："杜鸿渐至蜀境，闻张献诚败而惧，使人先达意于崔旰，许以万全。旰卑辞重赂以迎之，鸿渐喜；进至成都，见旰，但接以温恭，无一言责其干纪，州府事悉以委旰。又数荐之于朝，因请以节制让旰，以柏茂琳、杨子琳、李昌巎各为本州刺史。上不得已从之。壬寅，以旰为成都尹、西川节度行军司马。"

夏秋间，公离开西川幕府，以下诗当作于公居成都期间。

《全唐诗》卷二七〇戎昱《成都元十八侍御》："不见元生已数朝，浣花溪路去非遥。客舍早知浑寂寞，交情岂谓更萧条。空有寸心思会

面,恨无单酌遣相邀。骅骝幸自能驰骤,何惜挥鞭过柞桥。"按:元十八侍御,当指元从。《唐御史台精舍题名考》卷三载元从位列韦黄裳、刘芬后,王元□、皇甫先前。又李白有《赠韦侍御黄裳诗》,《题名考》中唯有元从在此前后任侍御,任"侍御史知杂"。元从,事迹见于《全唐文》卷六三九李翱《故歙州长史陇西李府君墓志铭》及《元和姓纂》卷四"河南洛阳元氏"。

约此稍后,沿长江东下归乡,至云安,遇雨,道路阻塞,有诗作。

《全唐诗》卷二七〇戎昱《云安阻雨》:"日长巴峡雨濛濛,又说归舟路未通。游人不及西江水,先得东流到渚宫。"《元和郡县图志·阙卷逸文》卷一:"(夔州)云安县,周武帝改为云安县,属巴东郡。"又《左传》孔颖达《疏》:"渚宫在郢都之南是也。"渚宫原是楚国郢都南的一座宫殿,后来指代江陵。刘禹锡《元和癸巳岁仲秋,诏发江陵,偏师问罪蛮徼,后命宣慰释兵归降,凯旋之辰,率尔成咏,寄荆南严司空》:"蛮水阻朝宗,兵符下渚宫。"江陵在唐属荆州,戎昱为荆南人,因而诗中说"日长巴峡雨濛濛,又说归舟路未通"。

秋,公沿长江东下,进入荆江段,有诗感怀。

《全唐诗》卷二七〇戎昱《晚次荆江》:"孤舟大江水,水涉无昏曙。雨暗迷津时,云生望乡处。渔翁闲自乐,樵客纷多虑。秋色湖上山,归心日边树。"长江流经古荆州地,号为荆江,也即自荆门山至岳州段号为荆江。戎昱为荆南人,进入荆江后,便接近故乡了,故曰"归心日边树",又诗中"秋色湖上山"一句在时间上也颇与这次归乡一致。

又《全唐诗》卷二七〇戎昱《云梦故城秋望》:"故国遗墟在,登临想旧游。一朝人事变,千载水空流。梦渚鸿声晚,荆门树色秋。片云凝不散,遥挂望乡愁。"按:《春秋释例》卷六载:"南郡枝江县西有云梦城，江夏安陆县东南亦有云梦城。"枝江县在荆门山东，在唐已属荆州范围，故诗暂系于此时。

秋，公至江陵，有诗赠别驸马张潜。

《全唐诗》卷二七〇戎昱《赠别张驸马》："一朝负谴辞丹阙，五年待罪湘江源。冠冕凄凉几迁改，眼看桑田变成海。华堂金屋别赐人，细眼黄头总何在。"按：《旧唐书·肃宗张皇后传》："乾元元年四月，册为皇后。弟驸马都尉清加特进、太常卿同正，封范阳郡公。……宝应元年四月，肃宗大渐，后与内官朱辉光、马英俊、啖廷瑶、陈仙甫等谋立越王系，矫诏召太子入侍疾。中官程元振、李辅国知其谋，及太子入，二人以难告，请太子在飞龙厩。元振率禁军收越王，捕朱辉光等。俄而肃宗崩，太子监国，遂移后于别殿，幽崩。诛马英俊，女道士许灵素配流，山人申大芝赐死，驸马都尉清贬硖州司马，弟延和郡主婿鸿胪卿潜贬郴州司马，舅鸿胪卿窦履信贬道州刺史。"《新唐书·张皇后传》："弟清、潜尚大宁、延和二郡主。"诗言"一朝负谴辞丹阙，五年待罪湘江源"。张潜宝应元年四月被贬为郴州司马，至本年正好五年。戎昱之所以能在江陵与张潜相会，盖张潜任五年郴州司马后北迁途中过江陵，正好与戎昱相会。另诗中有"看君风骨殊未歇，不用愁来双泪垂"，也可见张潜不在郴州司马任。

秋，公被荆南节度使卫伯玉辟为从事。

《新唐书·艺文志》："戎昱集五卷。卫伯玉镇荆南从事，后为辰州、虔州二刺史。"《唐才子传·戎昱传》："卫伯玉镇荆南，辟为从事。"《唐诗纪事》卷二八所载同。

九月，公在荆南节度使卫伯玉幕，观其对中使射破的，有诗作。

《全唐诗》卷二七〇戎昱《观卫尚书九日对中使射破的》："盛宴倾黄菊，殊私降紫泥。月营开射圃，霜篚拂晴霓。出将三朝贵，弯弓五善齐。腕回金镞满，的破绿弦低。勇气干牛斗，欢声震鼓鼙。忠臣

思报国，更欲取关西。"按：《旧唐书·卫伯玉传》："广德元年冬，吐蕃寇京师，乘舆幸陕。以伯玉有干略，可当重寄，乃拜江陵尹、兼御史大夫，充荆南节度观察等使。寻加检校工部尚书，封城阳郡王。大历初，丁母忧，朝廷以王昂代其任，伯玉潜讽将吏不受诏，遂起复以本官为荆南节度等使，时议丑之。大历十一年二月入觐，以疾卒于京师。"《新唐书·卫伯玉传》："广德元年，代宗幸陕，以伯玉有干略，可方面大事，乃拜荆南节度使，进封城阳郡王。……十一年，归京师，卒。"《全唐文》卷四六代宗《封卫伯玉城阳郡王制》："开府仪同三司、检校工部尚书、兼江陵尹、御史大夫、充荆南节度观察处置等使、上柱国、芮国公卫伯玉……可封城阳郡王、食邑三千户，余并如故。"可见，卫伯玉从广德元年冬至大历十一年二月在荆南节度使任。故诗当作于本年前后。

768 年（戊申）

大历三年　公二五岁

正月中旬，杜甫离开夔州出峡。三月，至江陵。稍后，公谒见杜甫，杜甫礼遇之。

《直斋书录解题》卷一六："《戎昱集》五卷，唐虔州刺史扶风戎昱撰，其侄孙为序言：'弱冠谒杜甫于渚宫，一见礼遇。'"《礼记·曲礼上》："二十曰弱，冠。"孔颖达疏："二十成人，初加冠，体犹未壮，故曰弱也。"后亦称二十多岁为弱冠之龄。此处言弱冠，当指二十多岁。渚宫即江陵，参见大历二年条。按：杜甫大历三年暮春至江陵，暮秋离开，则戎昱当在此期间与杜甫相会。

夏，江陵节度使阳城郡王新楼成，时杜甫在江陵，有诗作。

《杜诗详注》卷二一杜甫《江陵节度使阳城郡王新楼成，王请严侍御判官赋七字句，同作》《又作此奉卫王》。卫王即卫伯玉，前诗有

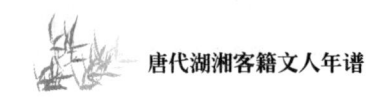

句："楼上炎天冰雪生，高飞燕雀贺新成。"后诗有句："二仪清浊还高下，三伏炎蒸定有无。"当作于本年夏天。

夏，公在荆州家中，有诗作。

《全唐诗》卷二七〇戎昱《玉台体题湖上亭》："湖入县西边，湖头胜事偏。绿竿初长笋，红颗未开莲。蔽日高高树，迎人小小船。清风长入坐，夏月似秋天。"按：戎昱荆南人，后全家迁于长安，戎昱自入颜真卿幕后，没有再返荆南。从诗意看，此诗充满喜悦之情。又戎昱有《移家别湖上亭》诗。则湖上亭在其家附近。考戎昱诗，其家有三处：一为荆南，二为长安，三为陇西，则此诗作于荆南无疑。

九月，公在公安，贾明府见访，公有诗作。

《全唐诗》卷二七〇戎昱《九日贾明府见访》："独掩衡门秋景闲，洛阳才子访柴关。莫嫌浊酒君须醉，虽是贫家菊也斑。同人愿得长携手，久客深思一破颜。却笑孟嘉吹帽落，登高何必上龙山。"在戎昱集中另有《别公安贾明府》，诗中有句"浅于羁客报恩心"，故戎昱或此时在公安。按：诗中有"登高何必上龙山"，据臧维熙考证，龙山在湖北省江陵县西北，山势蜿蜒如龙，故名。不知何者为是。

冬末，杜甫离公安，至岳州，有诗作。

在此期间，杜甫作有《晓发公安》《发刘郎浦》《夜闻觱篥》《泊岳阳城下》《缆船苦风，戏题四韵，奉简郑十三判官》《登岳阳楼》《岁晏行》《赠韦七赞善》等诗。参见《杜诗详注》《杜诗镜铨》及笔者拙文《杜甫湖湘诗文系年》。

冬，戎昱在荆南，有诗作。

《全唐诗》卷二七〇戎昱《早梅》："一树寒梅白玉条，迥临村路傍溪桥。应缘近水花先发，疑是经春雪未销。"此诗列于《玉台体题湖上亭》后，诗境也与之一致，当为同一时间作品。

769年（己酉）

大历四年　公二六岁

二月，以湖南都团练观察使、衡州刺史韦之晋为潭州刺史，因是徙湖南军于潭州。

《新唐书·方镇六》："（大历四年）湖南观察使徙治潭州。"又见《旧唐书·代宗纪》。不久，韦之晋卒于任上，杜甫有《哭韦大夫之晋》伤之，参见《杜诗镜铨》。

春，公在江陵，有诗送王昂往太原归觐王缙。

《全唐诗》卷二七〇戎昱《送王端公之太原归觐相公》："柱史今何适，西行咏陟冈。也知人惜别，终羡雁成行。春雨桃花静，离尊竹叶香。到时丞相阁，应喜棣华芳。"相公，王缙。《旧唐书·代宗纪》："（大历三年八月庚午）门下侍郎、同中书门下平章事、兼幽州长史、持节、河南副元帅、都统河南淮西山南东道诸节度行营、兼幽州卢龙等军节度使、太微宫使、弘文馆大学士、兼东都留守、齐国公王缙兼太原尹、北都留守，充河东军节度，余官使并如故。"又同卷："（五年四月）庚申，宰臣太原尹王缙入朝。"王端公，或为王昂。《旧唐书·王昂传》载："大历五年六月，为江陵尹、兼御史大夫，充荆南节度观察使，代卫伯玉。"按：王昂在大历五年任江陵尹应该不是偶然现象，或许在此前就在江陵任职，故得以与戎昱相见。抑或在大历五年前已为御史大夫。又王昂、王缙都为王姓，故曰归觐相公。王昂能够在大历五年为江陵尹充荆南节度观察使，或许与王缙的推荐相关。王缙为太原留守虽前后达三年，然在太原仅大历四年度过春季，故系此诗于此。

春，戎昱徙家于长安，有诗别湖上亭。

《全唐诗》卷二七〇戎昱《移家别湖上亭》："好是春风湖上亭，柳条藤蔓系离情。黄莺久住浑相识，欲别频啼四五声。"此诗孟棨

《本事诗》有载:"韩晋公镇浙西,戎昱为部内刺史。郡有酒妓,善歌,色亦媚妙。昱情属甚厚。浙西乐将闻其能,白晋公,召置籍中。昱不敢留,饯于湖上,为歌词以赠之,且曰:'至彼令歌,必首唱是词。'既至,韩为开筵,自持杯命歌之,遂唱戎词。曲既终,韩问曰:'戎使君于汝寄情邪?'悚然起立,曰:'然。'言随泪下。韩令更衣待命,席上为之忧危。韩召乐将责曰:'戎使君名士,留情郡妓,何故不知而召置之,成余之过!'乃笞之。命与妓百缣,即时归之,其词曰:'好是春风湖上亭,柳条藤蔓系离情。黄莺久住浑相识,欲别频啼四五声。'"《本事诗》仅载诗而未载题,显然,孟棨在敷演此故事时也意识到诗题与所敷演故事不相符。如果再联系戎昱《玉台体题湖上亭》等诗,就会明白此诗是戎昱徙家时所作,与《本事诗》所载没有关系。又按:杜甫本年春南行,刘长卿也往返于湖湘之间,然戎昱未与二人有交集。盖与戎昱徙家于长安相关。

又同书同卷戎昱《移家别树》:"千种庭前树,人移树不移。看花愁作别,不及未栽时。"诗中言及"花",亦当在春天,当与上诗作于同一时间。戎昱以数首诗记载此次移家,可见绝不是简单的移家,而是离开自己出生地荆州。又戎昱有《下第留辞顾侍郎》诗,诗言:"绮陌彤彤花照尘,王门侯邸尽朱轮。城南旧有山村路,欲向云霞觅主人。"此诗作于大历七年前后,可明显看出诗人已安家于长安。

以下作品当作于荆南节度使卫伯玉幕。

《全唐诗》卷二七〇戎昱《题宋玉亭》:"宋玉亭前悲暮秋,阳台路上雨初收。应缘此处人多别,松竹萧萧也带愁。"按:宋玉亭有多处,一在归州秭归县,另一在江陵附近。元刘壎《隐居通议》卷二九:"巫峡(归州附近)有楚王楼,有巫山十二峰,有宋玉亭,皆南岸也。"《全唐诗》卷三四三韩愈《送李六协律归荆南》:"宋亭池水绿,莫忘蹋芳菲。"《五百家注昌黎文集》卷九:"韩曰,杜子美诗,曾闻宋玉宅，每欲到荆州。荆州即江陵也，公往在江陵寒食出游，有'宋玉边庭不见人'之句。"杜牧《送刘秀才归江陵》："刘郎浦夜侵船月，宋玉亭春弄袖风。"宋亭也即宋玉亭，在江陵附近。唐诗中多指江陵的宋玉亭。戎昱夏末秋初就已到达云安，而暮秋在江陵与杜甫相会，故当作于荆南节度使卫伯玉幕。

《全唐诗》卷二七〇戎昱《送苏参军》："忆昨青襟醉里分，酒醒回首怆离群。舟移极浦城初掩，山束长江日早曛。客来有恨空思德，别后谁人更议文。常叹苏生官太屈，应缘才似鲍参军。"参军即参军事，本参谋军务之称。唐代十六卫、王府官及节度幕府中皆设有参军之职位，其品秩在七到九品不等。苏参军，不详其名。诗中有"山束长江日早曛"句，当作于荆州。

《全唐诗》卷二七〇戎昱《酬梁二十》："渚宫无限客，相见独相亲。长路皆同病，无言似一身。岁寒唯爱竹，憔悴不堪春。细与知音说，攻文恐误人。"渚宫即江陵。同卷有《秋夜梁十三厅事》，又同卷《冬夜宴梁十三厅》与《酬梁二十》在集中排列甚近，梁十三或为梁二十族兄，同在江陵，故戎昱得以相见。在戎昱集中另有《寄梁淑》，诗言："长忆江头执别时，论文未有不相思。"或即指二人中的一人。

《全唐诗》卷二七〇戎昱《秋月》："江干入夜杵声秋，百尺疏桐挂斗牛。思苦自看明月苦，人愁不是月华愁。"诗又题《江城秋夜》，当作于荆州。现姑系于此。

春，公行至汝州，于叶县与贾明府重逢，后有诗赠别贾明府。

《全唐诗》卷二七〇戎昱《别公安贾明府》："叶县门前江水深，浅于羁客报恩心。把君诗卷西归去，一度相思一度吟。"叶县在河南汝州。又诗言"把君诗卷西归去"当是指回长安。

夏，公在长安，于骆家亭子纳凉，有诗作。

《全唐诗》卷二七〇戎昱《骆家亭子纳凉》："江湖思渺然，不离国门前。折苇鱼沉藻，攀藤鸟出烟。生衣宜水竹，小酒入诗篇。莫怪侵星坐，神清不欲眠。"骆家亭子为长安附近的一座凉亭，晚唐诗人刘得仁有《冬日骆家亭子》。诗言"不离国门前"，当是在长安所作。

夏，杜甫自衡州沿湘水之潭州，有诗作。

在此期间，杜甫作《哭韦大夫之晋》《江阁卧病走笔寄呈崔、卢两侍御》等诗。参见《杜诗详注》及笔者拙文《杜甫湖湘诗文系年》。

七月，以澧州刺史崔瓘为潭州刺史、湖南都团练观察使。

《旧唐书·代宗纪》："秋七月己巳，以澧州刺史崔瓘为潭州刺史、湖南都团练观察使。"《新唐书·崔瓘传》："大历中，迁湖南观察使。"

《全唐文》卷四一三常衮《授崔瓘自澧州刺史除湖南观察使制》："银青光禄大夫前澧州刺史兼侍御史上柱国义丰县开国男崔瓘……及澧阳移镇，一其教理，故郡黎庶，靡然随之，望风欣然，如得父母，可谓明恕慈惠，吏人之师也。……可使持节都督潭州诸军事潭州刺史兼御史中丞充湖南都团练守捉使及观察处置等使，仍兼充诸道营田副使知本管营田事。"

九月，公自长安至湖南，宿湘江，有诗作。

《全唐诗》卷二七〇戎昱《宿湘江》："九月湘江水漫流，沙边唯览月华秋。金风浦上吹黄叶，一夜纷纷满客舟。"按：金风浦或即青枫浦，在长沙湘江段。时至九月，青枫变黄，故曰金风浦。又同卷戎昱《戏题秋月》在此诗前，或同时作。

约此稍后，公在湖南幕。有诗上崔瓘，以示感恩之心。

《全唐诗》卷二七〇戎昱《上湖南崔中丞》："山上青松陌上尘，云泥岂合得相亲。举世尽嫌良马瘦，唯君不弃卧龙贫。千金未必能移性，一诺从来许杀身。莫道书生无感激，寸心还是报恩人。"《唐才子传·戎昱传》："崔中丞亦在湖南，爱之，有女国色，欲以妻昱，而不喜其姓戎，能改则订议。昱闻之，以诗谢云：'千金未必能移姓，一诺从来许杀身。'自谓李大夫恩私至深,无任感激。"而《云溪友议》卷下:"宪宗皇帝朝,以北狄频侵边境,大臣奏议,古者和亲之有五利,而日无千金之费。上曰:'比闻有一卿能为诗,而姓氏稍僻,是谁?'宰相对曰:'恐是包子虚、冷朝阳。'皆不是也。上遂吟曰:'山上青松陌上尘,云泥岂合得相亲。世路尽嫌良马瘦,唯君不弃卧龙贫。千金未必能移姓,一诺从来许杀身。莫道书生无感激,寸心还是报恩人。'侍臣对曰:'此是戎昱诗也。'京兆尹李銮拟以女嫁昱,令改其姓,昱固辞焉。"又《太平广记》卷二七〇四、《唐诗纪事》卷二八所载同。按:《云溪友议》乃小说家语,《太平广记》《唐诗纪事》所载直接承《云溪友议》而来。《云溪友议》所载"千金未必能移姓,一诺从来许杀身"实际上是对《上湖南崔中丞》的篡改,而"京兆尹李銮"于正史无载。《唐才子传》则将《上湖南崔中丞》诗和《云溪友议》有关戎昱的记载简单合并,虽然把"李銮"改为"崔瓘",但沿袭了《云溪友议》中的"千金未必能移姓,一诺从来许杀身"的解读,依然是小说家语。考戎昱《上湖南崔中丞》,实际上是表达戎昱对自身能入崔瓘幕的感恩之情,"云泥岂合得相亲"并非娶嫁事,"千金未必能移性"也非改姓事。对此,明胡震亨《唐音癸签》也多有辩解。

秋,戎昱在湖南,思乡,有诗作。

《全唐诗》卷二七〇戎昱《客堂秋夕》:"隔窗萤影灭复流,北风微雨虚堂秋。虫声竟夜引乡泪,蟋蟀何自知人愁。四时不得一日乐,以此方悲客游恶。寂寂江城无所闻,梧桐叶上偏萧索。"此诗言及江城,该诗在《集》中处在荆州和湖南诗中,又荆州为戎昱家乡,显然江城不可能指江陵。现姑系于本年秋。

本年,以西川溃将杨子琳至澧州,为澧阳守,郡人涂炭,又纵部下假道武陵,致武陵之人四散逃离。

《全唐文》卷六一九戎昱《澧州新城颂并序》："间岁微泸军溃，即郡人涂炭。"《全唐文》卷七三〇温造《瞿童述》："大历四年，西川溃将杨林为澧阳守，不戢部下兵，纵其党贾子华帅千人假道武陵劫五溪，五溪之人逃离四散。"《资治通鉴》卷二二四也载："（大历四年）杨子琳既败还泸州，招聚亡命，得数千人，沿江东下，声言入朝；……乙巳，以子琳为峡州团练使。"

约本年，戴叔伦出为转运府湖南留后，兼监察御史里行。

《全唐诗》卷二七四戴叔伦《桂阳北岭偶过野人所居，聊书即事，呈王永州邕李道州圻》约作于此时。参见笔者拙文《杜甫湖湘诗文系年》。

770年（庚戌）

大历五年　公二七岁

早春，公在湖南崔瓘幕，有感漂泊无定的生活，有诗作。

《全唐诗》卷二七〇戎昱《湖南春日二首》其一："自怜春日客长沙，江上无人转忆家。光景却添乡思苦，檐前数片落梅花。"其二："三湘漂寓若流萍，万里湘乡隔洞庭。羁客春来心欲碎，东风莫遣柳条青。"崔瓘上年七月在湖南观察使任，本年四月见害，诗言"客长沙"当在本年早春。又同卷有《早春雪中》："阴云万里昼漫漫，愁坐关心事几般。为报春风休下雪，柳条初放不禁寒。"或在此稍前作。

春，戎昱南至衡阳，游僧院，有诗作。

《全唐诗》卷二七〇戎昱《衡阳春日游僧院》："曾共刘谘议，同时事道林。与君相掩泪，来客岂知心。阶雪凌春积，炉烟向暝深。依然旧童子，相送出花林。"又《湖南春日二首》其二："三湘漂寓若流萍，万里湘乡隔洞庭。"三湘最为常见的说法是湘水与漓水合流后称"漓湘"，与潇水合流后称"潇湘"，与蒸水合流后称"蒸湘"。湘水与蒸水合流处为衡州，此二诗皆可见戎昱流寓于衡州。因戎昱大历四年七月后入湖南，五年四月因乱离开，故诗当作于本年春。

夏四月，庚子，湖南都团练使崔瓘为其兵马使臧玠所杀，玠据潭州为乱。

《旧唐书·崔瓘传》："大历五年四月，会月给粮储，兵马使臧玠与判官达奚觏忿争，觏曰：'今幸无事。'玠曰：'有事何逃？'厉色而去。是夜，玠遂构乱，犯州城，以杀达奚觏为名。瓘惶遽走，逢玠兵至，遂遇害。"《旧唐书·代宗纪》："（大历五年四月）庚子，湖南都团练使崔瓘为其兵马使臧玠所杀，玠据潭州为乱。澧州刺史杨子琳、道州刺史裴虬、衡州刺史杨济出军讨玠。"

本月，杜甫逃难衡州，后又至耒阳，沿途有诗作，时公亦在逃难中。

在此期间或稍后，杜甫作有《江阁对雨有怀行营裴二端公》《逃难》《入衡州》《题衡山县文宣王庙新学堂，呈陆宰》《聂耒阳以仆阻水，书致酒肉，疗饥荒江，诗得代怀，兴尽本韵，至县，呈聂令。陆路去方田驿四十里，舟行一日，时属江涨，泊于方田》《回棹》《舟中苦热遣怀奉呈阳中丞通简台省诸公》《白马》等诗，参见《杜诗详注》及笔者拙文《杜甫湖湘诗重系年》。

五月，以羽林大将军辛京杲为潭州刺史、湖南都团练观察使。

《旧唐书·代宗纪》："（大历五年五月）癸未，以羽林大将军辛京杲为潭州刺史、湖南观察使。"《资治通鉴》卷二二四所载同。

秋，戎昱流寓于湖南地区，有诗寄张延赏。

《全唐诗》卷二七〇戎昱《旅次寄湖南张郎中》："寒江近户漫流声，竹影临窗乱月明。归梦不知湖水阔，夜来还到洛阳城。"从诗意看，戎昱写此诗时已进入湖湘地区，而张郎中却在洛阳。由此可知诗题当为《旅次湖南寄张郎中》。又据《登科记考补正》卷十，大历四年至大历六年，张延赏为河南尹、东都留守，知东都贡举。此诗或为干谒诗。又其后，戎昱入湖州，抑或增加阅历，为其进士考试做准备。此诗亦与《湖南雪中留别》一致。

又按：据陶敏与郁贤皓考证，张郎中，即张谓。在大历二年任潭州刺史。《全唐文》卷四一二常衮《授张谓太子左庶子制》："中散大夫前守潭州刺史本州团练守捉使上柱国河内县开国子赐紫金鱼袋张谓，往以鸿笔丽藻，列于近侍，典谟训诰，多所润色。……可守太子左庶子。"如此，此诗则作于大历二年出蜀时，虽与诗意不合，但合乎诗题，姑存之，以备一说。

秋，戎昱在湖南，与故人梁淑相见，感于时事，有诗作。

《全唐诗》卷二七〇戎昱《寄梁淑》："长忆江头执别时，论文未有不相思。雁过经秋无尺素，人来终日见新诗。心思食檗何由展，家似流萍任所之。悔学秦人南避地，武陵原上又征师。"按：梁淑，为梁十三或梁二十。见戎昱《酬梁二十》："渚宫无限客，相见独相亲。……细与知音说，攻文恐误人。"同卷《冬夜宴梁十三厅》："家为朋徒罄，心缘翰墨劳。"梁十三与梁二十皆好文，皆在江陵与戎昱相见。

《全唐文》卷七三〇温造《瞿童述》："大历四年，西川溃将杨林为澧阳守，不戢部下兵，纵其党贾子华帅千人假道武陵劫五溪，五溪之人逃离四散。"《旧唐书·代宗纪》："庚子，湖南都团练使崔瓘为其兵马使臧玠所杀，玠据潭州为乱。澧州刺史杨子琳、道州刺史裴虬、衡州刺史杨济出军讨玠。"另，臧维熙在《戎昱诗注》中以为是比喻戎昱本人避地武陵。虽然戎昱在"臧玠之乱"后确实避地武陵，但已是本年冬天之事，且大历六年闰三月已在湖州。没有"经秋"之说。故"悔学秦人南避地，武陵原上又征师"并非实指，只是借指"臧玠之乱"。诗中又有"家似流萍任所之"，也暗示其仍在逃窜之中。

暮秋，杜甫复至长沙，留别湖南亲友，拟回归家乡，后改道汉阳，沿途有诗作。

在此期间，杜甫诗《北风》《长沙送李十一》《暮秋将归秦，留别湖南幕府亲友》《回棹》《登舟将适汉阳》等作于此时。参见《杜诗详注》及笔者拙文《杜甫湖湘诗文系年》。

冬，戎昱自湖南避难朗州，临别时作诗留别。

《全唐诗》卷二七〇戎昱《湖南雪中留别》："草草还草草，湖东别离早。何处愁杀人，归鞍雪中道。出门迷辙迹，云水白浩浩。明日武陵西，相思鬓堪老。"诗言"明日武陵西，相思鬓堪老"，所写方向甚明，"武陵"在唐为朗州治所。诗中言"归鞍雪中道"并非指戎昱回荆州，而是指至朗州之道与归家之道为同一方向，故云。另从诗中也可见，诗人沿湘江向北，过洞庭，然后至朗州。

冬，杜甫舟行至洞庭湖，疾病涔涔，乃作《风疾舟中伏枕书怀三十六韵，奉呈湖南亲友》，不久即离世，旅殡岳阳。公时流寓朗州，有诗哭之。

《镜铨》以为杜甫《风疾舟中伏枕书怀三十六韵，奉呈湖南亲友》作于大历五年暮秋，《详注》以为作于大历五年冬。诗中有句"故国悲寒望，群云惨岁阴"。岁阴，即岁暮，唐太宗有《除夜》诗："岁阴穷暮纪，献节启新芳。"即指岁暮。诗中另有"郁郁冬炎瘴，濛濛雨滞淫"，也指明此诗创作于冬季。又有"鼓迎非祭鬼，弹落似鸮禽"。《岳阳风土记》载："荆湖民俗：岁时会集或祷祠，多击鼓，令男女踏歌，谓之'歌场'。"可见此诗作于岁末。《直斋书录解题》卷一六："《戎昱集》五卷，唐虔州刺史扶风戎昱撰。……集中有哭甫诗。"按：戎昱哭杜甫诗，今不存。然无论是在时间上还是在路线上，杜甫之北归与戎昱之北归方向大体一致，故杜甫之去世，戎昱当闻之，《直斋书录解题》所载当属实。

《新唐书·艺文四》载:"《杜甫集》六十卷,《小集》六卷。"其事主要见于《旧唐书·杜甫传》《新唐书·杜甫传》《明皇杂录·补遗》《唐才子传》卷二、《直斋书录解题》卷一六。《元稹集》卷五六《杜甫墓系铭》对其有评价:"至于子美,盖所谓上薄风骚,下该沈宋,言夺苏李,气吞曹刘,掩颜谢之孤高,杂徐庾之流丽,尽得古今之体势,而兼昔人之所独专矣。使仲尼考锻其旨要,尚不知贵其多乎哉。苟以为能所不能,无可不可,则诗人以来,未有如子美者。"

又公集中《耒阳溪夜行》,各家以为作于本年,然实非公之作。

《全唐诗》卷二七〇戎昱诗《耒阳溪夜行》小注:"为伤杜甫作。"实是对本诗的误解。

《全唐诗》卷二七〇戎昱《耒阳溪夜行》:"乘夕棹归舟,缘源二转幽。月明看岭树,风静听溪流。岚气船间入,霜华衣上浮。猿声虽此夜,不是别家愁。"诗中有"岚气船间入,霜华衣上浮",当作于深秋季节。按:《全唐诗》其诗下有注"为伤杜甫作",然杜甫于本年末才去世(参见上条)。诗中另有句"猿声虽此夜,不是别家愁",似指臧玠之乱导致社会动乱,人民流离,然观此诗,诗意泰然,对于湖湘景物无排斥感。又《全唐诗》卷四八张九龄集中也载此诗。顾建国《张九龄年谱》系此诗于开元五年,乃张九龄受逸回乡时作。张九龄家住韶州,如其回乡,当沿湘水至耒水而后至郴水而回乡。因耒阳距韶关已不远,故出现在诗中的景物自然具有亲切感。诗中"猿声虽此夜,不是别家愁"与诗人情感较一致。又按:臧玠之乱发生后,戎昱逃难至澧州,而非郴州,故不可能沿耒阳溪夜行。

771年(辛亥)

大历六年　公二八岁

公自朗州流寓湖州,闰三月,宴花溪严侍御庄,有题诗严氏竹亭。

《全唐诗》卷二七〇《闰春宴花溪严侍御庄》："一团青翠色，云是子陵家。山带新晴雨，溪留闰月花。瓶开巾漉酒，地坼笋抽芽。彩缛承颜面，朝朝赋白华。"同卷《题严氏竹亭》："子陵栖遁处，堪系野人心。溪水浸山影，岚烟向竹阴。忘机看白日，留客醉瑶琴。爱此多诗兴，归来步步吟。"从内容看，严氏当为严侍御。又前诗提及闰春，考唐历，自天宝十五载至贞元二十一年，仅建中三年（782）闰正月、大历六年（771）闰三月、宝应二年（763）闰正月、贞元十七年（801）闰正月。又花溪在唐代有多处，有指成都之浣花溪，戎昱有《成都元十八侍御》："不见元生已数朝，浣花溪路去非遥。"然戎昱至成都在永泰、大历年间（参见永泰元年、大历二年条），故可排除此诗作于成都；建中三年戎昱在长安侍御史任，也不可能到成都；宝应二年秋公与王季友自滑州至洛阳；贞元十七年戎昱行踪已不可考。戎昱诗中花溪非指成都浣花溪。

　　又据《浙江通志》卷一二："花溪：《万历湖州府志》：在县东南七十里。"又两诗中言及严子陵，盖花溪接近严子陵故居。严子陵为浙江余姚人，距离湖州花溪不远。又大历五年，戎昱逃难至朗州，然朗州当时也不太平，故可能在大历六年春逃难至湖州。又大历二年戎昱有《送严十五之江东》，或严十五即严侍御，因有旧，故避难江东之严侍御。又大历六年（771）闰三月，与诗题闰春一致，故诗当作于本年。《全唐诗》卷八一二清江《喜严侍御蜀还赠严秘书》诗云："多羡二龙同汉代，绣衣芸阁共荣亲。"严秘书，《全唐文》卷九一七清昼《赠包中丞书》："此则闻于故秘书郎严维。"严维，越州人，与戎昱同时，则严侍御乃严维兄弟。越州邻近湖州花溪，亦可推知戎昱在大历六年春曾到过湖州。

772 年（壬子）

大历七年　公二九岁

本年前后，公参加科举，下第。

《全唐诗》卷二七〇戎昱《下第留辞顾侍郎》："绮陌彤彤花照尘，王门侯邸尽朱轮。城南旧有山村路，欲向云霞觅主人。"陶敏以为顾侍郎即顾少连。并引《唐语林》卷八："神龙元年已来，累为主司者：……顾少连再，贞元十年、十四年。"及《登科记考》卷一三、卷一四，顾少连知贞元九年、十年、十四年贡举，以为此诗当上顾少连之作。但又认为时戎昱已官至刺史，诗恐非戎昱作。按：顾少连知贡举时，戎昱已年及五十，官已至刺史；且从诗意看，此诗对王门侯邸多有怨言，安有下第之人作如此诗辞离座主。故顾侍郎定非顾少连。这里的侍郎当非礼部侍郎，而是另有其人。据《登科记考》卷十，大历七年东都知贡举缺，或为顾某乎？

又按：《全唐文》卷三三八颜真卿《乞御书题额恩敕批答碑阴记》："（大历）七年秋九月归自东京，起家蒙除湖州刺史。"颜真卿此时也在洛阳，戎昱参加科举，或与颜真卿推荐相关。《唐才子传·戎昱传》："初事颜平原，尝佐其征南幕，亦累荐之。"

又《全唐诗》卷二七〇戎昱《题云公山房》："云公兰若深山里，月明松殿微风起。试问空门清净心，莲花不著秋潭水。"《宋高僧传》卷一八："释万回，俗姓张氏，虢州阌乡人也。……敕赐号为法云公。"此诗列于《下第留辞顾侍郎》后，现姑系于本年秋天。

九月，颜真卿除湖州刺史。

《全唐文》卷五一四殷亮《颜鲁公行状》："于大历三年迁抚州刺史。在州四年，以约身减事为政。……七年九月，拜湖州刺史。"

773 年（癸丑）
大历八年　公三十岁

正月，颜真卿在湖州刺史任。

《全唐文》卷三三八颜真卿《乞御书题额恩敕批答碑阴记》："（大历）七年秋九月归自东京，起家蒙除湖州刺史，来年春正月至任。……时则有唐大历九年青龙甲寅之岁孟秋甲子之日也。"又同卷《项王碑阴述》："大历七年，真卿蒙刺是州。十二载，奸臣伏法，恩命追真卿上都□□克期首路，竟陵是诒。"

春，张谓任上都知贡举，公或参加科举考试。

据《唐诗纪事校笺》卷二八载："昱登进士第。"按：戎昱曾作下第诗，此言中进士，则戎昱有过多次考进士行为。如依陶敏等人考证，戎昱与张谓有旧，大历七年至大历九年张谓知上都贡举，则此时为戎昱考取进士的最佳时机。又自大历八年至十年，戎昱少诗作，抑或在为进士考试做准备。戎昱后来在较短时间内升为侍御史、刺史或与后来考中进士有关。

九月，辰锦观察使李昌巙转桂州刺史、桂管防御观察使。

《旧唐书·代宗纪》："（大历八年九月）戊戌，以辰锦观察使李昌巙为桂州刺史、桂管防御观察使。"李昌巙，《旧唐书·德宗纪》《旧唐书·代宗纪》《新唐书·杜鸿渐传》《新唐书·德宗纪》及《资治通鉴》卷二二四有载。

774 年（甲寅）

大历九年　公三一岁

正月，诏许澧州刺史杨猷赴汝州，溯汉而上，各州皆闭城拒之。

《旧唐书·代宗纪》："澧朗两州镇遏使、澧州刺史杨猷擅浮江而下，至鄂州。诏许赴汝州，遂溯汉而上，复、郢、襄等州皆闭城拒之。"

本年，公或在长安参加进士考试。

参见"大历八年"条。

本年前后，公有诗送郑炼师贬辰州。

《全唐诗》卷二七〇戎昱《送郑炼师贬辰州》："辰州万里外，想得逐臣心。谪去刑名枉，人间痛惜深。误将瑕指玉，遂使谩消金。计日西归在，休为泽畔吟。"又有《花下宴送郑炼师》："愁里惜春深，闻幽即共寻。贵看花柳色，图放别离心。客醉花能笑，诗成花伴吟。为君调绿绮，先奏凤归林。"《寄郑炼师》："平生金石友，沦落向辰州。已是二年客，那堪终日愁。尺书浑不寄，两鬓计应秋。今夜相思月，情人南海头。"按：从诗意看，戎昱作前二诗时应在长安。戎昱诗中未提及自己曾任辰州刺史，未有对辰州生活的回忆，则此四诗当作于建中四年前。又见建中三年戎昱也在长安，时任侍御史，但时间极短，同卷又有戎昱《寄郑炼师》："已是二年客，那堪终日愁。"则郑炼师被贬谪至少当上推至建中二年；在建中二年前，唯有大历七年至十年或在长安。故系此三诗于此。

又同卷有《送辰州郑使君》："谁人不遣谪，君去独堪伤。长子家无弟，慈亲老在堂。惊魂随驿吏，冒暑向炎方。未到猿啼处，参差已断肠。"此诗一题作《送新州郑使君》，郑使君，《唐刺史考》在辰州、新州中，都列入了建中年间刺史。对比以上三诗，郑炼师虽为道士，但亦遭受了贬谪，而且贬谪之地域与郑使君同，则郑使君或即为郑炼师。现姑系此诗于此。

775 年（乙卯）

大历十年　公三二岁

四月，溪州刺史薛舒薨于公馆。

《全唐文》卷三七五韦建《黔州刺史薛舒神道碑》："累迁巫、溪二刺史，兼少府监殿中侍御史。……宝应初……乃拜黔州刺史黔中经略招讨官观察处置盐铁选补等大理卿兼御史中丞。……以大历十年四月二十五日，薨于溪州之公馆。"

本年，公或在长安。

大历十一年，戎昱在长安，以此上推，本年或在长安。（参见"大历十一年"条）

776年（丙辰）

大历十一年　公三三岁

夏秋之间，公在长安，薛舒灵榇葬于万年县，公作诗哭之。

《全唐诗》卷二七〇戎昱《哭黔中薛大夫》："亚相何年镇百蛮，生涯万事瘴云间。夜郎城外谁人哭，昨日空余旌节还。"《全唐文》卷三七五韦建《黔州刺史薛舒神道碑》："累迁巫、溪二刺史，兼少府监殿中侍御史。……以大历十年四月二十五日，薨于溪州之公馆。……以大历十一年七月二十日，合祔于万年县栖凤原。"薛大夫当为薛舒。又据《元和郡县图志》卷三〇："溪州，灵溪。……汉属武陵郡，为沅陵、迁陵二县之地，梁置大乡县。天授二年割辰州大乡、三亭二县立溪州。"万年县栖凤原，即京兆万年县栖凤原，非今天江西之万年县。《柳宗元集》卷十三《先太夫人河东县太君归祔志》："明年某月日，安祔于京兆万年栖凤原先侍御史府君之墓。……哀夫！遂以九月五日庚午，克葬于万年县栖凤原。"也是指此地。戎昱诗中提及"昨日空余旌节还"，当是指薛舒灵榇葬于万年县栖凤原。戎昱能亲眼见到此事，当在长安无疑。

777年（丁巳）

大历十二年　公三四岁

春末，公离开长安，有诗作，过灞桥，作诗寄李二。

《全唐诗》卷二七〇戎昱《感春》："看花泪尽知春尽，魂断看花只恨春。名位未沾身欲老，诗书宁救眼前贫。"诗言"名位未沾身欲老"与戎昱此时年龄相合。又同卷戎昱有《途中寄李二》："杨柳烟含灞岸春，年年攀折为行人。好风若借低枝便，莫遣青丝扫路尘。"一说此诗作者为李益，未知孰是。此诗位于《感春》诗后，时间上也一致，现姑系于此。

秋，公至桂管观察李昌峨幕。

《全唐诗》卷二七〇戎昱《桂州腊夜》："二年随骠骑，辛苦向天涯。"该诗作于次年，则公至李昌峨幕当在此前后。据《郡斋读书志》卷一八载："初，李峨廉察桂林，月夜闻邻居吟咏之音清畅，迟明访之，乃昱也，即延为幕宾。"按：据唐代相关史料，未有李峨廉名，然有记载李昌峨在大历八年至建中二年间为桂管观察使，清人《粤西文载》卷六二对此予以了订正："李昌峨，大历中桂管观察使，立学宫于独秀山下，平西原贼潘长安，尝月夜闻邻居吟咏之音，清畅分明，访之，乃戎昱，即延为幕宾。"

778年（戊午）

大历十三年　公三五岁

本年冬，公在桂管幕，作《桂州腊夜》。

《全唐诗》卷二七〇戎昱《桂州腊夜》："坐到三更尽，归仍万里赊。雪声偏傍竹，寒梦不离家。晓角分残漏，孤灯落碎花。二年随骠骑，辛苦向天涯。"诗中有句："二年随骠骑，辛苦向天涯。"戎昱大历十二年至桂管，故诗作于本年。

本年，西原贼帅潘长安叛乱，伪称安南王，李昌峨持节招讨，平息叛乱。

《全唐文》卷四四一韩云卿《平蛮颂》："惟大历十二年，桂林象郡之外，有西原贼率潘长安，伪称安南王。诱胁夷蛮，连跨州邑，鼠伏蚁聚，贼害平人。南距雕题交趾，西控昆明夜郎，北洎黔巫衡湘，弥亘万里，人不解甲。天子命陇西县男昌巙领桂州都督兼御史中丞，持节招讨，斩首二百余级，擒获元恶并其下将率八十四人，生献阙下。"

779年（己未）

大历十四年　　公三六岁

正月，李泌以检校御史中丞，充澧、朗、硖团练使。

《旧唐书·代宗纪》："十四年春正月壬寅朔。壬戌，以楚州刺史李泌为澧州刺史。"同书《李泌传》载："代宗即位，召为翰林学士，颇承恩遇。及元载辅政……拜检校秘书少监，充江南西道判官，幸其出也。寻改为检校郎中，依前判官。元载诛，乃驰传入谒，上见悦之。又为宰相常衮所忌，出为楚州刺史。及谢恩，具陈恋阙，上素重之，留京数月。会澧州刺史阙，衮盛陈泌理行，以荆南凋瘵，遂辍泌理之。……无几，改杭州刺史，以理称。"《全唐文》卷四八代宗《授李泌澧朗硖团练使诏》："今荆南都会，粤在澧阳，俾人归厚，惟贤是牧。以泌文可以化成风俗，政可以全活茕嫠，爰命颁条，期乎共理。无薄淮阳之守，勉思渤海之功，可检校御史中丞，充澧、朗、硖团练使。"

五月，代宗病卒，太子适即位，是为德宗。

《旧唐书·代宗纪》："五月癸卯，上不康，至辛亥，不视朝。北都留守鲍防以北庭归朝。辛酉，诏皇太子监国。是夕，上崩于紫宸之内殿。遗诏皇太子柩前即位。"《新唐书·代宗纪》略同。

秋，公因谗离开桂管幕，临别作诗感激李昌巙。

《全唐诗》卷二七〇戎昱《上桂州李大夫》："今日辞门馆，情将众别殊。感深翻有泪，仁过曲怜愚。晚镜伤秋鬓，晴寒切病躯。烟霞万里阔，宇宙一身孤。倚马才宁有，登龙意岂无。唯于方寸内，暗贮报恩珠。"据陶敏考：《全唐文》卷四一一韩云卿《平蛮颂》："惟大历十二年，桂林象郡之外，有西原贼率潘长安，伪称安南王。……天子命陇西县男昌巙领桂州都督兼御史中丞，持节招讨。"《旧唐书·德宗纪》："（建中二年二月乙未）以桂管观察使李昌巙为江陵尹、兼御史大夫、荆南节度等使。"其加御史大夫当在大历十二年后。故《上桂州李大夫》当作于大历十二年后，又大历十二年，公尚在长安，故此诗写作时间不早于大历十四年。诗中有句"晚镜伤秋鬓，晴寒切病躯"，当作于深秋季节。又同卷《再赴桂州先寄李大夫》："过因谗后重，恩合死前酬。"可知这次离桂是因受谗。《郡斋读书志》卷一八载："后因饮席调其侍儿，巙微知其故，即赠之，昱感怍赋诗，有'恩合死前酬'之句。"《文献通考》卷二三二所载同。此事或为戎昱离桂原因。

十月，吐蕃、南诏攻蜀，年底，王国良因上司贪暴，于邵州起兵叛乱。

《资治通鉴》卷二二六："（大历十四年）冬，十月，丁酉朔，吐蕃与南诏合兵十万，三道入寇，一出茂州，一出扶、文，一出黎、雅。"又《旧唐书·南蛮下》："湖南团练使辛京杲遣将王国良戍武岗，嫉京杲贪暴，亦叛，有众千人，侵掠州县，发使招之，且服且叛。"《全唐文》卷六一九戎昱《澧州新城颂并序》："肇自二纪，凶渠再惊。"或指以上事。

780年（庚申）
唐德宗李适
建中元年　公三七岁
春，公在澧州，游涔水，有诗作。

《全唐诗》卷二七〇戎昱《采莲曲二首》其一："虽听采莲曲。讵识采莲心。"或有所喻。其二："涔阳女儿花满头，毵毵同泛木兰舟。秋风日暮南湖里，争唱菱歌不肯休。"《禹贡锥指》卷一四下："南江从此东南流，注于澧水，同入洞庭，盖即所谓涔水也。《澧州志》云：涔水为岷江别派，从公安入境，为四水口，又东南流过焦圻一箭河，至汇口入澧，故称涔澧。"故诗当作于澧州。

本年，李昌峾在桂管观察使任。

参见《唐刺史考·桂州》。

本年，公在澧州，时李泌在澧州刺史任，筑澧州新城，公作颂并序。

《全唐文》卷六一九戎昱《澧州新城颂并序》："肇自二纪，凶渠再惊。"按：天宝十四载（756）安史之乱爆发，至本年正好二纪。又《序》言："前年春，天子辍伊吕之佐而牧守澧，公行不加惧，布无恩之惠，人和乐而不使。"前年，有去年或去年前一年之意，此处当指去年。据《旧唐书·李泌传》："会泌自嵩、颖间冒难奔赴行在，至彭原郡谒见，陈古今成败之机，甚称旨，延致卧内，动皆顾问。泌称山人，固辞官秩，特以散官宠之，解褐拜银青光禄大夫，俾掌枢务。至于四方文状、将相迁除，皆与泌参议，权逾宰相，仍判元帅广平王军司马事。"序言"天子辍伊吕之佐而牧守澧"，当是指此。又据《旧唐书》本传，李泌是"西魏太保、八柱国司徒徒何弼之六代孙"，曾"遂隐衡岳，绝粒栖神"，"泌颇有谠直之风，而谈神仙诡道，或云尝与赤松子、王乔、安期、羡门游处，故为代所轻，虽诡道求容，不为时君所重"，"及在相位，随时俯仰，无足可称。复引顾况辈轻薄之流，动为朝士戏侮，颇贻讥诮"。戎昱在《颂》中言："公行不加惧，布无恩之惠，人和乐而不使""虽崇澧城，不劳澧人"的无为而治的思想，正好与李泌思想相合，故《颂》中使君当指李泌。

约本年，公再赴桂州，行前，先有诗寄李昌巙。

《全唐诗》卷二七〇戎昱《再赴桂州先寄李大夫》："玷玉甘长弃，朱门喜再游。过因谗后重，恩合死前酬。养骥须怜瘦，栽松莫厌秋。今朝两行泪，一半血和流。"诗言"再赴"，当是第二次入李昌巙幕。

781年（辛酉）

建中二年　公三八岁

二月，以桂管观察使李昌巙为荆南节度使。公随之而往荆州。

《旧唐书·德宗纪》："（建中二年二月）以桂管观察使李昌巙为江陵尹、兼御史大夫、荆南节度等使。"又本年八月，戎昱有收复襄阳诗，出军时间和地点也十分详细，与在李昌巙荆南幕相关。

戎昱以下诗歌作于桂管观察使李昌巙幕中。

《全唐诗》卷二七〇戎昱《送张秀才之长沙》："君向长沙去，长沙仆旧谙。虽之桂岭北，终是阙庭南。山霭生朝雨，江烟作夕岚。松醪能醉客，慎勿滞湘潭。"诗言"长沙仆旧谙"，因为戎昱在大历四年至五年间入湖南观察使崔瓘幕。又言"虽之桂岭北，终是阙庭南"，暗示诗人是在桂州送别张秀才，张秀才是谁已不可考。故此诗姑系于游李昌巙幕期间。

三月，公在荆州，有诗送征人归乡。

《全唐诗》卷二七〇戎昱《征人归乡》："三月江城柳絮飞，五年游客送人归。故将别泪和乡泪，今日阑干湿汝衣。"按：戎昱祖籍扶风人，出生于荆南。故戎昱诗中，也多把长安作为故乡。大历十一年时，公在长安，至此恰好五年。又在戎昱诗中，江城多指江陵，故系此诗于此。

八月，李昌巙等节度使在淮西节度使李希烈统领下，讨伐梁崇

义，收襄阳，梁崇义赴井而死。时公在李昌巙幕，有感战争之残酷，作《收襄阳城二首》。

《新唐书·德宗纪》："八月，剑南西川节度使张延赏、东川节度使王叔邕、山南东道节度使贾耽、荆南节度使李昌巙、陈少游讨梁崇义，以李希烈为诸军都统。"《资治通鉴》卷二二七："（建中二年八月）梁崇义发兵攻江陵，至四望，大败而归，乃收兵襄、邓。李希烈引军循汉而上，与诸道兵会；崇义遣其将翟晖、杜少诚逆战于蛮水，希烈大破之；追至疏口，又破之。二将请降，希烈使将其众先入襄阳慰谕军民。崇义闭城拒守，守者开门争出，不可禁。崇义与妻赴井死，传首京师。"

《全唐诗》卷二七〇戎昱《收襄阳城二首》："暗发前军连夜战。平明旌旆入襄州。"当是指本月李希烈率兵收襄阳事。又其一："悲风惨惨雨修修。岘北山低草木愁。"其二："五营飞将拥霜戈。百里僵尸满洰河。日暮归来看剑血。将军却恨杀人多。"指出战争的残酷性，同时对李希烈的嗜杀行为也有所批判。

又有《出军》："龙绕旌竿兽满旗，翻营乍似雪中移。中军一队三千骑，尽是并州游侠儿。"此诗在《收襄阳城二首》后，当作于同时。

782 年（壬戌）

建中三年　公三九岁

三月，李昌巙离荆南节度使任，张伯仪为荆南节度使。

《旧唐书·德宗纪》："以岭南节度使张伯仪检校兵部尚书，兼江陵尹、御史大夫、荆南节度等使；以容管经略使元琇为广州刺史、岭南节度使。"

春，公上书李晟，以求引荐。时李晟加检校左散骑常侍。

《全唐诗》卷二七〇戎昱《上李常侍》："旌旗晓过大江西，七校

前驱万队齐。千里政声人共喜,三军令肃马前嘶。恩沾境内风初变,春入城阴柳渐低。桃李不须令更种,早知门下旧成蹊。"《旧唐书·李晟传》载:"建中二年,魏博田悦反,将兵围临洺、邢州,诏以晟为神策先锋都知兵马使,与河东节度使马燧、昭义节度使李抱真合兵救临洺。寻加兼御史中丞。河东、昭义军攻杨朝光于临洺南,晟与河东骑将李自良、李奉国击悦于双冈,悦兵却,遂斩朝光。战于临洺,诸军皆却。晟引兵渡洺水,乘冰而济,横击悦军,王师复振,击悦,大破之。三年正月,复以诸道军击败悦军于洹水,遂进攻魏州,以功加检校左散骑常侍,实封百户。"戎昱在本年任侍御史,或与李晟的推荐相关。

又陶敏《全唐诗人名汇考》:"李常侍,李巽。《全唐文》卷五〇五权德舆《唐故银青光禄大夫守吏部尚书兼御史大夫充诸道盐铁转运等使……李公(巽)墓志铭》:'以御史中丞领潭州刺史、湖南观察使,就加右散骑常侍。以右散骑常侍领洪州刺史、江西观察使,就加御史大夫。'故诗云'旌旗晓过大江西'。《旧唐书·德宗纪下》:'(贞元十三年九月甲辰)以湖南观察使李巽为江(洪)州刺史、江西观察使。'《全唐文》卷六八八符载有《谢李巽常侍书》《答李巽再请书》等,其《寄南海王大夫(锷)书》:'今月十八日达南康……祈戎使君致健步,持短书……敬献阁下。'戎使君,即戎昱。王锷贞元十一年至十七年为广州刺史(见《唐刺史考》),知李巽镇江西时戎昱为虔州(南康)刺史。"系此诗于贞元年间。然唐代李晟以武功而著名,李巽一生中鲜有大的军事行动,善于盐铁转运,故可知,戎昱上书之人为李晟而非李巽。

十一月,朱滔、田悦、王武俊、李纳各僭称王;后李希烈亦称建兴王、天下都元帅。

《旧唐书·李希烈传》:"是岁长至日,朱滔、田悦、王武俊、李纳各僭称王,滔使至希烈,希烈亦僭称建兴王、天下都元帅。"长至在此指冬至。《太平御览》卷二八引后魏崔浩《女仪》:"近古妇人常以冬至日上履袜于舅姑,践长至之义也。"《新唐书·李希烈传》:"希烈遣使者约河北朱滔、田悦等连和,凶焰炽然。俄而滔等自相王,遣使者来奉笺,希烈亦自号建兴王、天下都元帅,五贼株连半天下。"《资治通鉴》卷二二七:"(建中三年)十一月……滔乃自称冀王,田悦称魏王,王武俊称赵王,仍请李纳称齐王。……十二月,丁丑,李希烈自称天下都元帅、太尉、建兴王。"

同月,戎昱在长安,任侍御史。

《全唐诗》卷二七〇戎昱《谪官辰州冬至日(有)怀》:"去年长至在长安。策杖曾簪獬豸冠。"该诗作于建中四年,见"建中四年"条。又獬豸指代侍御史,《后汉书·舆服下》:"獬豸神羊,能别曲直,楚王尝获之,故以为冠。"同书又曰:"执法者服之……或谓之獬豸冠。"考唐代诗歌,"獬豸"多指侍御史。如《全唐诗》卷四九六姚合《送李植侍御》:"圣代无邪触。空林獬豸归。"从诗可见戎昱本年在侍御史任。

783年(癸亥)

建中四年　公四十岁

正月,德宗遣颜真卿宣慰李希烈军,为其所拘。

《旧唐书·颜真卿传》:"会李希烈陷汝州,(卢)乃奏曰:'颜真卿四方所信,使谕之,可不劳师旅。'上从之,朝廷失色。……希烈乃拘真卿。"《旧唐书·德宗上》:"四年春正月……庚寅,李希烈陷汝州,执州将李元平而去,东都震骇。甲午,遣颜真卿宣慰李希烈军。"又《全唐文》卷三九四令狐峘《光禄大夫太子太师上柱国鲁郡开国公颜真卿墓志铭》:"贞元初,希烈陷汝州。是时公幽辱已三岁矣,度必不全，乃自为墓志，以见其志。是年遇害于汝州之龙兴寺，春秋七十有六。"按：颜真卿贞元元年卒，上推三年，则正好为本年。

戎昱由侍御史谪官辰州刺史，九月，在辰州刺史任，有诗忧李希烈之乱。又有诗伤自己遭受贬谪。

《全唐诗》卷二七〇戎昱《辰州建中四年多怀》："荒徼辰阳远，穷秋瘴雨深。"故知深秋诗人已在辰州。又言"天涯忧国泪，无日不沾襟"。时逢李希烈之乱，戎诗中"忧国泪"当指此事。《全唐诗》卷二七〇戎昱《辰州闻大驾还宫》："自惭出守辰州畔，不得亲随日月旗。"可见诗人在辰州为刺史。《新唐书·艺文四》："后为辰州、虔州二刺史。"又《唐才子传·戎昱传》："至德中，以罪谪为辰州刺史。"按：从《全唐诗》卷二七〇戎昱《八月十五日》"年少逢胡乱，时平似梦中"诗句中，可见其至德中以罪谪为辰州刺史当误。从《辰州建中四年多怀》看，谪辰州刺史在本年。

《全唐诗》卷二七〇戎昱《古意》："女伴朝来说，知君欲弃捐。懒梳明镜下，羞到画堂前。有泪沾脂粉，无情理管弦。不知将巧笑，更遣向谁怜。"诗以女伴遭君弃喻己遭受贬谪之意甚明，故系本诗于此。

秋，公闻颜真卿为李希烈军所拘，有诗伤之。

《全唐诗》卷二七〇戎昱《闻颜尚书陷贼中》："闻说征南没，那堪故吏闻。能持苏武节，不受马超勋。国破无家信，天秋有雁群。同荣不同辱，今日负将军。"颜尚书即颜真卿，建中元年，颜真卿为吏部尚书，故有是称。按：戎昱建中三年尚在长安，任辰州刺史则已到本年。而颜真卿为李希烈拘于本年正月，诗有"国破无家信，天秋有雁群"，故闻于戎昱之耳当在本年秋。

十月，泾原师变，长安陷乱兵之手，德宗逃往奉天，叛军奉朱泚为帅，朱泚自称帝。

《旧唐书·德宗上》:"(建中四年)冬十月丙午,诏泾原节度使姚令言率泾原之师救哥舒曜。丁未,泾原军出京城,至浐水,倒戈谋叛,姚令言不能禁。……乱兵既剽京城,屯于白华,乃于晋昌里迎朱泚为帅,称太尉,居含元殿。上以奉天隘,欲幸凤翔,壬子,凤翔军乱,杀节度使张镒,乃止。"《资治通鉴》卷二二八:"(建中四年)冬,十月,丙午,泾原节度使姚令言将兵五千至京师。……上遽命赐帛,人二匹;众益怒,射中使。又命中使宣慰,贼已至通化门外,中使出门,贼杀之。又命出金帛二十车赐之;贼已入城,喧声浩浩,不复可遏。……至是,上召禁兵以御贼,竟无一人至者。贼已斩关而入,上乃与王贵妃、韦淑妃、太子、诸王、唐安公主自苑北门出,王贵妃以传国宝系衣中以从;后宫诸王、公主不及从者什七八。"

约此前后,公家徙于陇西。

据《唐才子传·戎昱传》载:"后客剑南,寄家陇西数载。"从前述数首诗看,从大历四年起,戎昱所思家乡似皆是长安。戎昱寄家陇西具体在哪年,作品中未有说明,但《全唐诗》卷二七〇戎昱《逢陇西故人忆关中舍弟》中写道:"数年家陇地。舍弟殁胡军。"故《唐才子传·戎昱传》所载当有所依凭。又据常识推理,长安是唐政治中心,距其祖籍所在地扶风不远。陇西之地,已不在关内道。如遇非常情况,当不至于徙家于陇西。而最大的可能便是长安城被攻破,为避难徙家于陇西。在戎昱一生中,长安城被攻破三次,第一次是安史之乱中,长安城被安史叛军攻破,其时戎昱虽从军抗击叛军,但其家尚在荆州,未迁至长安。第二次是广德元年吐蕃攻陷长安,其时,戎昱也未迁家至长安,且吐蕃自西进攻长安,戎昱不可能迁往吐蕃来时的方向。第三次便是本年由于唐德宗剪除藩镇措施失当,导致发生"泾师之变",德宗狼狈逃到奉天。戎昱虽然此时已在辰州刺史任,但其家、其兄弟仍在长安。动乱发生后,其亲人可能于此时徙家于陇西,以避战祸。

十一月二十日，戎昱在辰州刺史任，有诗伤朱泚之乱。

《全唐诗》卷二七〇戎昱《谪官辰州冬至日（有）怀》："去年长至在长安，策杖曾簪獬豸冠。此岁长安逢至日，下阶遥想雪霜寒。"本年冬至日为十一月二十日。诗又言："北望南郊消息断，江头唯有泪阑干。"当指长安为叛军攻破事。

784年（甲子）
兴元元年　公四一岁

五月，李晟收复长安，朱泚出逃。

《旧唐书·李晟传》："二十八日，晟大集诸将骆元光、尚可孤，兵马使吴诜、王佖，都虞候邢君牙、李演、史万顷，神策将孟涉、康英俊，华州将郭审金、权文成，商州将彭元俊等，号令誓师毕，陈兵于光泰门外。……是日，晟军入京城。"《新唐书·李晟传》《资治通鉴》卷二三一所载略同。

六月，朱泚为其将所杀。

《资治通鉴》卷二三一："（兴元元年六月）朱泚将奔吐蕃，其众随道散亡，比至泾州，才百余骑。田希鉴闭城拒之，泚谓之曰：'汝之节，吾所授也。奈何临危相负！'使焚其门；希鉴取节投火中曰：'还汝节！'泚众皆哭。泾卒遂杀姚令言，诣希鉴降。泚独与范阳亲兵及宗族、宾客北趣驿马关；宁州刺史夏侯英拒之。至彭原西城屯，其将梁庭芬射泚坠坑中，韩旻等斩之，诣泾州降。"《旧唐书·德宗纪》《新唐书·德宗纪》等皆有载。

七月，德宗还京。秋，公在辰州刺史任，感激作诗。

《全唐诗》卷二七〇戎昱《辰州闻大驾还宫》："闻道銮舆归魏阙，望云西拜喜成悲。宁知陇水烟销日，再有园林秋荐时。渭水战添亡虏血，秦人生睹旧朝仪。自惭出守辰州畔，不得亲随日月旗。"按：《资治通鉴》卷二三一载：（兴元元年七月）壬午，车驾至长安，浑瑊、韩游瑰、戴休颜以其众扈从，李晟、骆元光、尚可孤以其众奉迎，步骑十余万，旌旗数十里。晟谒见上于三桥，先贺平贼，后谢收复之晚，伏路左请罪。上驻马慰抚，为之掩涕，命左右扶上马。至宫，每闲日，辄宴勋臣，赏赐丰渥。"《旧唐书·德宗纪》所载同。故系此诗于此。

785年（乙丑）

贞元元年　公四二岁

正月，改元贞元元年，大赦天下。

《旧唐书·德宗纪上》："贞元元年正月丁酉朔，御含元殿受朝贺，礼毕，宣制大赦天下，改元贞元。"《新唐书·德宗纪上》所载同。

约此前后，公回长安。

《全唐诗》卷二七〇戎昱《闺情》："侧听宫官说，知君宠尚存。未能开笑颊，先欲换愁魂。宝镜窥妆影，红衫裹泪痕。昭阳今再入，宁敢恨长门。"从诗意看，戎昱写此诗时，已获知将要回长安的消息。又贞元二年，戎昱已在朝为官，则回长安当在此前后，现姑系于此。

八月，颜真卿为李希烈中使及部将辛景臻所害，享年七十七。

《全唐文》卷五一四殷亮《颜鲁公行状》："贞元元年，河南王师复振。贼虑蔡州有变，乃使其将辛景臻，于龙兴寺积薪，以油灌。既纵火，乃传希烈之命：若不能屈节，自即裁之。公应声投地，臻等惊惭，扶公而退。希烈审不为己用，其年八月二十四日，又使景臻等害于龙兴寺幽辱之所，凡享年七十七。"同书卷三九四令狐峘《光禄大夫太子太师上柱国鲁郡开国公颜真卿墓志铭》："贞元初，希烈陷汝州。是时公幽辱已三岁矣，度必不全，乃自为墓志，以见其志。是年遇害于汝州之龙兴寺，春秋七十有六。"又《旧唐书》本传："会李希烈陷汝州，（卢）杞乃奏曰：'颜真卿四方所信，使谕之，可不劳师旅。'上从之。……希烈乃拘真卿。……兴元元年八月三日，乃使阉奴与景臻等杀真卿。"令狐峘与颜真卿为同时代人，故颜卒于贞元元年可信。

786年（丙寅）

贞元二年　公四三岁

三月，李希烈为其将陈仙奇毒杀。

《旧唐书·李希烈传》："贞元二年三月，因食牛肉遇疾，其将陈仙奇令医人陈仙甫置药以毒之而死。妻男骨肉兄弟共一十七人，并诛之。"

七月，以嵩山韦况为右拾遗，韦不拜。

《新唐书·韦斌传》："子况，少隐王屋山，孔述睿称之，及述睿以谏议大夫召，荐况为右拾遗，不拜。"《册府元龟》卷九八："贞元二年七月，以嵩山韦况为右拾遗，况郧文贞公安石之孙，中书舍人斌之子。大历中隐居于深山，守志乐道，不屑于荣利。至是征之，不起。"

本月或稍后，韦况再以起居郎召。时公在长安，有诗相赠。

《全唐诗》卷二七〇戎昱《赠韦况征君》："身欲逃名名自随，凤衔丹诏降茅茨。苦节难违天子命，贞心唯有老松知。回看药灶封题密，强入蒲轮引步迟。今日巢由旧冠带，圣朝风化胜尧时。"按：《新唐书·韦斌传》："子况……荐况为右拾遗，不拜。未几，以起居郎召，半岁，辄弃官去，徙家龙门。"《新唐书·孔述睿传》："德宗立，拜谏议大夫，命河南尹赵惠伯赍诏书束帛，备礼敦遣。既至，对别殿，赐第宅，给厩马，兼皇太子侍读。固辞，弗许。久乃改秘书少监，兼右庶子，复为史馆修撰。"又同卷："贞元四年，帝念平凉之难尤恻怛，以述睿精悫而诚，故遣持祠具称诏临祭。"《旧唐书·刘昌传》："昌初至平凉劫盟之所，收聚亡殁将士骸骨坎瘗之，因感梦于昌，有愧谢之意。昌上闻，德宗下诏深自克责，遣秘书少监孔述睿及中使以御馔、内造衣服数百袭，令昌收其骸骨，分为大将三十人，将士百人，各具棺椁衣服，葬于浅水原。"孔述睿贞元四年已任秘书少监，又二年七月，韦况未拜右拾遗，则戎昱诗当作于本年七月或稍后。

八月，吐蕃入寇陇西之地，本年或稍后，公之弟殁于胡军，后公有诗忆及此事。

《全唐诗》卷二七〇戎昱《逢陇西故人忆关中舍弟》："莫话边庭事，心摧不欲闻。数年家陇地，舍弟殁胡军。每念支离苦，常嗟骨肉分。急难何日见，遥哭陇西云。"从"数年家陇地，舍弟殁胡军""急难何日见，遥哭陇西云"看，此时公之家仍在陇西。

《资治通鉴》卷二三二："（贞元二年八月）丙戌，吐蕃尚结赞大举寇泾、陇、邠、宁，掠人畜，芟禾稼，西鄙骚然，州县各城守。诏浑瑊将万人，骆元光将八千人屯咸阳以备之。"吐蕃入寇陇西之地，在贞元二年至五年都有发生。公之弟殁于胡军当在此期间。又虽戎昱数载家于陇西，然在此期间，戎昱在各州任刺史，故鲜有作于陇西的作品。

本年或稍后，戎昱在浙西某州为刺史。

《本事诗·情感第一》："韩晋公镇浙西，戎昱为部内刺史（失州名）。郡有酒妓，善歌，色亦媚妙。昱情属甚厚。浙西乐将闻其能，白晋公召置籍中。昱不敢留，饯于湖上，为歌词以赠之，且曰：'至彼令歌，必首唱是词。'既至，韩为开筵，自持杯命歌送之，遂唱戎词。曲既终，韩问曰：'戎使君于汝寄情邪？'懒然起立曰：'然。'言随泪下。韩令更衣待命，席上为之忧危。韩召乐将责曰：'戎使君名士，留情郡妓，何故不知而召置之，成余之过！'乃答之。命与妓百缣，即时归之。其词曰：'好去春风湖上亭，柳条藤蔓系离情。黄莺久信浑相识，欲别频啼四五声。'"《全唐诗》卷二七〇戎昱有《移家别湖上亭》："好是春风湖上亭，柳条藤蔓系离情。黄莺久住浑相识，欲别频啼四五声。"按：从诗标题看，该诗是戎昱移家时所作，为了表达对旧居之依恋，非为赠妓。本事诗所载事多作者敷演而成，不可全信。但据《旧唐书·德宗纪》载："（建中二年五月）庚寅，以浙江西道为镇海军，加苏州刺史韩滉检校礼部尚书、润州刺史，充镇海军节度使、浙江东西道观察等使。"同卷："（贞元三年二月）戊寅，度支盐铁转运使、镇海军节度、浙江东西道观察等使、检校左仆射、同中书门下平章事、晋国公韩滉卒，赠太傅。"《本事诗》所载虽是敷演，然抑或有所本，与戎昱生平并无明显冲突处，则公在浙西或可信，又自建中二年至此，戎昱生平及经历皆历历可考。则戎昱为浙西某州刺史，当在本年前后。

787年（丁卯）

贞元三年　公四四岁

本年，公或在浙西某州刺史任。

参见"贞元二年"条。

788年（戊辰）

贞元四年　公四五岁

本年，公或在浙西某州刺史任。

参见"贞元二年"条。

789 年（己巳）

贞元五年　公四六岁

十二月，以淮南节度使杜亚为东都留守。

《旧唐书·德宗纪下》："（贞元五年十二月）辛未，以淮南节度使杜亚为东都留守、畿汝州都防御使。"

本年左右，戎昱罢官，流寓江西，有诗赠袁州刺史张滂。

《全唐诗》卷二七〇戎昱《戏赠张使君》："数载蹉跎罢搢绅，五湖乘兴转迷津。如今野客无家第，醉处寻常是主人。"又《赠宜阳张使君》："暂作宜阳客，深知太守贤。政移千里俗，人戴两重天。旧郭多新室，闲坡尽辟田。倘令黄霸在，今日耻同年。"两诗所作时间当相近。按：《千唐志斋藏志》卷九七四《唐故中大夫户部侍郎兼御史大夫诸道盐铁转运等使清河张公（滂）墓志铭并序》："贞元……三年，改仓部郎中，兼袁州刺史。途歌巷舞，远至迩安，野绝堕农，市无饰估。六年，改司农少卿。"后诗中有句："政移千里俗，人戴两重天。旧郭多新室，闲坡尽辟田。"当为张滂至袁州一两年后。《元和郡县图志》卷二八："（袁州宜春县）晋武帝太康元年，以太后讳春，改为宜阳县。隋开皇十一年，于县置袁州，移县于城东五里，复改为宜春。"

790 年（庚午）

贞元六年　公四七岁

本年或稍后，公入朝为官。

《全唐诗》卷二七〇戎昱《送吉州阎使君入道二首》：其一："余当从宦日。君是弃官时。"此诗作于贞元七年，则戎昱入朝为官在阎寀度为桃源观道士前。

约在本年，公安家于长安。

《全唐诗》卷二七〇戎昱《秋日感怀》："洛阳岐路信悠悠,无事辞家两度秋。……说向长安亲与故,谁怜岁晚尚淹留。"此诗作于杜亚幕,诗言长安而不言陇西,则在此前后,戎昱已徙家于长安了。

791年(辛未)

贞元七年　公四八岁

四月,吉州刺史阎寀度为桃源观道士,时公在长安,有诗送别。

《全唐诗》卷二七〇戎昱《送吉州阎使君入道二首》其一:"闻道桃源去,尘心忽自悲。余当从宦日,君是弃官时。"其二:"庐陵太守近堕官。霞帔初朝五帝坛。风过鬼神延受箓,夜深龙虎卫烧丹。"《唐国史补》卷中:"阎寀为吉州刺史,表请入道,赐名'遗荣',隶桃源观,朝端盛赋诗以赠之。戎昱诗云:'庐陵太守近堕官,月帔初朝五帝坛。'"《唐会要》卷五〇:"贞元七年四月,吉州刺史阎寀上言,请为道士,从之,赐名遗荣。"诗曰"庐陵太守近堕官",当作此稍后。按:据《全唐文》卷六八四董侹《阎贞范先生碑》:"先生名寀,天水人。……转吉州刺史。……上言乞以皇帝诞庆之辰,度为武陵桃源观道士。……优诏褒美,赐号遗荣,仍宣付史馆,以尚贤也。朝右词臣,歌诗颂德者,凡百余首。"阎寀乞度为道士事发生在长安,故有"朝右词臣,歌诗颂德者,凡百余首"。由此可知,戎昱此时在长安而非江西。

十一月,前吉州刺史阎寀卒。

《全唐文》卷六八四董侹《阎贞范先生碑》:"以贞元七年十一月三日,顺化于钟陵宗华观。"

792年(壬申)

贞元八年　公四九岁

本年前后，公自长安之洛阳，过商山，有诗作。

《全唐诗》卷二七〇戎昱《过商山》："雨暗商山过客稀，路傍孤店闭柴扉。卸鞍良久茅檐下，待得巴人樵采归。"按：商山位于蓝田道上，为唐代两荆驿道的第一大路驿。戎昱曾多次往返于两京间，然从诗境看，此诗不似青壮年时作，和后期风格较一致，现姑系于此。

本年或次年，戎昱在洛阳，入杜亚幕，中元日陪杜亚观乐。

《全唐诗》卷二七〇戎昱《开元观陪杜大夫中元日观乐》："今朝欢称玉京天，况值关东俗理年。舞态疑回紫阳女，歌声似遏彩云仙。盘空双鹤惊几剑，洒砌三花度管弦。落日香尘拥归骑，□风油幕动高烟。"《旧唐书·德宗纪下》："（贞元五年十二月）辛未，以淮南节度使杜亚为东都留守、畿汝州都防御使……（十四年五月）甲午，前东都留守、东畿汝都防御使、检校吏部尚书杜亚卒。"《全唐文》卷四九七权德舆《杜公（亚）神道碑铭并序》："由睦州刺史入为刑部侍郎，三兼御史大夫。"诗言"玉京""关东"当是指洛阳。

793年（癸酉）

贞元九年　公五十岁

本年或次年，公在洛阳，思家，有诗作。

《全唐诗》卷二七〇戎昱《秋日感怀》："洛阳岐路信悠悠，无事辞家两度秋。日下未驰千里足，天涯徒泛五湖舟。荷衣半浸缘乡泪，玉貌潜销是客愁。说向长安亲与故，谁怜岁晚尚淹留。"从"洛阳岐路信悠悠，无事辞家两度秋"看，戎昱在杜亚幕至少度过了两年。诗言"谁怜岁晚尚淹留"也与戎昱此时年龄一致。

794年（甲戌）

贞元十年　公五一岁

本年，公或重回长安，有诗和李充。

《全唐诗》卷二七〇戎昱《和李尹种葛》："弱质人皆弃，唯君手自栽。蕴含霜后竹，香惹腊前梅。拟托凌云势，须凭接引材。清阴如可惜，黄鸟定飞来。"《旧唐书·职官志一》："开元元年十二月……（改）雍州为京兆府，洛州为河南府。长史为尹。"《新唐书·百官四下》："两府之政，以尹主之。"戎昱此诗为求引荐。戎昱在洛阳期间，尚无李姓主政官。又此诗言及"弱质人皆弃"，暗含人生经历，似晚年作品。考据《唐刺史考·京兆府》，自贞元年起，长安尹李姓仅李充一人，故判定此诗作于本年或稍后。现姑系于此。

795 年（乙亥）

贞元十一年　公五二岁

本年，公在长安。

参见"贞元十年"条。

796 年（丙子）

贞元十二年　公五三岁

本年前后，公在虔州刺史任。夏五月，符载游其门下。

《新唐书·艺文四》载其："后为辰州、虔州二刺史。"《全唐文》卷六八八符载《寄南海王尚书书》："一昨径理扁舟，远离浔阳，不畏道路，时伸贺礼。属船隘热剧，饮食江水，度庐陵百余里，防护无术，痁疾动作，药物荒乏，邻于委踣。以今月十八日达南康，使医工诊视，了未蠲愈。自揣气力，不任支持，遂祈戎使君致健步，持短书，并备旧文，缄结敬献阁下。"考符载经行路线，自浔阳而下，入鄱阳湖，沿赣水而至吉州庐陵，至虔州南康，然后把书信转交戎使君，戎使君为戎昱无疑。

又《旧唐书·德宗纪下》:"(贞元十一年春正月)丙申,以邕管经略使王锷为广州刺史、岭南节度使。"《旧唐书·王锷传》:"迁广州刺史、御史大夫、岭南节度使。广人与夷人杂处,地征薄而丛求于川市。锷能计居人之业而榷其利,所得与两税相埒。锷以两税钱上供时进及供奉外,余皆自入。西南大海中诸国舶至,则尽没其利,由是锷家财富于公藏。日发十余艇,重以犀象珠贝,称商货而出诸境。周以岁时,循环不绝,凡八年,京师权门多富锷之财。拜刑部尚书。"《旧唐书·德宗纪》:"(贞元十七年正月)丙戌,以工部侍郎赵植为广州刺史、兼御史大夫、岭南节度使。"可见王锷在贞元十一年至贞元十七年在广州刺史任,与"凡八年"相合。

《全唐文》卷六八八符载《答泽潞王尚书书》:"某有旧故为南康郡太守,今年夏五月往游其门,至冬十月归山下,遂于江州卢使君处伏奉书问,并睹押衙卢从史所留示委曲。"据《唐刺史考·江州》,卢使君,指卢虔。严士良贞元十一年、李康贞元十四年在江州刺史任上。可见戎昱约贞元十二至十三年间在江州刺史任,符载游其门下也当在此期间。

797年(丁丑)

贞元十三年　公五四岁

本年,公或在永州刺史任。

参见"贞元十四年"条。

798年(在戊寅)

贞元十四年　公五五岁

本年,公在永州刺史任,有诗送零陵妓赴山南东道节度使于顾幕。

《全唐诗》卷二七〇戎昱《送零陵妓》:"宝钿香蛾翡翠裙,装成掩泣欲行云。殷勤好取襄王意，莫向阳台梦使君。"诗一题作"送妓赴于公召"，于公即于頔。据《旧唐书·德宗纪》："（贞元十四年九月）丙辰，以陕虢观察使于頔为襄州刺史、山南东道节度使。"又同书《宪宗纪》："（元和三年九月）庚寅，以山南东道节度使于頔守司空、同平章事。"又《云溪友议》卷上："初有客自零陵来，称戎昱使君席上有善歌者，襄阳公遽命召焉。戎使君不敢违命，逾月而至。及至，令唱歌，歌乃戎使君送伎之什也。公曰：'丈夫不能立功业，为异代之所称，岂有夺人姬爱，为己之嬉娱。'遂多以缯帛赠行，手书逊谢于零陵之守也。……戎使君诗曰：'宝钿香娥翡翠裙，装成掩泣欲行云。殷勤好取襄王意，莫向阳台梦使君。'"《唐语林》卷四、《诗话总龟》卷二三所载略同。从诗意看，戎昱自称使君，当为永州刺史无疑，此诗又题作《送妓赴于公召》。诗中又有句"殷勤好取襄王意"，当指于頔在襄州刺史、山南东道节度使任。故事或为小说家所编撰，但戎昱送于頔零陵妓当无疑。

又同卷有《湘南曲》："虞帝南游不复还，翠蛾幽怨水云间。昨夜月明湘浦宿，闺中珂珮度空山。"虞帝即虞舜，《史记·五帝本纪》："践帝位三十九年，南巡狩，崩于苍梧之野。葬于江南九疑，是为零陵。"此诗或作于零陵太守任上。

九月，公流寓桂州，有诗上御史大夫陆长源。

《全唐诗》卷二七〇戎昱《桂州西山登高上陆大夫》："登高上山上，高处更堪愁。野菊他乡酒，芦花满眼秋。风烟连楚郡，兄弟客荆州。早晚朝天去，亲随定远侯。"《全唐文》卷五六七韩愈《上柱国陇西郡开国公赠太傅董公（晋）行状》："（贞元十二年）八月，上命汝州刺史陆长源为御史大夫、行军司马。"《旧唐书·德宗纪下》："（贞元十五年二月）丁丑，宣武军节度使、检校左仆射、平章事、汴州刺史董晋卒。乙酉，以行军司马陆长源检校礼部尚书、汴州刺史、御大夫、宣武军节度度支营田、汴宋亳颍观察等使。……是日,汴州军乱,杀陆长源及节度判官孟叔度、丘颖,军人脔而食之。"诗言"亲随定远侯",乃用东汉名将班超因平定西域被封为定远侯典。由此可见,陆大夫也兼任武职,这与陆长源生平一致。因贞元十二年至贞元十四年戎昱在虔州刺史和永州刺史任,又陆长源贞元十五年二月为叛军杀害,故在贞元十四年九月前戎昱已流寓于桂州。

799 年（己卯）

贞元十五年　公五六岁

本年,公或流寓桂州,以下诗歌可能作于流寓桂州期间。

《全唐诗》卷二七〇戎昱有《桂州口号》《桂州早秋》《桂州岁暮》《宿桂州江亭呈康端公》。此四诗皆位列《桂州西山登高上陆大夫》后,又此四诗诗境衰飒,似是晚年作品。但戎昱集中,作品次第较为混乱,其中也或混入了大历或建中年间诗人在桂州期间的作品。《宿桂州江亭呈康端公》,端公,御史的别称。《通典》卷二四:"侍御史之职有四……台内之事悉主之,号为'台端',他人称之曰'端公'。"康端公或为康云间,《广异录》载:"乾元中……监察御史康云间为江淮度支。"(《广记》卷四百三) 显然,此诗不可能作于乾元中,诗中"端公"只是对康云间的尊称。诗言"龙钟万里客,正合故人哀",又列为集中最后一首,当为晚年流寓桂州时所作。

又以下作品当作于晚年:

《全唐诗》卷二七〇戎昱《苦辛行》:"少年无事学诗赋。岂意文章复相误。"又言:"贵人立意不可测,等闲桃李成荆棘。"又言:"谁谓西江深,涉之固无忧。谁谓南山高,可以登之游。"诗言及少年学诗赋、中年考进士、晚年游宦各地的经历,故当为戎昱晚年作品。

《全唐诗》卷二七〇戎昱《题槿花》:"自用金钱买槿栽,二年方始得花开。鲜红未许佳人见,蝴蝶争知早到来。"诗言"二年方始得花开"可知作者作此诗时已寓居了一段时间。又同卷《红槿花》:"花是深红叶麴尘,不将桃李共争春。今日惊秋自怜客,折来持赠少年人。"诗言"自怜客"可见不在长安。又言"折来持赠少年人",从诗句看,戎昱已迈入老年阶段。故此二诗可能作于零陵刺史任或流寓桂州时。

又以下十一首诗无法确定其写作时间,皆出自《全唐诗》卷二七〇,现列于下:

《岁暮客怀》《送王明府入道》《送陆秀才归觐省》《霁雪》《汉阴吊崔员外坟》《江上柳送人》《秋馆雨后得弟兄书即事呈李明府》《送亮法师》《寄许炼师》《中秋夜登楼望月寄人》《送李参军》。

此后,公之行迹不可知,至唐宪宗时,已离世。

范摅《云溪友议》(卷下)载:"宪宗皇帝朝,以北狄频侵边境,大臣奏议,古者和亲之有五利,而日无千金之费。上曰:'比闻有一卿能为诗,而姓氏稍僻,是谁?'宰相对曰:'恐是包子虚、冷朝阳。'皆不是也。上遂吟曰:'山上青松陌上尘,云泥岂合得相亲?世路尽嫌良马瘦,唯君不弃卧龙贫。千金未必能移姓,一诺从来许杀身。莫道书生无感激,寸心还是报恩人。'侍臣对曰:'此是戎昱诗也。'"《唐才子传·戎昱传》所载大致相同,只是在结尾处增加了:"因笑曰:'魏绛何其懦也?此人如在,可与武陵桃花源足称其清咏。'"以宪宗贞元二十一年(805)继位算,戎昱已有七年时间踪迹无考,当在此期间已离世。

公离世后,有集五卷存世,《全唐诗》录其诗为一卷,《全唐文》存其文一篇。

《新唐书·艺文四》:"《戎昱集》五卷。"《直斋书录解题》卷一六、《崇文总目》卷一二、《通志》卷七〇所载同,《郡斋读书志》卷四中:

"戎昱集二卷。"《文献通考》卷二三二则曰："戎昱集三卷。"《唐才子传·戎昱传》"有集今传"，不明卷数。戎昱文集宋代即有多版本流传，然《直斋书录解题》作者尚见戎昱侄孙之序，故《集》最初当以五卷本流行。后在流传过程中多舛入李益等人作品。至《全唐诗》编订时，仅存诗一卷；《全唐文》仅存其文一篇。

公之诗文，后人多有褒贬。

贬之者如严羽《沧浪诗话》："戎昱在盛唐为最下，已滥觞晚唐矣。戎昱之诗，有绝似晚唐者。"扬之者如胡震亨《唐音癸签》（卷二六）："大历才子及接开、宝诸公相倡和者，末可缕指，钱起、司空曙之于王维，戎昱之于杜甫，其尤著者。"然以《唐才子传·戎昱传》评价较为中肯："昱诗在盛唐，格气稍劣，中间有绝似晚作。然风流绮丽，不亏政化，当时赏音，喧传翰苑，固不诬矣。"戎昱虽出生于盛唐，但感受盛唐气息不多就遭遇战乱。故其诗虽关怀现实，然缺乏盛唐诗人的豪迈情怀。中晚年多遭生活折磨，仕途处于困顿之中，其诗虽艺术上有所精进，但豪气丧失殆尽，且多衰飒之风，确似晚唐之作。

第二编　湖湘诗文系年

张说湖湘诗文系年

张说是初、盛唐之际的文人,他在睿宗时任兵部侍郎、同平章事。开元十八年,终左丞相、燕国公。《旧唐书》载其"精义探系表之微,英辞鼓天下之动",《新唐书》则曰:"喜推藉后进,于君臣朋友大义甚笃。"因其地位显赫,又长于文学,故在他周围形成了一个具有较强创作力的作家群,在初盛唐之交的文坛上居于领袖地位。晁公武《郡斋读书志》载其有集三十卷,今《全唐诗》存其诗五卷、《全唐文》存其文十三卷。

唐代湖湘诗歌创作的第一个高潮在开元三年至六年间,此高潮与张说贬谪岳州相始终。当他左转岳州刺史时,围绕在他身边的作家群便由宫廷移到了岳州,湖湘诗歌就是在这样的背景下繁荣起来的。这个创作群体除张说外,还有张均、张垍、赵冬曦、梁知微、萧璿、尹懋、姚绍之、王琚、王熊、孟浩然等人,他们之间相互唱和游宴,共抒南国之忧,创作了大量的诗歌。张说把其在岳州创作的诗歌编为《岳州集》,据《唐才子传·张说传》载:"(张说)诗法特妙,晚谪岳阳,诗益凄婉,人谓得江山之助。"张说的岳州诗代表着他诗歌的最高成就。

对于张说及其文人集团湖湘诗歌的系年,主要有陈祖言的《张说年谱》及傅璇琮主编的《唐五代文学编年史》,但陈《谱》及傅《编年》系年较简略，本书在陈《谱》及傅《编年》的基础上，对张说等人在岳州创作的诗歌做一个全面的系年，以期能够对学术界同人有所裨益。

715年（乙卯）

开元三年

开元三年，张说由相州刺史、河北道按察使再降为相州司马，后左转岳州刺史，四月到任，作《岳州刺史谢上表》。

《旧唐书·张说传》载："俄而为姚崇所构，出为相州刺史，仍充河北道按察使。俄又坐事左转岳州刺史，仍停所食实封三百户。"张、姚之交恶，当自开元元年始。据《资治通鉴》卷二一〇载："（开元元年十月）上欲以同州刺史姚元之为相，张说疾之，使御史大夫赵彦昭弹之，上不纳。又使殿中监姜皎言于上曰：'陛下常欲择河东总管而难其人，臣今得之矣。'上问为谁，皎曰：'姚元之文武全才，真其人也。'上曰：'此张说之意也，汝何得面欺，罪当死！'皎叩头首服，上即遣中使召元之诣行在。"同卷载："姚崇既为相，紫微令张说惧，乃潜诣岐王申款。他日，崇对于便殿，行微蹇。上问：'有足疾乎？'对曰：'臣有腹心之疾，非足疾也。'上问其故。对曰：'岐王陛下爱弟，张说为辅臣，而密乘车入王家，恐为所误，故忧之。'癸丑，说左迁相州刺史。"其后，又或再贬为相州司马，《全唐诗》卷九八尹懋《秋夜陪张丞相赵侍御游灉湖二首》其序云"燕公以司马初到，赵侍御客焉"，可证。

张说左转岳州刺史的原因正史不载，《全唐文》卷二二三张说《岳州刺史谢上表》："臣以昔侍金华，过蒙荣宠，负乘招寇，日待谴黜，圣慈迟回，仍委符守。"可知张说此次贬岳州及停封，是由引人不当引起的，具体所引之人是谁则不详。张说素"善用人之长，多引天下知名士"，唐制规定，如所引之人坐罪，引荐之人应负一定责任。所谓"招寇"非招外寇，开元三年四月前唐王朝对周边战争俱取得胜利，不当为外寇事再贬张说。又《岳州刺史谢上表》："伏奉四月十有二日制书，除臣岳州刺史。……以月一日至岳州上讫。"可知四月一日到任。

张说到任岳州后，政事繁忙，较少与文人游宴唱和。《岳州刺史谢上表》："伏以贬官到任，理在速闻，不敢循常，稽缓附使。"

九月，张说在岳州道观宴集，作《岳州九日宴道观西阁》；又《岳州宴姚绍之》约作于同时。

《全唐诗》卷八八张说《岳州九日宴道观西阁》，诗中有句"佳此黄花酌，酣余白首吟"，可知此诗当作于重阳日。又，姚绍之在岳州司马任上，张说于山寺宴之，《全唐诗》卷八八张说有《岳州宴姚绍之并序》，诗中有"难兄金作友，媚子玉为人"，可见二人约同时被贬；诗中另有"翠罋吹黄菊，琱盘鲙紫鳞"，故此诗中的宴集与上诗中的宴集可能是同一次。张说与姚绍之为旧识，序云："姚司马往在柏台，每钦骨鲠。及兹荒服，偶得官联。"姚绍之，湖州武康人，为"三思五狗"之一，其贬岳州司马正史不载，由张说《岳州别姚司马绍之制许归侍》知曾有贬岳州之经历。又《岳州别姚司马绍之制许归侍》作于明年秋，推知《岳州宴姚绍之》当作于本年九月。

秋，张说游洞庭湖，作《游洞庭湖湘》；又与尹懋游洞庭湖，有诗酬唱，尹懋作《同燕公泛洞庭》，张说以《和尹从事懋泛洞庭》相和。

《全唐诗》卷八六张说《游洞庭湖湘》中有句"靡日不思往，经时始愿克"，诗中以"经时"而未用"经年"，则当作于开元三年。又本年或明年，张说多次游洞庭湖，但自赵冬曦到来，文士聚集，游湖时多唱和之作，此时唱和之作较少，故当作于赵冬曦到来之前。又此诗中有"寒沙际水平，霜树笼烟直"，可知此诗作于本年秋。

《全唐诗》卷九八尹懋有《同燕公泛洞庭》，《全唐诗》卷八九张说《和尹从事懋泛洞庭》是和作，诗中有句："平湖一望上连天，林景千寻下洞泉。"以此推之诗当作于秋季，《全唐诗》中此诗之后为《送梁六自洞庭山作》，故系此诗于此。

梁知微在潭州刺史任上，秋，北归，经岳州，与张说相会，张说作《岳州别梁六入朝》《送梁六自洞庭山作》，梁知微有诗酬答。

《全唐诗》卷八八有张说《岳州别梁六入朝》诗，又同书卷八九有《送梁六自洞庭山作》，诗中有"巴陵一望洞庭秋，日见孤峰水上浮"，可知作于秋天。《全唐诗》卷九八另有梁知微《入朝别张燕公》，当为前诗酬答诗。张说在岳州两次历秋，但随着赵冬曦、尹懋等人的加入，唱和之风极胜，然观此三首诗，均无他人唱和之作，可知此三诗当作于本年秋。梁守潭州自开元元年至开元三年，由梁诗中"三年计吏入，路指巴丘城"可知。

秋，赵冬曦自监察御史被贬岳州。

赵冬曦被贬岳州时间，《新唐书·赵冬曦传》载："开元初，迁监察御史，坐事流岳州。"《中原文物》一九八六年第四期《赵冬曦墓志铭》载其回归之年："夫人陇西牛氏……开元六年，岳州之还也，在路遇疾，七月癸巳薨背于襄州。"唐代官吏考核，有"考满"法，是指在官员任期内定期举行的考核。具体规定是，任满三年举行第一次考核，称初考；满六年举行第二次考核，称再考；到九年举行第三次考核，称通考。赵冬曦开元初迁监察御史，其贬岳州不可能在开元元年，而应稍后。又据《中原文物》一九八六年第四期《赵冬曦墓志铭》，赵冬曦是"岁满恩召"，则其参加的考核当初考，也即他在岳州任职三年，赵开元六年七月还，其贬岳州当在开元三年七月前后。又《全唐诗》卷九八尹懋《秋夜陪张丞相赵侍御游湿湖二首》其序云：

"燕公以司马初到，赵侍御客焉。"可知张说为岳州刺史和赵冬曦贬岳州当在同一年内。

又《新唐书》载赵冬曦"坐事流岳州"，《墓志》载"放于岳州"，据《唐会要》："流为减死，贬乃降资。"《新唐书》载赵冬曦坐事流岳州当是笔误，赵应当是坐事贬岳州，其理由如下：其一，流人不授予官职，但赵冬曦却"岁满恩召"，参与官吏考核，当被授官职；其二，《全唐诗》卷九八赵冬曦有《和尹懋秋夜游澶湖二首》，"政理常多暇，方舟此溯洄"，亦可见赵有职在任，其职可能为县尹，《全唐诗》卷八七《翻著葛巾呈赵尹》称赵冬曦为赵侍御乃称前职，称赵尹可能为当时职务；其三，虽然唐代十道皆有流人，但岳州主要是贬谪之地，极少作为流放之地，南方流放之地多在岭南地区。由此可见，《新唐书》载其流岳州实误。

又赵冬曦被贬原因，正史不载，《资治通鉴》卷二一一载："（开元三年）京兆尹崔日知贪暴不法，御史大夫李杰将纠之，日知反构杰罪。"时赵任监察御史，或被贬当由此事件引起，然非确证。

随着赵冬曦的到来，岳州文士聚集，本年秋，尹懋、赵冬曦、张均、张说等游洞庭湖，有诗酬唱。尹懋作《秋夜陪张丞相赵侍御游澶湖二首》，张说、张均、赵冬曦有和诗。又张说有《岳州行郡竹篱》，赵冬曦和诗《陪张燕公行郡竹篱》。

《全唐诗》卷九八尹懋《秋夜陪张丞相赵侍御游澶湖二首》，其序云："燕公以司马初到，赵侍御客焉，聿理方舟，嬉游澶壑，览山川之异，探泉石之奇，骋望崇朝，留尊待月。"此数诗如作于第二年，不当说"燕公以司马初到"，又曰："一时之乐，岂不盛欤。赋诗者列之于左。"可见此次游湖之盛。《全唐诗》卷九八赵冬曦有《和尹懋秋夜游澶湖二首》，张说有《和尹懋秋夜游澶湖》（《全唐诗》卷八六）、《和尹懋秋夜游澶湖》（《全唐诗》卷八七），张均有《和尹懋秋夜游澶湖二首》(《全唐诗》卷九〇),均是和诗。

《全唐诗》卷八六张说《岳州行郡竹篱》:"版筑恐土疏,襄城嫌役重。藩栅聊可固,筠篁近易奉。"《全唐诗》卷九八赵冬曦和诗《陪张燕公行郡竹篱》"小人投天涯,流落巴丘城",均似刚到任后不久,故系于此。

冬,广州都督萧璿入朝,过岳州,张说宴饯之,作《广州萧都督入朝过岳州宴饯得冬字》。

《资治通鉴》卷二一一载:"(开元三年正月)御史大夫宋璟坐监朝堂杖人杖轻,贬睦州刺史。"同卷:"(开元四年)十一月,己卯,黄门监卢怀慎疾亟,上表荐宋璟……崇由是忧惧,数请避相位,荐广州都督宋璟自代。……十二月,上将幸东都,以璟为刑部尚书、西京留守,令驰驿诣阙。"《全唐文》卷二九三张九龄《故安南副都护毕公墓志铭并序》:"岭南按察使广州都督兼御史大夫萧璿,彼孝悌之士也,以锡类之故,有嘉德音,于是拔补按察判官……后按察使广平郡宋璟以公为五府总管,以甲卒成焉。"可知萧都督为萧璿,此诗中有"京华遥比日,疲老飒如冬",则萧璿入朝必在开元三年冬,其后宋璟代之。

岁末,张说在岳州,作《岳州守岁》诗。

《全唐诗》卷八七张说有《岳州守岁》,诗中有句"今年只如此,来岁知如何",又有《岳州守岁二首》,有句"愁逐前年少,欢迎今岁多",张说在岳州前后三年,有两次守岁经历,从诗句可知,《岳州守岁》作于开元三年,而《岳州守岁二首》作于开元四年。

本年前后,赵彦昭卒于江州别驾任上。

据《旧唐书》卷九二载:"俄而姚崇入相,甚恶彦昭之为人,由是累贬江州别驾,卒。"姚入相在开元二年冬,罢相在开元四年冬,又张说于岳州作《五君咏·赵耿公彦昭》伤悼之。张诗作于开元四年冬十一月，则赵当卒于开元三年至四年间。

716年（丙辰）

开元四年

春，张说在岳州刺史任上，常与尹懋、赵冬曦及子均、垍等登岳阳楼，诗酒唱和。

《全唐诗》卷八七张说有《与赵冬曦尹懋子均登南楼》，赵冬曦、尹懋诗见同书卷九八《陪张燕公登南楼》《奉陪张燕公登南楼》、张均诗见卷九〇《和尹懋登南楼》；另张说《耗磨日饮二首》亦当作于本年春，赵冬曦有《和张燕公耗磨日饮》；又《全唐诗》卷九〇张均有《江上逢春》亦作于本年春。

《太平寰宇记》卷一一三"岳州巴陵县"："岳阳楼，唐开元四年，张说自中书令为岳州刺史，常与才士登此楼，有诗百余篇列于楼壁。"张说《与赵冬曦尹懋子均登南楼》、赵冬曦《陪张燕公登南楼》、尹懋《奉陪张燕公登南楼》当此时作。

张说贬岳州三年，前后经历二春，但开元五年二月张说迁荆州大都督府长史，故张说作于开元四年春之诗与作于开元五年春之诗在诗作心境上截然不同，开元四年春多抒贬谪之悲，开元五年春多抒回归之喜。其子均、垍诗亦大致相同。张说《耗磨日饮二首》中有"不酌他乡酒，惟堪对楚山""还将不事事，同醉俗中人"，张均《江上逢春》中有"离忧耿未和，春虑忽蹉跎"，可大致推断，此数诗当作于开元四年春。

春，王琚自泽州移守衡州，过岳州，与张说诗歌酬唱，张说有《赠赵公》诗，王琚有《奉答燕公》二首。又王琚与张说、赵冬曦等游㴩湖上寺，张说有《游㴩湖上寺》，王琚《游㴩湖上寺》、赵冬曦《陪燕公游㴩湖上寺》当是和诗。

《旧唐书·王琚传》载："（先天）二年七月三日，琚与岐王范、薛王业、姜皎、李令问、王毛仲、王守一并预诛逆，以铁骑至承天门。……顷间，琚等从玄宗至楼上，诛萧至忠、岑羲、窦怀贞、常元楷、李慈、李猷等。睿宗逊居百福殿。十日，拜琚银青光禄大夫、户部尚书，封赵国公，食实封五百户。"张说诗《赠赵公》（《全唐诗》卷八六）中赵公即王琚；又同卷载："琚在帷幄之侧，常参闻大政，时人谓之'内宰相'，无有比者。又赠其父魏州刺史。或有上说于玄宗曰：'彼王琚、麻嗣宗谲诡纵横之士，可与履危，不可得志。天下已定，宜益求纯朴经术之士。'玄宗乃疏之。""（开元）二年二月回，未及京，便除泽州刺史，削封。历衡、郴、滑、虢、沔、夔、许、润九州刺史，又复其封。"其为衡州刺史当在泽州之后。

又，赵冬曦开元三年秋始至岳州，其《陪燕公游灉湖上寺》必当作于开元四年春，王琚和诗作于同时，故知王琚当于开元四年春移守衡州。张说诗中有句"湘东股肱守，心与帝心期"，也可证王琚是在赴衡州刺史任途中。

五月，张说在岳州南湖观竞渡，作《岳州观竞渡》。

《全唐诗》卷二七五张建封《竞渡歌》："五月五日天晴明，杨花绕江啼晓莺。"又《全唐诗》卷三五六刘禹锡《竞渡曲》自注："竞渡始于武陵，及今举楫而相和之。其音咸呼云何在，斯招屈之义。"《隋书·地理志》载："其迅楫齐驰，棹歌乱响，喧振水陆，观者如云。"张说诗亦云"土尚三闾俗，江传二女游"，张说开元三年四月始到任，五年四月已离岳州，结合此诗在《全唐诗》中的位置，此诗当作于本年五月。又张说诗中有"鼓发南湖溠，标争西驿楼"可见观竞渡地点。

夏末初秋，张说在岳州刺史任，苦热，作《岳州夜坐》。

《全唐诗》卷八八张说《岳州夜坐》："炎州苦三伏，永日卧孤城。……五十知天命，吾其达此生。"张说本年五十，唐历法规定：夏至后第三个庚日开始为头伏（初伏），第四个庚日为中伏（二伏），立秋后第一个庚日为末伏（三伏），初伏和三伏各十天，二伏为十天或二十天。故诗作于夏末秋初。

七月，张说在岳州与赵冬曦、张垍等唱和，张说有《岳州山城》，张垍《奉和岳州山城》、赵冬曦《和燕公岳州山城》当是和作。

赵冬曦三年秋始至岳州，张说五年四月离岳州，故此三诗必作于开元四年。又前《岳州夜坐》："炎州苦三伏，永日卧孤城。"可知本年三伏天极炎热。然观此三诗，无一写炎热之感，反而多写清凉感受，如"忽有南风至，吹君堂上琴""郡馆临清赏，开扃坐白云""鸣琴有真气，况已沐清风"，可知必为炎热过后的初秋感受，故系于本年七月。

八月，孟浩然在岳州，作《望洞庭湖赠张丞相》以投张说。

《全唐诗》卷一六〇孟浩然《望洞庭湖赠张丞相》中有"八月湖水平，涵虚混太清"，可知此诗作于八月，又一说此诗中张丞相为张九龄，考张九龄行状，有史可载游历洞庭湖地区共有十次之多，其中秋经洞庭湖地区仅三次：长安元年，秋，张九龄自曲江赴长安应举，途经荆湘地区；开元四年，张九龄因封章直言，不协时宰，秋，以秩满为辞，去官归养，途经湖湘地区；开元七年，六月，张九龄为礼部员外郎，奉使广州，使道归韶州觐省，过湖湘地区，秋，张九龄自广州使回，再次过湘东。而张九龄开元二十一年才被任为中书侍郎、同中书门下平章事，此后张九龄无秋过洞庭之经历。故孟浩然诗中的张丞相非指张九龄，后人以此诗是赠张九龄，实是由于开元二十六年孟浩然客张九龄荆州幕府故。

张说开元三年至五年在岳州，仅两次历八月，故此诗当作于开元三年或四年八月，又此诗中有较强的追求功名的愿望，与孟浩然中后期平淡诗风不同，当为其早年作品，时孟浩然正值二十七至二十八岁间，现姑系此诗于此。

九月，张说、张均等巴丘登高，张均有《九日巴丘登高》；张说有《湘州九日城北亭子》，阴行先《和张燕公湘中九日登高》为和诗。

在《全唐诗》中，张均《九日巴丘登高》置于《江上逢春》之后，《江上逢春》系于开元四年春，则此诗当作于本年九月。又《全唐诗》载："阴行先，开元间，为张说湘州从事。"据今人考证，唐时无湘州，湘州当为"相州"之误，又《和张燕公湘中九日登高》中有"今日桓公座，多愧孟嘉才"，故断此诗作于开元二年，然皆非确证。又或张说自相州移岳州，张均、张垍等随之而来，阴行先亦或自相州从事移岳州从事，从《全唐诗》看，无"相中"一说，而"湘中"则多次出现，又唐时无"湘北"一说，故岳州之地皆曰"湘中"，因而阴诗《和张燕公湘中九日登高》作于岳州可能性较大。另《全唐诗》卷八七张说有《湘州九日城北亭子》，阴诗即和此诗，此诗有句"宁知沅［一作湘］水上，复有菊花杯"，则可推知，"湘州"可能为"湘中"笔误，以"州""中"音近故，因此系此三诗于本月。

秋，张说在岳州，作《岳州看黄叶》《岳州作》等诗。

《全唐诗》卷八九张说有《岳州看黄叶》，诗中有"空惭棠树下，不见政成歌"。张说开元三年始贬岳州，故三年秋不当有此感慨，而五年春已离岳州，因此当系于此时。张说另有《岳州作》两首，见于《全唐诗》卷八六、卷八八，有句"水国生秋草，离居再及瓜"，亦当作于本年秋。又张说有《戏题草树》（《全唐诗》卷八七）、《对酒行巴陵作》（《全唐诗》卷八八）、《岳州西城》（《全唐诗》卷八八）；张均有《岳阳晚景》（《全唐诗》卷九〇），诗中均有秋景，当作于本年或前年秋。

秋，王琚自衡州入朝，经岳州，张说作《岳州别赵国公王十一琚

入朝》送之,王琚有诗和之。

《全唐诗》卷八七张说有《岳州别赵国公王十一琚入朝》,诗中有"浦树悬秋影,江云烧落辉",王琚有和诗《自荆湖入朝至岳阳奉别张燕公》(《全唐诗》卷九八),王琚本年春自泽州移守衡州,张说五年春离岳州,因诗中有秋景,因此王琚入朝应在开元四年秋。《旧唐书·王琚传》载:"(王琚)二年二月回,未及京,便除泽州刺史,削封。历衡、郴、滑、虢、沔、夔、许、润九州刺史。"王琚此次回京后,再次谪为远州刺史。

十一月,赵冬曦游邕湖,有《邕湖作并序》,张说有和作。

《全唐诗》卷九八赵冬曦《邕湖作并序》,序中有"而此乡炎暑,子月草生,弥望青青,相与游藉","子月"即十一月。赵冬曦与张说在岳州共度子月的年份为开元三年和四年,然赵诗"暑雨奔流潭正满,微霜及潦水初还。水还波卷溪潭涸,绿草芊芊岸崭岩",写到了邕湖四季景象,则赵至岳州至少有一年时间,故不可能作于开元三年。《全唐诗》卷八六张说有《同赵侍御干湖作》,即和此诗,诗中有"暑来寒往运洄洑,潭生水落移陵谷",也可证作于本年。干湖,即邕湖,因春冬水涸,所以谓之干湖。

本月,张说在岳州刺史任上,拟颜延之诗作《五君咏》,分咏魏元忠、苏瑰、李峤、郭震、赵彦昭,因苏瑰之忌日以献其子颋。

《明皇杂录》卷下:"张说之谪岳州也,常郁郁不乐。……苏颋方当大用,而张说与瑰相善,张因为《五君咏》,致书,封其诗以遗颋,戒其使曰:'候忌日近暮送之。'使者既至,因忌日,赍书至颋门下。会积阴累旬,近暮吊客至,多说先公寮旧,颋因览诗,呜咽流涕,悲不自胜。翌日,乃上封,大陈说忠贞謇谔,尝勤劳王室,亦人望所属,不宜沦滞于遐方。上乃降玺书劳问,俄而迁荆州长史。"又据《资治通鉴》卷二一〇载:"(景云元年)庚午,许文贞公苏瑰薨。"张说迁荆州长史在开元五年，则献诗当在本年十一月。张诗在《全唐诗》卷八六。

本月，宋璟自广州入朝，岁末，经岳州，张说作《岳州赠广平公宋大》以送之。

《旧唐书·宋璟传》载："（璟）坐事出为睦州刺史，转广州都督。"《资治通鉴》卷二一一载："（开元四年十一月）崇由是忧惧，数请避相位，荐广州都督宋璟自代。"《全唐诗》卷八七张说《岳州赠广平公宋大》："宁思江上老，岁晏独无成。"可知，宋璟至岳州时，已是岁末。

冬，潭州刺史王熊北归长安，过岳州，作《奉别张岳州说二首》，张说有《岳州宴别潭州王熊》，韦嗣立也有和作。

《唐代墓志铭汇编》开元一七六《李氏墓志铭》："熊历官驾部员外郎，库部郎中，洛阳县令，申、郢、光、潭四州刺史。……而熊也不天，亦既云逝。……（太夫人）粤以开元十年九月十四日薨于闵乡县之官舍。"从墓志看，王熊卒于太夫人前，故当于开元十年前卒。《全唐诗》卷九一韦嗣立有《奉和张岳州王潭州别诗二首》，序云："予昔忝省阁，与岳州张使君说、潭州王都督熊同官联事。后承朝谴，各自东西。张公与王都督别诗二首，情颇殷切。余览以叹，因遥申和云。"据陶敏先生考证，韦诗序云"遥申和"，当作于海州。《册府元龟》载："（开元）六年二月，以……岳州刺史、燕国公张说为荆州大都督府长史，海州别驾员外置同正员韦嗣立为陈州刺史。"然陶所本此条本身有误，张说为荆州大都督府长史在开元五年，故此条资料不完全可信。《旧唐书·玄宗纪》载："（开元二年）三月甲辰……太子宾客、逍遥公韦嗣立为岳州别驾。"以三年为一任期算，韦离岳州别驾任当在开元五年春，因而此时仍可能在岳州别驾任上。又此诗云："一去驰江海，相逢共播迁。"或为三人会于岳州。且《编年》定此诗为开元四年，也无确证，此诗当作于开元三年冬或四年冬，现姑系于此。王熊诗在《全唐诗》卷九八，张说诗在《全唐诗》卷八七。

本年冬，张说在岳州刺史任上，作《闻雨》二首；岁末，又作《岳州守岁二首》。

《全唐诗》卷八六、卷八八有《闻雨》两诗，诗云："念我劳造化，从来五十年。"又云："穷冬万花匝，永夜百忧攒。"说本年年五十，诗为本年冬作。又《同赵侍御望归舟》当本年或前年冬作，诗中有句"形影相追高羲鸟，心肠并断北风船"。

又《全唐诗》卷八九有《岳州守岁二首》，诗中有句"愁逐前年少，欢迎今岁多"，又有"歌舞留今夕，犹言惜旧年"，张说在岳州二度守岁，从诗句可推知此二诗作于开元四年。

717年（丁巳）

开元五年

正月，张说在岳州，与赵冬曦登岳阳楼，张说作《岳阳早霁南楼》，赵冬曦有和作；又本月，张说另有《巴丘春作》《游洞庭湖》等诗。

《全唐诗》卷八六张说《岳阳早霁南楼》："适临青草湖，再变黄莺曲。……白发悲上春，知常谢先欲。"张说在岳州逢春在开元四年和五年，"再变"可知此诗作于开元五年春。《全唐诗》卷九八有赵冬曦《奉和张燕公早霁南楼》，诗言"物华荡暄气，春景媚晴旭"，亦可知作于春。张说五年二月迁荆州长史，与赵冬曦、尹懋等多有唱和，均对张说北迁事有所贺，唯此二诗未有体现，故系之于正月。又《全唐诗》卷八八张说《巴丘春作》："日出洞庭水，春山挂断霞。……自怜心问景，三岁客长沙。"说于三年夏自相州左迁岳州，本年二月复迁荆州，首尾正好三年，故有"三岁客长沙"之说。本诗也未言及北迁荆州事，当本年正月作。另《全唐诗》卷八八张说有《游洞庭湖》，其后诗即《巴丘春作》，因此亦系于本月。又从《全唐诗》中排列顺序看张说《同赵侍御巴陵早春作》（《全唐诗》卷八七）、《翻著葛巾呈赵尹》（《全唐诗》卷八七），当作于此前后，赵冬曦《答张燕公翻著葛巾见呈之作》（《全唐诗》卷九八）乃酬后诗之作。又《编年》以为《翻著葛巾呈赵尹》中"赵尹"指赵冬曦，尹为"君"之残讹，实误；赵尹在此诗中或为赵冬曦、尹懋之合称（尹和诗不存），或"尹"为赵冬曦时任官职，即岳州某县之县尹。唐诗中多有此称，如"令弟为县尹，高城汾水隅"（李颀《送裴腾》）等。

二月，张说迁荆州大都督府长史，说有《赠赵侍御》及《别潠湖》诗，赵冬曦均有和作。

《全唐文》卷二二三张说《荆州谢上表》："臣说言：伏奉二月二十五日制书，除臣荆州大都督府长史。受命荒服，浮舟遡溯，以今月十七日到州上讫。……及一辞庭阙，已涉五年。"张说自开元元年谪为相州刺史，至本年正好五年。故《册府元龟》以开元六年张说为荆州长史有误，另郁贤浩《唐刺史考》及陈祖言《张说年谱》均有详考，不再多述。张说之迁荆州与姚崇已罢相及苏颋力荐有关，详见开元四年十一月条。

《全唐诗》卷八六张说《赠赵侍御》："不知岸阴谢，再见春露泫。……请从三已心，荣辱两都遣。"张说在岳州逢春在开元四年和五年，"再见"可知此诗作于开元五年春。赵冬曦《奉答燕公》二首（《全唐诗》卷九八）当是和作，诗中有"语别意凄凄，零陵湘水西。佳人金谷返，爱子洞庭迷"，又有"友僚同省阁，昆弟接荆州"，可知此时张说已获知北迁荆州之消息，因此系于本月。

《全唐诗》卷八八张说有《别潠湖》，诗言"露花香欲醉，时鸟啭余音"，所咏为春景，故当作于春季。《全唐诗》卷九八赵冬曦《和燕公别溷湖》中有"郢路委分竹，湘滨拥去麾"，可知张说别溷湖乃是要赴荆州任。《全唐诗》卷八八张说有《伯奴边见归田赋因投赵侍御》，诗中有"去国逾三岁，兹山老二年"句，乃指赵冬曦从开元三年自监察御史被贬岳州，至此时已三年，前后两度逢春，《全唐诗》卷九八赵冬曦有《奉酬燕公见归田赋垂赠之作》，乃是和作，诗中有"楚云何掩郁，湘水亦回遭"，楚云或喻荆州。又此二诗在《全唐诗》中分别置于《别溷湖》《和燕公别溷湖》后，故系于此。

三月，张说赴荆州长史任，过华容、石首，游禅堂观，有《石门墨山二山相连有禅堂观天下绝境》；又有《出湖寄赵冬曦二首》，赵冬曦有诗酬答。

《全唐诗》卷八六张说有《石门墨山二山相连有禅堂观天下绝境》："常涉巴丘首，天晴遥可见。……及此符守移，欢言临道便。"从诗意看，"符守移"是指移荆州长史，石门山、墨山在华容、石首一带，故可知张说赴任荆州路线。又《全唐诗》卷八六有张说《出湖寄赵冬曦》："湘浦未赐环，荆门犹主诺。何时与美人，载酒游宛洛。"《全唐诗》卷九八赵冬曦《酬燕公出湖见寄》："湘川朝目断，荆阙夕波还。……永怀宛洛游，曾是弹冠望。"乃《出湖寄赵冬曦》的和诗。由张说四月一日渡江赴荆州，可知此数诗当作于三月末。

春，张说有诗别子均。

《全唐诗》卷八七张说《岳州别子均》："离筵非燕喜，别酒正销魂。念汝犹童孺，嗟予隔远藩。"知张说此次赴荆州乃独自一人先行。

四月，张说渡江赴荆州任，有《四月一日过江赴荆州》；张说谪岳州期间，赋诗较多，曾自编为《岳阳集》。

《全唐诗》卷八七张说有《四月一日过江赴荆州》，诗云"春色沅湘尽，三年客始回"。可知张说在岳州首尾三年。张说在岳州三年，诗作颇多，《全唐文》卷二九四王泠然《论荐书》："相公昔在南中，自为《岳阳集》。"下列诗作当作于被贬岳州期间：《送岳州李十从军桂州》(《全唐诗》卷八七)，《澧湖山寺》二首(《全唐诗》卷八六、卷八七)；又疑《冬日见牧牛人担青草归》《咏镜》《咏瓢》《杂诗四首》《深渡驿》《春雨早雷》《赦归在道中作》等诗作于贬岳州期间或回归途中。对于张说谪岳州诗作，《唐才子传·张说传》评价较高："诗法特妙，晚谪岳阳，诗益凄惋，人谓得江山之助。"

718 戊午

开元六年

春，张九龄诏拜左补阙，自韶州赴东都，将至岳阳，有诗怀赵冬曦，时赵冬曦仍在岳州。

《全唐文》卷四四〇徐浩《唐尚书右丞相中书令张公神道碑》："始兴北岭，峭险巉绝。大庾南谷，坦然平易。公乃献状，诏委开通，曾不浃时，行可方轨。特拜左补阙。"唐玄宗开元四年十一月始奉使开大庾岭，故其诏拜左补阙不可能在开元五年春，而赵冬曦开元六年七月已离岳州，《将至岳阳有怀赵二》亦必作于开元六年春，又张说与张九龄颇有交往，如张九龄开元五年过岳州，断无仅怀赵冬曦而不提及张说事。张诗见《全唐诗》卷四八，赵冬曦，行二，见《唐人行第录》。

春，张说在荆州长史任上，有《襄阳路逢寒食》。

《全唐诗》卷八九张说有《襄阳路逢寒食》："去年寒食洞庭波，今年寒食襄阳路。不辞著处寻山水，只畏还家落春暮。"感叹宦途之艰辛。

七月，赵冬曦迁监察御史，自岳州北归，其妻牛氏道卒襄州。

《中原文物》一九八六年第四期《赵冬曦墓志铭》载："(赵冬曦)夫人陇西牛氏……开元六年，岳州之还也，在路遇疾，七月癸巳，薨背于襄州。"可知赵冬曦之北归,约在开元六年七月或稍前。

唐代湖湘诗歌创作的第一个高潮随着张说、赵冬曦的离开而结束,但他们对唐代乃至后代湖湘诗歌创作的影响是巨大的,这不仅表现在他们忧国忧民的情感多为后世诗人所汲取,而且自此之后,诗人的眼光开始注意到了湖湘地区特有的民情、风物,后代湖湘诗人唱和之风也由此盛行。因此,对张说及其文人创作群的岳州诗歌系年也就具备了更重要的意义。

杜甫湖湘诗文系年

杜甫是唐代最伟大的诗人，主要活动于盛唐之际，与李白、高适、岑参、元稹、房琯、严武等友善。然其入湘已是大历三年，大历五年冬卒于湖湘间。元稹《唐故工部员外郎杜君墓系铭》："旋又弃去，扁舟下荆、楚间，竟以寓卒，旋殡岳阳，享年五十九。"杜甫寓湘前后跨越三年，其入湘时，诗歌艺术已臻于成熟，又恰逢臧玠之乱，故其寓湘诗达到了内容和艺术上的高度统一。《唐才子传·杜甫传》谓其："为歌诗，伤时挠弱，情不忘君，人皆怜之。"又曰："忠孝之心，惊动千古，骚雅之妙，双振当时，兼众善于无今，集大成于往作。"杜甫在湖湘地区留下了大量诗篇，其寓湘诗代表了唐代湖湘诗的最高水平。

据宋代陈振孙《直斋书录解题》卷十六载："《杜工部集》二十卷。唐左拾遗检校工部员外郎剑南节度参谋襄阳杜甫子美撰。王洙原叔蒐裒中外书九十九卷……起太平时，终湖南所作，视居行之次若岁时为先后。"后人给杜甫诗编年大多是在此基础上进行的，而且，宋代就有不少人开始了这项工作。晁公武《郡斋读书志》云："皇朝自王原叔以后，学者喜观甫诗……吕微仲在成都时，尝谱其年月。近时有蔡兴宗者，再用年月编次之。而赵次公者，又以古律诗杂次第之，且为之注。"除此之外，宋鲁訔还有《杜工部诗年谱》一卷，黄希原、黄鹤《黄氏补注杜诗》三十六卷也是"诗中各以所作岁月注于逐篇之下，使读者得考见其先后出处之大致"。其后各朝皆有为杜诗编年者，其中尤以清代仇兆鳌《杜诗详注》和杨伦《杜诗镜铨》影响最大。现当代对杜诗的编年也一直不绝如缕，先有闻一多的《少陵年谱会笺》，后有刘文典的《杜甫年谱》，然惜刘作为未竟之作，仅至大历二年为止，湖湘诗编年阙如。今人黄去非在其《杜甫在湖湘》中以附录形式对杜甫寓湘诗进行了编年，其编次大抵依据前人，但补充了不少相关文学史料。

应该说，对杜甫寓湘诗编年已取得了较大成就，仅少量作品系年分歧较大，但由于杜集的编定始于杜甫去世后数百年，不少篇目编年虽然大体正确，但同一时间内篇目次序的颠倒现象不少，本书对杜甫湖湘诗进行重新编年，以期能对阅读和研究杜诗有所裨益。

768 年（戊申）

大历三年

冬，杜甫带病离开公安，沿长江而下，经刘郎浦（在今石首市），冬末至岳州，沿途有诗作。

《杜诗详注》卷二二杜甫《晓发公安》中有句："出门转眄已陈迹，药饵扶吾随所之。"可知杜甫此时带病在身。按：杜甫离开公安，有多种原因。同卷《久客》中写道："羁旅知交态，淹留见俗情。衰颜聊自哂，小吏最相轻。"又同卷《晓发公安》注曰："数月憩息此县。"《久客》在《晓发公安》前，"淹留"与"数月憩息此县"合，可见，杜甫在公安受辱于小吏，故愤而离开此地。

杜离公安，前往湖南投靠亲友，据其湖湘诗，与杜甫交往密切的有三人：其一为韦之晋，《杜诗详注》卷二三杜甫有《送卢十四弟侍御护韦尚书灵榇归上都二十四韵》，卢十四弟即卢岳，乃杜甫表弟，卢岳护送韦尚书灵榇,则韦必为卢母一支,杜与韦依然有裙带关系,但已较疏远。又同书卷二二杜甫《哭韦大夫之晋》:"凄怆郇瑕邑,差池弱冠年。"《奉酬寇十侍御锡见寄四韵复寄寇》:"往别郇瑕地,于今四十年。"则韦与杜少年时应在郇瑕有交往,二人关系也就更密切了。其二为卢岳,《杜诗详注》卷二三在《送卢十四弟侍御护韦尚书灵榇归上都二十四韵》注曰:"公之祖母卢氏,十四其表弟也。"其三为崔漠,同书卷一八杜甫《别崔漠因寄薛据孟云卿》原注:"内弟漠,赴湖南幕职。"卢、崔二人均在大历三年到四年入韦之晋幕,杜甫有诗《江阁卧病走笔寄呈崔卢两侍御》。故杜甫离开公安,直赴湖南,中间少有停留。

杜甫离开公安后,沿长江而下,十二月,过刘郎浦(在今石首市),作《发刘郎浦》《冬深》。

《杜诗详注》卷二二杜甫《发刘郎浦》诗注曰:"《江陵图经》:刘郎浦,在石首县,先主纳吴女处。"诗曰:"十日北风风未回,客行岁晚晚相催。"可见作于深冬。同卷《冬深》:"易下杨朱泪,难招楚客魂。风涛暮不稳,舍棹宿谁门。"此诗也应作于此时。

按:同卷《别董颋》列《发刘郎浦》后,《会笺》《镜铨》与《详注》均以为作于大历三年冬,但"有求彼乐土,南适小长安"与此不合,《详注》有注:"《光武纪》:战于小长安。注:《续汉书》:淯阳县有小长安聚,古城在邓州南阳县南。"公安、石首、岳州均在邓州南,如作于大历三年冬,则应是"北适小长安"了。

岁末,杜甫至岳州,作《夜闻觱篥》《岁晏行》等诗,又作诗送韦七自岭南归京。

《杜诗详注》卷二二杜甫《夜闻觱篥》中有句:"夜闻觱篥沧江上,衰年侧耳情所向。"《楚辞章句》卷七:"屈原放逐,在江、湘之间,忧愁叹吟,仪容变易。"又曰:"沧浪之水清兮,可以濯吾缨;沧浪之水浊兮，可以濯吾足。"沧江当在江、湘之间。该诗又曰："君知天地干戈满，不见江湖行路难。"其中，"江湖"另作"江湘"，则杜甫作此诗时已进入岳州境内。

同卷有《岁晏行》，诗曰："岁云暮矣多北风，潇湘洞庭白雪中。"又云："去年米贵阙军食，今年米贱太伤农。"《旧唐书》载："（大历二年）十月戊寅，灵州奏破吐蕃二万，京师解严。甲申，减京官职田三分之一，给军粮。"也即"去年米贵阙军食"，故本诗作于大历三年岁末。

又各家均以为《泊岳阳城下》《缆船苦风，戏题四韵，奉简郑十三判官》《登岳阳楼》作于大历三年冬，今从之。又《衡州送李大夫七丈赴广州》，《详注》中列在《夜闻觱篥》后，且定为大历三年冬作。《旧唐书·代宗本纪》："冬十月甲寅，朔方留后、灵武大都督府长史常谦光加检校工部尚书。乙未，以京兆尹李勉为广州刺史，充岭南节度使。"诗中虽有"斧钺下青冥，楼船过洞庭"，但仅叙李沿途经历而已。"冬十月"是李离京时间，不是杜甫送别时间，诗标题已表明写作地点在衡州，杜甫到衡州时已是次年春，故该诗作于大历四年春。

同书卷二三杜甫有《赠韦七赞善》、卷一一有《赠韦赞善别》。《全唐诗》卷一四八刘长卿有《送韦赞善使岭南》，杨世明系之大历三年春。杜甫《赠韦七赞善》有句："尔家最近魁三象，时论同归尺五天。"《赠韦赞善别》："扶病送君发，自怜犹不归。"盖此二诗均为回归时作，则两诗写作时间当晚于刘长卿诗。又《赠韦赞善别》："往还二十载，岁晚寸心违。"《杜诗详注》卷二三《赠韦七赞善》："洞庭春色悲公子，虾菜忘归范蠡船。"大历三年十二月二十立春，故"岁晚"与"洞庭春色"并不矛盾。诗中有洞庭，则当是大历四年春杜甫在岳州送韦七北归时作。《镜铨》《详注》系之大历五年，大历五年立春为正月初一，岁晚与洞庭春色则矛盾了。故诗当作于大历三年岁末。

本年，裴某在岳州刺史任上（大历三年、四年）。

参见《唐刺史考》。

769 年（己酉）

大历四年

正月，杜甫在岳州，与州刺史裴某（或为裴隐）登岳阳楼，杜甫作《陪裴使君登岳阳楼》留别，后南征。

《杜诗详注》卷二二杜甫《陪裴使君登岳阳楼》中有句："雪岸丛梅发，春泥百草生。"则此次登楼在初春，又曰："敢违渔父问，从此更南征。"杜甫前往衡州之意甚明。同卷杜甫另有《南征》诗，《镜铨》《详注》以为作于此时，误。诗言"春岸桃花水，云帆枫树林"，桃花开当在仲春，故应作于稍后。又同卷《归梦》，各家以为作于此时，亦误。

春，刘长卿往返于夏口和岳州之间，写下了《夏口送屈突司直使湖南》《雨中过员稷巴陵山居赠别》《送刘萱之道州谒崔大夫》，然未与杜甫有交游。

杜甫离开岳州后，沿途写了系列诗纪行，以下诗作于岳州至潭州行间：《过南岳入洞庭湖》《宿青草湖》《宿白沙驿》《湘夫人祠》《祠南夕望》《上水遣怀》《遣遇》《解忧》《发白马潭》《野望》《入乔口》《铜官渚守风》《北风》《岳麓山道林二寺行》等诗。

这些诗歌，均出自《杜诗详注》卷二二，各家编年时间大体一致，编在大历四年春。但具体篇次不一致，不少诗歌还夹杂在自潭至衡之间。之所以出现这种现状，是因为对地志不了解，现详解之。

《发白马潭》，《大清一统志》："岳州巴陵县有白马矶。"此诗应作于从岳州向潭州出发时，一说白马潭在潭州。

《过南岳入洞庭湖》，此诗为杜甫离开岳州下洞庭时作。旧注以为过而后入，《镜铨》以为"诗意盖谓欲过南岳，乃先入湖也"。"过"不仅有"经过"之意，还有"访问"之意，如孟浩然《过故人庄》即是此用意。此处"过"乃访问之意。诗言"鄂渚分云树，衡山引舳舻"，也可见是由洞庭而至南岳。"病渴身何去？春生力更无"乃为早春时令无疑。

《宿青草湖》，《禹贡锥指》载："洞庭周回三百六十里，南连青草，西吞赤沙，横亘七八百里。"又《明一统志》载："青草湖……每夏秋水泛，与洞庭为一水，涸则此湖先干，青草生焉。"杜甫在该诗中写道："洞庭犹在目，青草续为名。"由洞庭进入青草湖甚明。诗言"寒冰争倚薄，云月递微明"，与前诗均描写早春景象。

《宿白沙驿》，诗中有原注："初过湖南五里。"也即由青草湖入湘江五里。白沙驿在今湘阴县。《湘中记》云："白沙如霜雪。"驿或以此为名。

《湘夫人祠》《祠南夕望》，旧注曰湘夫人祠"即黄陵庙"，唐李群玉有《黄陵庙》诗："野庙向江春寂寂，古碑无字草芊芊。"宋姜夔《昔游诗》："萧萧湘阴县，寂寂黄陵祠。"由此可知，祠在湘阴县湘江边上。据《水经注》："湘水又北迳黄陵亭西，又合黄陵水口，其水上承大湖，湖水西流，迳二妃庙南，世谓之黄陵庙也。言大舜之陟方也，二妃从征，溺于湘江……民为立祠水侧焉，荆州牧刘表刑石立碑，树之于庙，以旌不朽之传矣。"据当今学者考证，湘夫人祠在今湘阴县三塘镇，此地曾出土过方形墓砖、陶制牛头人身像等文物。

《上水遣怀》："一纪出西蜀，于今向南斗。孤舟乱春华，暮齿依蒲柳。"《遣遇》："春水满南国，朱崖云日高。舟子废寝食，飘风争所操。"《解忧》："向来云涛盘，众力亦不细。呀坑瞥眼过，飞橹本无蒂。"此三首皆作于大历四年春自岳至潭途中。又《野望》诗："纳纳乾坤大，行行郡国遥。""郡国"当指长沙国，即唐代潭州治所。诗中另有"野树侵江阔,春蒲长雪消",时间、地点与前后诗一致,姑系于此。

《入乔口》《铜官渚守风》《北风》,《入乔口》原注:"长沙北界。"乔口即今乔口镇,属望城。诗中有句:"残年傍去声水国,落日对春华。树蜜早蜂乱,江泥轻燕斜。"时间当在二月。《铜官渚守风》,《杜诗详注》卷二二引"赵注:潭州长沙,有铜官山,云是楚铸钱处"。按:今长沙望城县铜官镇,有铜官山,传为楚铸钱处,与乔口相距约三十公里,铜官渚当在铜官镇段湘江中。诗中有句:"水耕先浸草,春火更烧山。"《北风》原注:"新康江口,信宿方行。"按:今望城县有新康乡,地处沩水与湘水交汇处,在铜官镇南约十八公里处,杜诗中的新康江当为沩水下游,诗作于新康乡无疑。诗中有句:"春生南国瘴,气待北风苏。"与前两诗时间一致。

杜甫入长沙后,拜访潭州刺史阳济,又游岳麓山道林二寺,有诗。

《杜诗详注》卷二二杜甫《岳麓山道林二寺行》:"潭府邑中甚淳古,太守庭内不喧呼。"《千唐志·唐故鸿胪少卿贬明州司马北平阳府君墓志铭并序》:"后太尉表公为密州刺史……加御史中丞,出为潭州刺史,转衡州刺史。"阳济大历年间任衡州刺史在韦之晋后,韦大历四年四月后为潭州刺史,则阳济任潭州刺史在韦前。诗中另言"暮年且喜经行近,春日兼蒙暄暖扶。飘然斑白身奚适,傍此烟霞茅可诛"。又《方舆胜览》卷二三载:"(道林寺)在岳麓山下,距善化县八里。"《续岳麓志》云:"明正德四年,守道吴世忠毁之,寺遂废。国朝顺治十五年,僧果如重建寺于岳麓峰之北,即今道林。"按:大历五年春杜甫在潭州,然时已定居江阁,而此时诗人仍有漂泊感,故当作于大历四年春。

又《奉送韦中丞之晋赴湖南》,《详注》以为作于衡州,实误。

《元和郡县图志》卷二九载："（道州大历县）本汉石城，至德二年刺史宋若思奏置，因年号为名。"又《旧唐书·代宗纪》："（大历四年二月）辛酉，以湖南都团练观察使、衡州刺史韦之晋为潭州刺史，因是徙湖南军于潭州。"韦为衡州刺史时，已在湖南观察使任，如杜甫在衡州送韦，不得说奉送韦中丞之晋赴湖南。又诗中言"湖南安背水，峡内忆行春"。《哭韦大夫之晋》："鹏鸟长沙讳，犀牛蜀郡怜。"则《奉送韦中丞之晋赴湖南》作于杜甫在夔州送韦自四川赴湖南，而非自衡州赴潭州。

二月，以湖南都团练观察使、衡州刺史韦之晋为潭州刺史，因是徙湖南军于潭州。然杜甫尚未获悉，故稍后仍有衡州之行。

本月，杜甫自潭州往衡州，于湘江中遇盗贼，幸脱，沿途有诗：《南征》《发潭州》《次空灵岸》《宿花石戍》《宿凿石浦》《过津口》《早行》《早发》《次晚洲》《双枫浦》《咏怀二首》《望岳》都作于南征途中，以上诗均见于《杜诗详注》卷二二，但次序不同。

《发潭州》，《杜诗详注》卷二二引鹤注："此四年春自潭之衡时作。"诗言"夜醉长沙酒，晓行湘水春"，当为始发潭州时作。

《南征》，诗中有句"春岸桃花水，云帆枫树林"，当作于《发潭州》前后。

《双枫浦》，《方舆胜览》卷二三："青枫浦，在浏阳县。"按：据今人考证，古双枫浦遗址就是现在浏阳市南市街的浦梓港。明嘉靖间修撰的《浏阳县志·名胜篇》、清嘉庆《浏阳县志》都记载有"双枫浦"。杜甫诗中有句："辍棹青枫浦，双枫旧已摧。"杜甫此次南下乃乘船，然自长沙沿浏阳河至浦梓港约七十七公里，该地偏离了杜甫南下的路线，故双枫浦不应指浏阳之双枫浦。杜甫另有《归梦》："雨急青枫暮，云深黑水遥。"青枫浦应在湘水边上。张九龄《初入湘中有喜》："两边枫作岸，数处橘为洲。"齐己《游橘洲》："此时寻橘岸，昨日在城楼。鹭立青枫杪，沙沉白浪头。"唐诗中橘洲多指橘子洲，如杜甫《岳麓山道林二寺行》："桃源人家易制度，橘洲田土仍膏腴。"刘禹锡《唐侍御寄游道林岳麓二寺诗，并沈中丞姚员外所和，见征继作》："橘洲泛浮金实动，水郭缭绕朱楼鶱。"另高适《送李少府贬峡中，王少府贬长沙》："青枫江上秋天远，白帝城边古木疏。"《而庵说唐诗》："青枫江在长沙，白帝城在峡中。"湘江流经长沙一段亦名青枫江，故双枫浦（青枫浦）当在今橘子洲附近。

《归梦》："雨急青枫暮，云深黑水遥。"应与上诗作于同一地点。

《次晚洲》，《杜臆》曰："洲在湘潭。"按：《元和郡县图志》卷二九："湘潭县，紧。东北至州一百四里，陆路一百二十里。本汉湘南县地，吴分立衡阳县，晋惠帝更名衡山，历代并属衡阳郡，隋改属潭州。天宝八年改名湘潭。"《旧唐书·地理三》："湘潭。后汉湘南县地，属长沙郡。吴分湘南立衡阳县，属衡阳郡。隋废郡，县属潭州。天宝八年，移治于洛口，因改为湘潭县。"

《宿凿石浦》，《全唐诗》卷二二三该诗下有注："浦在湘潭县西。"按：今株洲市天元区有凿石村，在渌口镇北约二十公里，临湘水，杜甫诗中的凿石浦当在此附近。又诗言"早宿宾从劳，仲春江山丽"，可知诗作于大历四年二月。

《早行》，《宿凿石浦》中言："早宿宾从劳，仲春江山丽。""早宿"与"早行"对应，《杜集》中也列于《宿凿石浦》后，现姑系于此。

《过津口》，按：津口在今株洲市株洲县渌口镇附近，诗言"南岳自兹近，湘流东逝深。和风引桂楫，春日涨云岑"，诗歌作于春日。

《次空灵岸》，《杜诗详注》卷二二注引："《水经注》：湘水县北有空舲峡，惊浪雷奔，濬同三峡。《十道四蕃志》：湘水有空舲滩。《一统志》：空舲岸，在湘潭县西一百六十里。"按：今株洲市株洲县伞铺乡有盘石村空灵岸，又有空灵寺庙，濒临湘水，当是杜诗所指地。

《宿花石戍》,《杜诗详注》卷二二引《唐书》:"潭州长沙,有渌口、花石二戍。"按:今湘潭市湘潭县有花石镇,然远离湘水,不应是杜诗所指地;又距空灵岸约三十五公里处有花石村,临湘水,距渌口四十五公里,是杜甫南下衡州必经之地。该诗中言"午辞空灵岑,夕得花石戍",故花石戍当在花石村附近。

《早发》,诗中有句:"随意簪葛巾,仰惭林花盛。"时间当在二月底或三月初,集中因列《宿花石戍》后,在时间上也颇一致,姑系于此。又《早发》:"侧闻夜来寇,幸喜囊中净。"杜甫虽遇盗,但幸运逃脱。

三月三日,杜甫在之衡途中。清明节,杜甫有感于怀,作《清明二首》,稍后又有《咏怀二首》《望岳》等诗。

《清明二首》曰:"不见定王城旧处,长怀贾傅井依然。"《善化县志》载:"定王台,在浏阳门内。汉景帝子定王发分藩长沙,筑台望母……俗传定王载土长安,筑台于此。"北魏郦道元《水经注》记载:"湘西廨西侃庙,云旧是贾谊宅,地中有一井,是谊所凿,上敛下大,其状如壶。""定王城""贾傅井"均在长沙。诗中有"朝来新火起新烟,湖色春光净客船",当作于离开长沙后不久。

《咏怀二首》中有句:"风涛上春沙,千里侵江树。逆行值吉日,时节空复度。"又曰:"南为祝融客,勉强亲杖屦。"故系于《望岳》前。

《望岳》曰:"南岳配朱鸟,秩礼自百王。"《元和郡县图志》:"衡山,南岳也,一名岣嵝山,在县西三十里。《南岳记》曰:'衡山者,朱阳之灵台,太虚之宝洞。'……衡岳庙,在县西三十里。"

大历四年三月,杜甫在衡期间作有《衡州送李大夫七丈勉赴广州》《酬郭十五受判官》《湘江宴饯裴二端公赴道州》等诗。以上诗均见于《杜诗详注》卷二二,但次序不同。

《衡州送李大夫七丈勉赴广州》,《旧唐书·李勉传》:"大历二年,

来朝，拜京兆尹、兼御史大夫……四年，除广州刺史，兼岭南节度观察使。……十年，拜工部尚书。"同书《代宗纪》："（大历三年十月）乙未，以京兆尹李勉为广州刺史，充岭南节度使。……（七年十一月）辛卯，以岭南节度李勉为工部尚书。"按：此诗《镜铨》称作于大历四年春，《详注》定为作于大历三年冬，皆源于《旧唐书》李勉为广州刺史之异说。然该诗标题中即言明"衡州送"，当作于衡州无疑。又诗中有句："北风随爽气，南斗避文星。""日月笼中鸟，乾坤水上萍。"爽气即"凉爽之气"，北风带来的是凉爽之气，则时间当在三月或稍后，则李勉本传"四年，除广州刺史，兼岭南节度观察使"可信也。

《酬郭十五受判官》，《杜诗详注》卷二二引《唐诗纪事》："郭受，大历间为衡阳判官。"此诗当作于杜甫在衡州时，时杜甫有离衡阳之意。郭受有和诗《寄杜员外》，诗中有句："春兴不知凡几首，衡阳纸价顿能高。"则杜甫尚在衡阳。又《酬郭十五受判官》："才微岁晚尚虚名，卧病江湖春又生。"又有"乔口橘洲风浪促，惊帆何惜片时程"。杜甫寓湘期间春在衡阳仅大历四年，诗中另有"风浪促"，则是暮春时景象。当杜甫抵衡阳时，韦之晋已之潭州，郭为其判官，故当在此前后亦往潭州，故言"乔口橘洲风浪促，系帆何惜片时程"。当是送郭受往潭州时作。但诗中仍有不解处，诗中言及"乔口"，然乔口在长沙北界，由衡之潭不经过乔口，则郭受所往之地抑或在长沙以北之地区。

《湘江宴饯裴二端公赴道州》，《详注》引："朱注：浯溪观唐贤题名：河东裴虬，字深源，大历四年为著作郎，兼侍御史、道州刺史。"《旧唐书·代宗纪》："（大历五年）夏四月庚子，湖南都团练使崔瓘为其兵马使臧玠所杀，玠据潭州为乱。澧州刺史杨子琳、道州刺史裴虬、衡州刺史杨济出军讨玠。"则大历四年至五年裴虬在道州刺史任。

吕温《湖南都团练副使厅壁记》："由是部分荆、衡，复古南镇……始则裴谏议虬，以逸材奇略，傲视而静荒寇。"按：大历四年二月，徙湖南军（衡州）于潭州。裴虬则由侍御史团练副使右迁为道州刺史，而韦之晋则为潭州刺史。杜甫此次之衡，虽未与韦之晋相遇，却参与了送裴虬之道州的宴会，诗中有句"群公饯南伯，肃肃秩初筵"。道州在衡州南，故曰南伯。此诗当作于大历四年三月或稍后。

夏，韦之晋卒于潭州，时杜甫在衡州，有诗哭之。同年夏，杜甫沿湘水下之潭州，投奔时在湖南任职的内弟崔漪及十四弟卢岳。

《杜诗详注》卷二二杜甫有《哭韦大夫之晋》。《旧唐书·代宗纪》："（大历四年二月）辛酉，以湖南都团练观察使、衡州刺史韦之晋为潭州刺史，因是徙湖南军于潭州。"同卷"（大历四年）秋七月己巳，以澧州刺史崔瓘为潭州刺史、湖南都团练观察使。"则韦之晋卒于大历四年夏。又诗中有"南过骇仓卒，北思悄联绵"。衡州在潭州北，故曰"北思"，《详注》以为作于衡州。

同卷有《江阁卧病走笔寄呈崔、卢两侍御》：杜甫另有诗《别崔潩，因寄薛据、孟云卿》，诗自注："内弟潩，赴湖南幕职。"（同书卷一八）又有《送卢十四弟侍御护韦尚书灵榇归上都二十四韵》（同书卷二三），《详注》："公之祖母卢氏，十四其表弟也。"《江阁卧病走笔寄呈崔、卢两侍御》中写道："衰年病祗瘦，长夏想为情。"又有："溜匙兼暖腹，谁欲致杯罂？"《镜铨》引顾注："溜匙总承饭羹，乃己所自有，暖腹指酒兼致杯罂，则有望于两侍御也。"杜甫何以自衡州之潭州由此可知。大历五年四月，潭州发生臧玠之乱，则此诗作于大历四年夏。[①]

---

① 七月，以澧州刺史崔瓘为潭州刺史、湖南都团练观察使（769—770）。早秋，韦迢出牧韶州，杜甫时在潭州，有诗相送，韦亦有留别之作。后韦迢至湘潭，有诗再寄杜甫，杜有和作。

《杜诗详注》卷二二杜甫有《潭州送韦员外（迢）牧韶州》。《全唐文》卷五六五韩愈《监察御史元君（稹）妻京兆韦氏夫人墓志铭》："夫人讳丛，字茂之，姓韦氏。……大王父迢，以都官郎为岭南军司马，卒赠同州刺史。"《旧唐书·韦夏卿传》："父迢，检校都官郎中、岭南节度行军司马。"《元和姓纂》卷二"京兆诸房韦氏"："迢，韶州刺史。"诗中有句："白首多年疾，秋天昨夜凉。"《详注》引鹤注："当是大历四年秋作。"韦亦有《潭州留别杜员外院长》："地湿愁飞鹏，天炎畏跕鸢。"则杜诗作于早秋无疑。

同卷杜甫有《酬韦韶州见寄》。杜诗中有句："深惭长者辙，重得故人书。""故人书"也即韦邵的《早发湘潭寄杜员外院长》，诗曰："北风昨夜雨，江上早来凉。楚岫千峰翠，湘潭一叶黄。"亦当写早秋时节。又杜集中有《楼上》《远游》诗，《详注》列其于《酬韦韶州见寄》后，此二诗创作时间不定，乃依蔡氏编次而定，姑且从之。但《楼上》虽有句："皇舆三极北，身事五湖南。"结句却是："乱离难自救，终是老湘潭。"诗中言及离乱，又言及湘潭，或是因臧玠之乱离潭州后至湘潭时作。

本月，戎昱在湖南，有诗上崔瓘，诗见《全唐诗》卷二七〇《上湖南崔中丞》，然未与杜甫有交往。

八月五日，杜甫在潭州，逢明皇千秋节，有感罢节，赋诗二首。

《全唐文》卷二二三张说有《请八月五日为千秋节表》："臣等不胜大愿，请以八月五日为千秋节，著之甲令，布于天下，咸令宴乐，休假三日。"同书卷三〇元宗《答百寮请以八月五日为千秋节手诏》："八月五日，当朕生辰，感先圣之庆灵，荷皇天之眷命。卿等请为令节，上献嘉名。……依卿来请，宣付所司。"按：《全唐诗》卷二三三杜甫《千秋节有感二首》下有后人注："八月二日为明皇千秋节。"《详注》引《旧唐书·玄宗纪》以八月十五日为千秋节，皆误。诗曰：

"自罢千秋节,频伤八月来。先朝常宴会,壮观去声已尘埃。"则其时千秋节已罢。

九月,杜甫在潭州,生活日渐安定,多有送别、交友、怀人之作。

《杜诗详注》卷二二杜甫《奉赠卢五丈参谋琚》《惜别行送刘仆射判官》《重送刘十弟判官》;同书卷二三杜甫《湖中送敬十使君适广陵》《晚秋长沙蔡五侍御饮筵,送殷六参军归澧觐省》《送卢十四弟侍御护韦尚书灵榇归上都二十四韵》《苏大侍御访江浦,赋八韵记异》《暮秋枉裴道州手札,率尔遣兴,寄递呈苏涣侍御》《奉赠李八丈曛判官》等诗均作此前后。

《奉赠卢五丈参谋琚》,诗有原注:"时丈人使自江陵,在长沙待恩旨,先支率钱米。"卢五即卢琚,时为荆南节度观察处置使参谋。出使潭州乃为钱米事,卢视潭州百姓艰难,为之请支给本郡,杜作此诗以赞。诗中有句:"客星空伴使,寒水不成潮。"当作于大历四年深秋。

《惜别行送刘仆射判官》,诗中有句:"梁公富贵于身疏,号令明白人安居。"《详注》以为梁公指梁崇义,大历年间曾为山南东道节度使,刘为其判官,其至潭州是"南行市骏马",诗中有句"强梳白发提胡卢,手把菊花路旁摘。九州兵革浩茫茫,三叹聚散临重阳",则此诗作于邻近重阳时。杜甫另有《重送刘十弟判官》,亦当作此稍后。

《湖中送敬十使君适广陵》,《详注》卷二三杜甫《追酬故高蜀州人日见寄并序》:"今海内忘形故人,独汉中王瑀与昭州敬使君超先在,爱而不见,情见乎辞。大历五年正月二十一日却追酬高公此作,因寄王及敬弟。"旧注以为敬十使君为敬超先。敬十使君大历四年秋尚在由湖南之广陵途中。《新唐书》卷四一载扬州广陵郡属淮南道。

又诗结句"淮海莫蹉跎"表敬十使君刺广陵之意甚明。然大历五年正月敬在昭州（今广西），时间上甚矛盾。则敬十使君未必为敬超先。诗中有句"秋晚岳增翠，风高湖涌波"，岳当指岳麓山，诗点明"秋晚"，应是大历四年秋作。

《晚秋长沙蔡五侍御饮筵，送殷六参军归澧觐省》，蔡五侍御、殷六参军暂无可考，诗中有句："高鸟黄云暮，寒蝉碧树秋。"可知当作于大历四年晚秋，标题即是注解。《详注》以为作于大历四年冬，乃把"湖南冬不雪"的设想之词当成了现实。

《送卢十四弟侍御护韦尚书灵榇归上都二十四韵》，《详注》引鹤注："公之祖母卢氏，十四其表弟也。"杜甫另有诗《江阁卧病走笔寄呈崔、卢两侍御》，卢侍御与卢十四弟当为同一人。《全唐文》卷七八四穆员《陕虢观察使卢公墓志铭》："府君讳岳，字周翰……以大理评事兼监察御史始佐湖南观察之政。前帅韦之晋倚之以清，后帅辛京杲藉之以立。"诗中有句"清霜洞庭叶，故就别时飞"，当作于深秋季节。

《苏大侍御访江浦，赋八韵记异》，诗序言："苏大侍御涣，静者也，旅于江侧。"《中兴间气集》："苏涣累迁至侍御史，佐湖南幕府。崔中丞瓘遇害，涣遂逾扇动。"《新唐书·艺文四》："涣少喜剽盗，善用白弩，巴蜀商人苦之，号白跖，以比庄跻。后折节读书，进士及第。湖南崔瓘辟从事，瓘遇害，涣走交广，与哥舒晃反，伏诛。"诗中有句："百灵未敢散，风破寒江迟。"当作于暮秋季节。又杜甫另有《暮秋枉裴道州手札，率尔遣兴，寄递呈苏涣侍御》，杜甫曾有《湘江宴饯裴二端公赴道州》，裴道州即裴虬。《详注》："朱注：浯溪观唐贤题名：河东裴虬，字深源，大历四年为著作郎，兼侍御史、道州刺史。"该诗标题即点明"暮秋"，又有句"鸟雀苦肥秋粟菽，蛟龙欲蛰寒沙水"。当与前诗所作时间相近。

《奉赠李八丈曛判官》，李曛，大历四年为湖南幕府判官，诗中有句:"秋枯洞庭石,风飒长沙柳。"应作于深秋季节。

又以下诗作于大历四年秋杜甫居江阁时。

《杜诗详注》卷二三杜甫有《别张十三建封》。《旧唐书·张建封传》:"大历初,道州刺史裴虬荐建封于观察使韦之晋,辟为参谋,奏授左清道兵曹,不乐吏役而去。"《新唐书·张建封传》:"湖南观察使韦之晋辟署参谋,授左清道兵曹参军,不乐职,辄去。"诗中有句"相逢长沙亭,乍问绪业余""主忧急盗贼,师老荒京都。旧丘岂税驾,大厦倾宜扶",又有"虽当霰雪严,未觉栝柏枯。高议在云台,嘶鸣望天衢",诗应作于大历四年冬张建封自潭返京之际。

大历四年冬,杜甫寓居江阁,与亲友多交游唱和之作。

《杜诗详注》卷二三杜甫《舟中夜雪,有怀卢十四侍御弟》《对雪》《冬晚送长孙渐舍人归州》《暮冬送苏四郎徯兵曹适桂州》《奉送魏六丈佑少府之交广》等诗皆作于此时。

《舟中夜雪,有怀卢十四侍御弟》,"卢十四侍御弟"即卢岳,见《江阁卧病走笔寄呈崔、卢两侍御》。诗中有句"朔风吹桂水,大雪夜纷纷",桂水,即湘水,杜诗中多用桂水指代湘水,因其通过灵渠与湘水沟通,故云。如杜甫《咏怀二首》:"飘飘桂水游,怅望苍梧暮。"(《详注》卷二二)卢岳大历四年秋护韦之晋灵榇归上都,"大雪夜纷纷"乃冬景,杜甫大历五年冬卒,则此诗当作于大历四年冬。

《对雪》,诗中有句:"北雪犯长沙,胡云冷万家。"当是大历四年冬居江阁所作。

《冬晚送长孙渐舍人归州》,长孙渐,正史无载,浦起龙以为归州非峡外之归州,归字下疑有脱字。诗言:"参卿休坐幄,荡子不还乡。南客潇湘外,西戎鄠杜旁。"则长孙渐所去之地为长安附近州府。旧注以为"西戎鄠杜旁"指吐蕃入寇京师,实则指长孙渐将从军,诗中有句"匣里雌雄剑,吹毛任选将",可以证明。

《暮冬送苏四郎溪兵曹适桂州》，杜甫与苏溪交往深厚，杜甫有《君不见，简苏溪》《赠苏四溪》《别苏溪》等与之唱和。《别苏溪》下有自注："赴湖南幕"，戴伟华疑其为崔瓘幕，然诗中提及"南岳据江湖"，当为韦之晋幕。后韦之晋卒，遂入崔瓘幕，则《暮冬送苏四郎溪兵曹适桂州》当作于大历四年十二月。

《奉送魏六丈佑少府之交广》，魏佑，郑国公魏徵四世孙，诗中有句"解帆岁云暮，可与春风归""南游炎海甸，浩荡从此辞"，当作于岁末。黄鹤系此诗于大历三年岳州诗中，然其时杜甫尚在南征途中，与魏佑同向而行，其诗若作于三年，必引发自身共鸣，诗中只言及魏佑之交广，则当为寓居江阁时所作，当为大历四年岁暮作。

又《客从》《白凫行》《朱凤行》等篇，《镜铨》和《详注》都列入大历四年诗歌中。

《杜诗详注》卷二三杜甫有《客从》。《新唐书·代宗纪》："（大历四年）三月，遣御史税商钱。"《详注》以为："诗故托珠以讽，见征敛及于商贾也。"诗中有句："开视化为血，哀今征敛无。"仇故系此诗于大历四年，今从之。

《白凫行》，《镜铨》和《详注》都列入大历四年诗歌中，然从该诗内容无法断定作于大历四年，今暂从之。

《朱凤行》，诗中有句："君不见潇湘之山衡山高，山巅朱凤声嗷嗷。"大历四年、大历五年杜甫往返于潭州与衡州之间，此诗亦当作于此期间。

约本年，戴叔伦出为转运府湖南留后，兼监察御史里行。

《桂阳北岭偶过野人所居，聊书即事，呈王永州邕李道州圻》约作于此时。然二人未与杜甫有交游。

770 年（庚戌）

大历五年

正月，杜甫在潭州，寓居江阁，有诗追酬高适任蜀州刺史时所寄诗。

《杜诗详注》卷二三杜甫有《追酬故高蜀州人日见寄并序》。诗序云："开文书帙中，检所遗忘，因得故高常侍适往居在成都时高任蜀州刺史《人日相忆》见寄诗……大历五年正月二十一日却追酬高公此作，因寄王及敬弟。"按：上元元年人日，高适作《人日寄杜二拾遗》（《杜诗详注》卷二三杜诗后附此诗），永泰元年（765）正月，高适卒。故杜甫此诗乃追酬高适诗作，诗中有句"潇湘水国傍鼋鼍，鄂杜秋天失雕鹗"。杜作此诗后，又寄汉中王瑀与昭州敬超先。

二月，杜甫在潭州，社日，有燕子飞入舟中，有感赋诗。

《杜诗详注》卷二三杜甫有《燕子来舟中作》。诗中有句："湖南为客动经春，燕子衔泥两度新。"杜甫大历四年春进入湖湘，如今已两年，故诗中说"燕子衔泥两度新"。诗中又有句："旧入故园尝识主，如今社日远看人。"社日，一般在立春后第五个戊日。在二月初二前后，故系此诗于此。

三月，杜甫在长沙，寓居江阁，有诗作。又李龟年流落至江南，杜甫有诗赠之。

《杜诗详注》卷二三杜甫《小寒食舟中作》《清明》《风雨看舟前落花，戏为新句》《奉酬寇十侍御锡见寄四韵，复寄寇》《江南逢李龟年》等诗当作此前后。

《小寒食舟中作》：《详注》以为是寒食次日。《荆楚岁时记》曰冬至后一百五日为寒食。据历在清明前二日，则小寒食在清明前一日。诗中有句"春水船如天上坐，老年花似雾中看。娟娟戏蝶过闲幔，片片轻鸥下急湍"。与下首《清明》节候一致，当同作于大历五年春。

《清明》，《日知录》："加十五日指卯中绳，故曰春分，则雷行；

加十五日指乙，则清明，风至。"《历书》："春分后十五日，斗指丁，为清明，时万物皆洁齐而清明，盖时当气清景明，万物皆显，因此得名。"时间约在每年三月一日前后。杜甫于此日渡江游湘西寺。诗中有句："著处繁华矜是日，长沙千人万人出。渡头翠柳艳明眉，争道朱蹄骄啮膝。"又有："此都好游湘西寺，诸将亦自军中至。"湘西寺，《全唐诗》卷三五六刘禹锡《唐侍御寄游道林岳麓二寺诗，并沈中丞姚员外所和，见征继作》："湘西古刹双蹲蹲，群峰朝拱如骏奔。"则湘西寺指道林、岳麓二寺，因在湘水西岸，故称。

《风雨看舟前落花，戏为新句》：此诗《镜铨》和《详注》皆列入大历五年春诗歌中。然综观全诗，未有诗句显示为大历五年作。又《全唐诗》中，此诗后为《岳麓山道林二寺行》，该诗抑或作于大历四年春，现姑系于此。

《奉酬寇十侍御锡见寄四韵，复寄寇》，《千唐志斋藏志》卷九三七《有唐朝议郎守尚书工部郎中寇公墓志铭》："上谷寇锡……复以才能授高安令，俄转大理司直，擢为监察御史，风宪克举。受口命监岭南选事，藻鉴唯精，迁殿中侍御史。累迁尚书膳部员外郎、工部郎中。"诗中"南瞻按百越，黄帽待君偏"当指受口命监岭南选事。又诗中有句"来簪御府笔，故泊洞庭船"，诗必作于湖南。又"诗忆伤心处，春深把臂前"，则当作于春三月。杜甫大历四、五年春均在湖湘，从诗在杜集中序列看，当作于大历五年三月。

《江南逢李龟年》：诗标题曰"江南"，则必进入湖湘时作。《明皇杂录》："其后龟年流落江南，每遇良辰胜赏，为人歌数阕，座中闻之，莫不掩泣罢酒。则杜甫尝赠诗所谓：'岐王宅里寻常见，崔九堂前几度闻。正值江南好风景，落花时节又逢君。'"《云溪友议》："明皇幸岷山，百官皆窜辱，积尸满中原，士族随车驾也。李龟年奔迫江潭，杜甫以诗赠之。"大历四年暮春，杜甫尚在衡州，大历五年暮春在潭州,故系于此时。

另《杜诗详注》卷二三杜甫中另有《奉赠萧十二使君》《奉送二十三舅录事之摄郴州》《送魏二十四司直充岭南掌选崔郎中判官,兼寄韦韶州》《送赵十七明府之县》《同豆卢峰贻主客李员外贤子棐知字韵》《归雁二首》《送重表侄王砅评事使南海》等诗作于大历五年春。

《奉赠萧十二使君》:萧十二使君或为萧定,大历年间为袁州刺史。《全唐诗》卷二三三该诗有原注曰:"严再领成都,余复参幕府。"又曰:"严公殁后,老母在堂,使君温清之问,甘脆之礼,名数若己之庭闱焉。太夫人顷逝,丧事又首诸孙主典,抚孤之情,不减骨肉,则胶漆之契可知矣。"则萧十二使君与杜甫为旧交。诗中有"停骖双阙早,回雁五湖春"。当作于春。《旧唐书·萧定传》:"回改万年主簿,累迁侍御史、考功员外郎、左右司二郎中。"从诗意看,萧十二使君曾为郎官,与《旧唐书》所载接近。《详注》列在大历五年春诗中,今从之。

《奉送二十三舅录事之摄郴州》:《全唐诗》卷二三三该诗下有注:"二十三舅录事,崔伟。"崔伟之摄郴州乃指任郴州刺史,非为郴州录事,唐代地方监察制度,包括巡察使的监督和录事参军的监督两部分,不负责地方军政。杜甫在《入衡州》诗中写道"诸舅剖符近",则崔以录事参军身份摄郴州刺史甚明。诗中有句"气春江上别,泪血渭阳情",当作于大历五年春,如言大历四年春,则甫与之俱往也。

《送魏二十四司直充岭南掌选崔郎中判官,兼寄韦韶州》:大历四年秋,韦迢出牧韶州,杜甫作《潭州送韦员外牧韶州》《酬韦韶州见寄》等诗,韦亦作《潭州留别杜员外院长》留别。又该诗中有句"故人湖外少,春日岭南长",当作于大历五年春无疑。"魏二十四司直"正史不载,名未详,此次出使岭南,乃监察南选。

《送赵十七明府之县》:诗中有句"山雉迎舟楫,江花报邑人。论交翻恨晚，卧病却愁春。"当作于春。又"惠爱南翁悦，余波及老身"，赵之为官，当在潭衡之间。黄鹤编入大历五年春诗歌中，今从之。

《同豆卢峰贻主客李员外贤子棐知字韵》：《全唐文》卷五三一武元衡《刘商郎中集序》："有若太原王绪、河东裴茂、茂弟荐、河南豆卢峰、冯翊严绅、绅弟绶及余伯舅泊于子夏，咸以儒业相资，冠青群族，雄词丽句，遍在人间。"该诗未言及时节，亦无湖湘名物，各家皆列于大历五年春诗中，然不知所据，姑存疑。

《归雁二首》：其一："万里衡阳雁，今年又北归。"衡阳有回雁峰，旧传大雁飞不过此，遇春而回。杜甫大历三年冬入湖湘，如今经历两春，故曰"又北飞"。其二："塞北春阴暮，江南日色薰。"亦作于春天，故此二诗皆大历五年春于潭州作，盖杜甫见雁而思乡，故感而作此。

《送重表侄王砅评事使南海》：此诗是送重表侄王砅使广州诗作，广州，唐时为南海郡。诗中有句："番禺亲贤领，筹运神功操。大夫出卢宋，宝贝休脂膏。洞主降接武，海胡舶千艘。"《旧唐书·李勉传》："大历二年，来朝，拜京兆尹、兼御史大夫……四年，除广州刺史，兼岭南节度观察使。"杜甫另有诗《衡州送李大夫七丈勉赴广州》作于大历四年三月或稍后，其时李勉尚在衡州，《送重表侄王砅评事使南海》有句："水花笑白首，春草随青袍。"则应作于大历五年春。

《幽人》（存疑）：《镜铨》以为作于大历四年冬，《详注》以为居湖南作。然考诗之内容，不类杜甫湖湘作品，诗主要写游仙之乐，又诗中有句："往与惠询辈，中年沧洲期。"则此诗或中年时作。诗末"五湖复浩荡，岁暮有余悲。"五湖未必指湖南，乃隐居之所代称。《镜铨》《详注》以为作于湖南，皆源于此句。

杜集中另有《地隅》《江汉》两篇，《详注》皆编入湖南诗内，此二诗中有句"江汉山重阻，风云地一隅"。"江汉思归客，乾坤一腐儒。"大历四年，杜甫居江阁，未有回归打算，大历五年，杜甫思归，然其目的地是周秦，而非江汉。此二诗当为大历三年杜甫出峡时作，时杜甫以江陵为目的地，江陵地处江汉之间，故诗中多次提及江汉。又考诗中名物，皆无湖湘特色，故此二诗一当作于出峡时，一当作于抵江陵后。

夏四月，庚子，湖南都团练使崔瓘为其兵马使臧玠所杀，玠据潭州为乱。杜甫时居江阁，有诗作。癸未，以左羽林大将军辛京杲为湖南观察使。其后，杜甫欲逃难至郴州，过耒阳至方田后回棹，沿途有诗作。

《杜诗详注》卷二三杜甫《江阁对雨，有怀行营裴二端公》《逃难》《蚕谷行》《入衡州》《题衡山县文宣王庙新学堂，呈陆宰》《聂耒阳以仆阻水，书致酒肉，疗饥荒江，诗得代怀，兴尽本韵，至县，呈聂令。陆路去方田驿四十里，舟行一日，时属江涨，泊于方田》《回棹》《舟中苦热遣怀，奉呈阳中丞通简台省诸公》《白马》等诗作于此期间。

《江阁对雨，有怀行营裴二端公》：《旧唐书·崔瓘传》："大历五年四月，会月给粮储，兵马使臧玠与判官达奚觊忿争，觊曰：'今幸无事。'玠曰：'有事何逃？'厉色而去。是夜，玠遂构乱，犯州城，以杀达奚觊为名。瓘惶遽走，逢玠兵至，遂遇害。"诗中有句"雨来铜柱北，应洗伏波军"，用东汉光武帝时伏波将军的典故，《后汉书·马援传》："又交阯女子征侧及女弟征贰反……（光武）十八年春，军至浪泊上，与贼战，破之，斩首数千级，降者万余人。援追征侧等至禁溪，数败之，贼遂散走。"《后汉书·五行六》："（光武二十五年）其冬十月，以武溪蛮夷为寇害，伏波将军马援将兵击之。""伏波军"当指裴虬军。《旧唐书·代宗纪》："夏四月庚子，湖南都团练使崔瓘

为其兵马使臧玠所杀,玠据潭州为乱。澧州刺史杨子琳、道州刺史裴虬、衡州刺史杨济出军讨玠。"旧注以为,裴虬参与讨伐臧玠,故有行营。臧玠之乱发生在大历五年四月,而此时杜甫尚未离开江阁之衡,故当作于臧玠之乱稍后。

《逃难》:诗中有句"五十白头翁,南北逃世难",大历五年,杜甫已五十八岁,诗中言"五十"当是虚指,后人据此以为伪诗,未必。诗中另有"归路从此迷,涕尽湘江岸",当作于自潭州逃难至衡州途中。

《蚕谷行》,《详注》以为作于大历四年,以大历四年岭南多战乱故。该诗中有句:"天下郡国向万城,无有一城无甲兵。"而大历四年,湖湘地区相对安定。大历五年,湖湘爆发臧玠之乱,湖南陷入兵火之中,杜甫因此疲于奔命。故系此诗于大历五年。

《入衡州》:诗当作于大历五年四月自潭州逃难入衡州时。诗中有句:"元恶迷是似,聚谋洩康庄。竟流帐下血,大降湖南殃。烈火发中夜,高烟燋上苍。至今分粟帛,杀气吹沅湘。"当是言臧玠之乱。又有"销魂避飞镝,累足穿豺狼。隐忍枳棘刺,迁延胝研疮",写逃难之苦。又有"问罪富形势,凯歌悬否臧。氛埃期必扫,蚊蚋焉能当",言及澧州杨子琳、道州裴虬、衡州阳济各举兵讨臧玠事。又有"诸舅剖符近,开缄书札光。频繁命屡及,磊落字百行",时杜甫妻舅崔伟摄郴州,以书召之,甫将往依。崔伟,见大历五年春杜甫《奉送二十三舅录事之摄郴州》诗。

《题衡山县文宣王庙新学堂,呈陆宰》:大历五年夏杜甫逃难至衡山县作。诗中有句:"有井朱夏时,辘轳冻阶陁。"当作于夏天,又诗中言及"何必三千徒,始压戎马气""耳闻读书声,杀伐灾仿佛",当指本年四月臧玠之乱。诗人有感安史之乱后战乱频发,希以文德弭之。

《聂耒阳以仆阻水,书致酒肉,疗饥荒江,诗得代怀,兴尽本韵,至县，呈聂令。陆路去方田驿四十里，舟行一日，时属江涨，泊于方田》：杜甫之郴州，正值盛夏，为湘水及其支流涨水季节。又郴水发源于郴州市北湖区，在苏仙区注入耒水，《元和郡县图志》卷二九："郴水，经（郴）县东一里。"杜甫自衡州之郴州，乃沿湘水进入耒水，希冀进入郴水。诗言"方行郴岸静，未话长沙扰"，郴岸即指耒水。杜甫至方田后为水所阻，泊于方田。时耒阳县令聂某书致酒肉，疗杜甫饥于荒江。诗中"知我碍湍涛，半旬获浩溔""礼过宰肥羊，愁当置清醑"即指此事，又此诗末尾四句"崔师乞已至，澧卒用矜少。问罪消息真，开颜憩亭沼"，《全唐诗》卷二二三此处有原注，曰："闻崔侍御漂乞师于洪府，师已至袁州北，杨中丞琳问罪将士，自澧上达长沙矣。"按：《舟中苦热遣怀，奉呈阳中丞通简台省诸公》："始谋谁其间，回首增愤惋。"指臧玠之乱，澧州刺史杨子琳讨之，取赂而还事，此诗又言及"问罪消息真，开颜憩亭沼"，则《舟中苦热遣怀，奉呈阳中丞通简台省诸公》作于此诗后甚明。

《回棹》：诗中有句"衡岳江湖大，蒸池疫疠偏""篙师烦尔送，朱夏及寒泉"，当作于大历五年夏。按：杜甫以臧玠之乱南奔郴州妻舅崔伟，至方田时江水上涨，不少学者以此认为这是杜甫回棹原因。然自方田至郴州，不过两百里。即使水路不通，陆路也仅需数天时间。而此时，潭州臧玠之乱仍在持续，杜甫断不会因此而回棹。杜甫急于回棹，从诗意看，与健康因素相关。《回棹》诗中，"衡岳江湖大，蒸池疫疠偏""巾拂那关眼，瓶罍易满船"，都暗示着杜甫身染疾病。诗中另有句："吾家碑不昧，王氏井依然。几杖将衰齿，茅茨寄短椽。灌园曾取适，游寺可终焉。"盖杜甫希望北归归葬故园。另，臧玠之乱发生后，衡、道诸州皆举兵伐叛，而处在两州间的郴州却不见动静，抑或崔伟失其权而令杜甫再次失去依凭？

《舟中苦热遣怀，奉呈阳中丞通简台省诸公》：阳中丞即阳济，时兼御史中丞。台省诸公指杨子琳、裴虬、李勉等。诗中"呜呼杀贤良，不叱白刃散"，指臧玠杀崔瓘事。"中丞连帅职，封内权得按。身当问罪先，县实诸侯半。……似闻上游兵，稍逼长沙馆。"当指阳济起兵伐叛事。"驱驰数公子，咸愿同伐叛。"指裴虬、杨子琳举兵讨臧玠。"宗英李端公，守职甚昭焕。变通迫胁地，谋画焉得算。"李端公指李勉，大历四年除广州刺史，兼岭南节度观察使。"始谋谁其间，回首增愤惋"，指臧玠之乱，澧州刺史杨子琳讨之，取略而还，事见《资治通鉴》。诗言"舟中苦热"当指大历五年夏自耒阳返衡州途中。

《白马》：诗当作于臧玠之乱后。诗中有句："白马东北来，空鞍贯双箭。可怜马上郎，意气今谁见。近时主将戮，中夜伤于战。"盖伤崔瓘为臧玠所害。战乱发生后，杜甫前往郴州依妻舅崔伟，郴州在潭州之南，故曰"白马东北来"。

大历五年暮秋，杜甫至长沙，留别湖南亲友，拟回归家乡，后于江阁处登舟，或因身体原因，改道汉阳，沿途作《北风》等诗。

《杜诗详注》卷二三杜甫《长沙送李十一》《暮秋将归秦，留别湖南幕府亲友》《登舟将适汉阳》《北风》等诗作此前后。

《长沙送李十一》，李十一，即李衔，两《唐书》无传载。诗中有句"与子避地西康州，洞庭相逢十二秋"。《详注》："西康州，即同谷县。公以乾元二年冬寓同谷，至大历五年为十二秋，此亦五年秋自衡归潭之一证也。"又"李杜齐名真忝窃，朔云寒菊倍离忧"，当为暮秋时节作，与下一诗时间上一致。

《暮秋将归秦，留别湖南幕府亲友》：黄鹤等人以为该诗作于大历五年，今从之。《回棹》诗中，杜甫就曾表示要回归故里。诗中有句"水阔苍梧野，天高白帝秋""北归冲雨雪，谁悯敝貂裘"，与题"暮秋将归秦"合。

《登舟将适汉阳》，《资治通鉴》卷二二四载："（大历五年）二月，戊戌，李抱玉徙镇盩厔，军士愤怒，大掠凤翔坊市，数日乃定。"同卷："秋……吐蕃寇永寿。"诗中言及"中原戎马盛，远道素书稀"或即指此。又诗中有句"春宅弃汝去，秋帆催客归"，春宅也即江阁，杜甫大历四年春所建，大历五年秋重回江阁时有感而作此诗，故曰"秋帆催客归"。

《北风》：该诗黄鹤编于大历三年，但《镜铨》和《详注》均作大历四年秋潭州作。诗中有句"洞庭秋欲雪，鸿雁将安归"，大历三年秋，杜甫尚未进入湖湘，故黄鹤编年误。又从诗意看，杜诗应作于暮秋季节，考杜大历四年暮秋诗歌，均无如此寒冷的描写。此诗中又寓漂泊之感，与杜甫暂居江阁不合，则此诗可能作于大历五年暮秋，杜甫归秦前往岳州途中。

冬，杜甫舟行至洞庭湖，疾病涔涔，乃作《风疾舟中伏枕书怀三十六韵，奉呈湖南亲友》，不久即离世。

《杜诗详注》卷二三杜甫《风疾舟中伏枕书怀三十六韵，奉呈湖南亲友》：此诗《镜铨》以为作于大历五年暮秋，《详注》以为作于大历五年冬。诗中有句"故国悲寒望，群云惨岁阴"。岁阴，即岁暮，《全唐诗》卷六三唐太宗有《守岁》诗："岁阴穷暮纪，献节启新芳"，即指岁暮。诗中另有"郁郁冬炎瘴，濛濛雨滞淫"，也指明此诗创作于冬季。又有"鼓迎非祭鬼，弹落似鸮禽"，《岳阳风土记》载："荆湖民俗：岁时会集或祷祠，多击鼓，令男女踏歌，谓之'歌场'。"也暗指此诗作于岁末。杜甫去世地点有多种说法，两《唐书》以为逝世地点在耒阳，唐时耒阳即有杜工部墓。一说是潭岳之间，然元稹《唐故工部员外郎杜君墓系铭》："甫字子美……剑南节度使严武拔为工部员外，参谋军事。旋又弃去，扁舟下荆、楚间，竟以寓卒，旋殡岳阳，享年五十九。"《旧唐书·杜甫传》："元和中，宗武子嗣业，自耒阳迁甫之柩，归葬于偃师县西北首阳山之前。"又《唐故工部员外郎杜君墓系铭》："嗣业以家贫无以给丧，收拾乞丐，焦劳昼夜，去子美殁后余四十年，然后卒先人之志，亦足为难矣。"元稹所写墓志，乃嗣业所托，则史料之可信度，较《唐书》可靠。又唐代郑处晦、罗隐、郑谷、杜荀鹤、孟宾于、裴说等均有文或诗提及耒阳杜甫墓，然《明皇杂录》成书于唐大中九年（855），其时距杜甫去世已八十五年，盖杜甫去世后，经元稹、韩愈、白居易等人的揄扬，已名声显赫，故耒阳百姓为其筑墓以纪念之，不可视为杜甫逝世于此。又韩愈有《题杜子美坟》，然韩本集不载，后人疑为伪作。据考，从湘水入耒水至耒阳杜工部坟，尚有近二百里水程，韩愈虽数次过湖湘至岭南，亦无经耒阳杜甫坟的可能，故诗定为伪作。按：今岳阳楼边亦有杜甫墓，亦当是后人纪念杜甫所建，未必杜甫真葬于此处。从此诗看，诗中有句"舟泊常依震，湖平早见参"，也应创作于洞庭湖上，即潭岳之间。杜甫进入岳州时，已是"转蓬忧悄悄，行药病涔涔"，故在诗中写道"葛洪尸定解，许靖力难任"，预料自己很难返回秦地乃至汉阳了。另外，诗中有句"公孙仍恃险，侯景未生擒""战血流依旧，军声动至今"，暗示臧玠之乱仍未平息，故诗当作于大历五年岁末，学者多以为该诗是杜甫的绝笔诗，今从之。

又以下诗各家又列入湖湘诗中者，但实非湖湘诗。

《杜诗详注》卷一三杜甫《归雁》：《钱注杜诗》以为次岳阳及湖南作，诗曰："东来万里客，乱定几年归。肠断江城雁，高高正北飞。"诗言东来，而非南来，当是出峡时作。

《杜诗详注》卷一九杜甫《奉送王信州崟北归》，《钱注杜诗》以为次岳阳及湖南作，《新唐书·宰相世系表二》中乌丸王氏："崟，怀州刺史。"文济子，仁忠弟。诗中有句："下诏选郎署，传声能典州。"《郎官石柱题名新著录》左司员外郎第五行、度支员外郎第六行均有

王岌名，吏部员外郎第十行元特（持）后见王岌名，同行裴儆后又见。《旧唐书·地理一》："颍州，中，汉汝南郡。隋为汝阴郡。武德四年，平王世充，于汝阴县西北十里置信州，领汝阴、清丘、永安、高唐、永乐等六县。"王岌北归，必沿江而上，故幸得与杜甫相会。诗言"白发寐常早，荒榛农复秋""林热鸟开口，江浑鱼掉头"，必为秋天作。如与杜甫相遇，杜甫必在公安，故非湖湘诗。

又以下诗歌为伪作。

《舟泛洞庭》（一作《过洞庭湖》，吴若本逸诗）：潘子真《诗话》："元丰中，有人得此诗刻于洞庭湖中，不载名氏，以示山谷，山谷曰：'此子美作也。'"按：此诗格律绝类杜甫，然杜甫入湖湘在大历三年，大历五年是否返岳州尚存疑，即使晚年至洞庭湖，已是秋天，与"破浪南风正，收帆畏日斜"不合。且杜甫晚年诗歌极其凄苦，而此诗风格飘飘欲仙，故山谷之言不可视为确凿的证据，抑或宋人之伪托。

《朝阳岩歌》：诗出《零陵总龟》，谓杜陵所作。朝阳岩为大历元年冬元结至零陵时发现并命名，又作《朝阳岩铭》。然《朝阳岩歌》诗意浅陋，"潇水"写作"消水"，格律也不类杜甫，又杜甫未有入零陵经历，其为伪作无疑。

813 年（癸巳）

元和八年

杜甫去世后四十三年，杜甫孙、宗武子杜嗣业迁甫之柩，归葬于偃师县西北首阳山之前，途经江陵，乞元稹为之墓志铭。

元稹在《唐故工部员外郎杜君墓系铭》中写道："嗣子曰宗武，病不克葬，殁命其子嗣业。嗣业以家贫无以给丧，收拾乞丐，焦劳昼夜，去子美殁后余四十年，然后卒先人之志，亦足为难矣。"又同文"维元和之癸巳，粤某月某日之佳辰，合窆我杜子美于首阳之山前。"

元和癸巳年为公元813年，此时距杜甫去世四十三年，则文中"去子美殁后余四十年"，四十当为概数。又同上文："予尝欲条析其文，体别相附，与来者为之准。特病懒未就，适子美之孙嗣业，启子美之柩，襄祔事于偃师，途次于荆楚，雅知予爱言其大父之为文，拜予为志，辞不可绝。"元稹有《泛江玩月十二韵》，其序云："予以元和五年，自监察御史贬授江陵士曹掾。"则《墓系铭》作于元稹江陵士曹掾任上。又岳州之所以无杜甫坟，与嗣业此次迁走相关，如在耒阳，何以迁葬后还有坟存在，则耒阳之墓，应为追念而建。

元稹在《墓系铭》赞曰："至于子美，盖所谓上薄风骚，下该沈宋，言夺苏李，气吞曹刘，掩颜谢之孤高，杂徐庾之流丽，尽得古今之体势，而兼昔人之所独专矣。"又曰："时山东人李白，亦以奇文取称，时人谓之'李杜'。予观其壮浪纵恣，摆去拘束模写物象，及乐府歌诗，诚亦差肩于子美矣；至若铺陈终始，排比声韵，大或千言，次犹数百，词气豪迈，而风调清深，属对律切，而脱弃凡近，则李尚不能历其藩翰，况堂奥乎？"后韩愈在《调张籍》中也写道："李杜文章在，光焰万丈长。"自此，"李杜"并称得以流传。

杜甫有《杜甫集》六十卷，又《小集》六卷。

870年（庚寅）

咸通十一年

秋，罗隐在湖南衡阳主簿任，经杜甫墓，作诗吊之。

《罗隐集·甲乙集》卷八有《经耒阳杜工部墓》，此为历代诗人咏耒阳杜甫墓之滥觞。

元结湖湘诗文系年

元结生活在盛中唐之际，然其文学成就的巅峰主要形成于中唐。其父元延祖曾为春陵丞，元结本人两任道州刺史，晚年又居于祁阳，故对湖湘文化的发展影响颇大。元结曾习静于商余，受道家文化影响较大，他崇尚自由，个性漫浪，人谓之漫叟。即使仕途蒸蒸日上时，也不忘归隐。其思想中还有崇儒的一面，他忠君、爱民、重孝道。然其耿直性格得罪了不少权贵，故仕宦不畅达。李商隐《容州经略使元结文集后序》谓其："见憎于第五琦、元载，故其将兵不得授，作官不至达，母老不得尽其养，母丧不得终其哀。"

元结是唐代古文运动的开拓者，其在文论中提出了一系列古文运动改革主张。在《箧中集序》中，元结对当时文风提出了尖锐的批评："风雅不兴，几及千岁，溺于时者，世无人哉。……近世作者，更相沿袭，拘限声病，喜尚形似，且以流易为辞，不知丧于雅正。近世作者，更相沿袭，拘限声病，喜尚形似，且以流易为辞，不知丧于雅正。"故元结之文："多退让者，多激发者，多嗟恨者，多伤闵者。其意必欲劝之忠孝，诱以仁惠，急于公直，守其节分。如此，非救时劝俗之所须者欤？"（《文编序》）其文学理论主张对唐代韩愈、柳宗元领导的古文运动影响很大。元结在湖湘期间，留下了不少铭文石刻。如江华有《阳华岩铭》石刻、祁阳有《大唐中兴颂碑》石刻、零陵有

《朝阳岩》石刻等。就其文字而言，文学价值并不是很高。但由于刻于石上，引起后世文人竞相模仿，于是形成了颇具规模的石刻群。这些石刻群，于今大多是国家重点文物保护对象，成了旅游开发的景点。在某种程度上，不仅宣传了传统文化，还创造了一定社会价值。

元结创作了一定数量的诗歌，其诗大抵可分三类：一是有关儒家风化的，如《补乐歌十首》《元谟》等，这类诗歌思想价值较高，但文学价值较低。二是与游宴交友相关的作品，其中游览类作品，如与石湖鱼相关的作品体现了元结对自然美的发现；交游类作品则多抒发朋友间情谊及对后生晚辈的关心。三是反映现实类作品，这类作品最为人称道，如《舂陵行》等。杜甫评价元结曰："道州忧黎庶，词气浩纵横。"他的反映现实类作品，风格绝似杜甫。元结的诗歌虽存量不多，但却体现了他为民、为事、为物而非为文而作诗的主张。他的诗歌对扭转中唐时颓靡、萧飒的诗风具有一定意义。

对元结做全面研究的有孙望先生，他编有《元次山集》，又对元结生平做了详细考订，编有《元次山年谱》。另傅璇琮主编的《唐才子传校笺》对元结生平也予以部分考订。另外，许总、孙昌武、王启兴、王运熙等人对元结诗文也多有研究。本书在前人研究的基础上，主要考订元结在湖湘地区的诗文创作情况，并对其湖湘诗文进行系年，以期能对学者有所裨益。

763年（癸卯）

宝应二年　广德元年　公四五岁

九月，上以公居贫，授道州刺史，逢道州战乱，公不得行。约此前后，公在鄂州。

颜真卿《唐故容州都督兼御史中丞本管经略使元君表墓碑铭并序》："及家樊上……岁余，上以君居贫，起家为道州刺史。州为西原贼所陷，人十无一，户才满千。"元结《谢上表》："臣某言：'去年九月敕授道州刺史，属西戎侵轶，至十二月，臣始于鄂州授敕牒，即日赴任。'"按：公宝应元年居于樊上，至此正好岁余。又该文原注："广德二年道州进。"此表言"去年九月"当指本年。《新唐书·元结传》："久之，拜道州刺史。"又据《旧唐书·地理三》："道州，中，隋零陵郡之永阳县。武德四年，平萧铣，置营州，领营道、江华、永阳、唐兴四县。……天宝元年，改为江华郡。乾元元年，复为道州。"

冬，西原蛮攻陷道州，道州百姓十不遗一。公后有诗提及此事。

颜真卿《唐故容州都督兼御史中丞本管经略使元君表墓碑铭并序》："州为西原贼所陷，人十无一，户才满千。"《新唐书·代宗纪》："（广德元年）西原蛮陷道州。"《新唐书·西原蛮传》："其种落张侯、夏永与夷獠梁崇牵、覃问及西原酋长吴功曹复合兵内寇，陷道州，据城五十余日。"

元结《奏免科率状》："臣当州被西原贼屠陷，贼停留一月余，日焚烧粮储屋宅，俘掠百姓男女，驱杀牛马老少，一州几尽。贼散后，百姓归复，十不存一，资产皆无，人心嗷嗷，未有安者。"元结《舂陵行》序言及道州遭受战争破坏之重："道州旧四万余户，经贼已来，不满四千，大半不胜赋税。"其诗也曰："州小经乱亡，遗人实困疲。大乡无十家，大族命单羸。朝飡是草根，暮食是木皮。出言气欲绝，言速行步迟。追呼尚不忍，况乃鞭扑之！""去冬山贼来，杀夺几无遗。所愿见王官，抚养以惠慈。奈何重驱逐，不使存活为！"《舂陵行》作于广德二年，诗中称"去冬山贼来"，当指本年冬。又其《刺史厅记》曰："自至此州，见井邑丘墟，生人几尽。"又《贼退示官吏》："癸卯岁，西原贼入道州，焚烧杀掠，几尽而去。"也是指此事。

十一月前后，桂管经略使邢济平西原蛮，执其酋长吴功曹等。

《新唐书·西原蛮传》："其种落张侯、夏永与夷獠梁崇牵、覃问及西原酋长吴功曹复合兵内寇，陷道州，据城五十余日。桂管经略使邢济击平之，执吴功曹等。"《新唐书·代宗纪》："（上元元年）西原蛮寇边，桂州经略使邢济败之。"按：西原蛮攻道州在九月，十月（元结谓冬）前后道州城陷，据城五十余日，则到了十一月前后。元结十二月赴道州刺史任，则十二月前邢济已平西原蛮。

十二月，公始自鄂州赴道州任。然湖南都团练观察使已差官摄道州刺史，公因此于道路逗留三月。

元结《谢上表》："臣某言：去年九月敕授道州刺史，属西戎侵轶，至十二月，臣始于鄂州授敕牒，即日赴任。"又元结《舂陵行》序："癸卯岁，漫叟授道州刺史。"又据《谢上表》："臣州先被西原贼屠陷，节度使已差官摄刺史，兼又闻奏。臣在道路，待恩命者三月。"

本年，崔瓘在澧州刺史任，风化大行，闻于有司，优诏特加五阶，公后作《崔潭州表》忆及此事。

《旧唐书·崔瓘传》："累迁至澧州刺史……居二年，风化大行，流亡襁负而至，增户数万。有司以闻，优诏特加五阶，至银青光禄大夫，以甄能政。"《册府元龟》卷六七三："崔瓘为澧州刺史……二年风化大行，流亡襁负而至，增户数万，有司以闻，代宗宝应二年优诏特加五阶。"元结《崔潭州表》："公前在澧州，谣颂之声，达于朝廷，褒异之诏，与人为程。"也当是指此事。按：崔瓘，《册府元龟》作"崔瓘"，《旧唐书》及元结《崔潭州表》作"崔瓘"，姑从后者。

764年（甲辰）

广德二年　公四六岁

正月，立雍王适为太子。

《新唐书·代宗纪》："二年正月丙午，诏举堪御史、谏官、刺史、县令者。乙卯，立雍王适为皇太子。"《资治通鉴》卷二二三："（广德二年正月）乙卯，立雍王适为皇太子。"《旧唐书·代宗纪》所载同。

二月，朝廷大赦天下，时公正在赴道州任途中，闻之，作《广德二年贺赦表》。

《新唐书·代宗纪》："（二月）癸酉，朝献于太清宫。甲戌，朝享于太庙。乙亥，有事于南郊。己丑，大赦。"

元结《广德二年贺赦表》："臣某言：伏奉某月日赦，宣示百姓讫。……凡方领陛下州县，守陛下符节，不得称庆下位，蹈舞阙庭，不任欢恋之至，谨遣某官奉表陈贺以闻。"按：表中提及"凡方领陛下州县"，当作于赴道州任途中。

五月二十二日，公抵道州，作《谢上表》，《表》中论及道州及岭南地区西原蛮叛乱情况及应对之策，对朝廷任用刺史提出了建议。公到任后，行古人之政。

元结《谢上表》："臣某言：……臣在道路，待恩命者三月，臣以五月二十二日到州上讫。"又言及道州遭受战争破坏之重："耆老见臣，俯伏而泣；官吏见臣，以无菜色。城池井邑，但生荒草；登高极望，不见人烟。岭南数州，与臣接近，余寇蚁聚，尚未归降。"又言及朝廷应谨择刺史："则刺史宜精选谨择以委任之，固不可拘限官次，得之货贿，出之权门者也。凡授刺史，特望陛下一年问其流亡归复几何，田畴垦辟几何；二年问畜养比初年几倍，可税比初年几倍；三年计其功过，必行赏罚，则人皆不敢冀望侥幸，苟有所求。"

又《刺史厅记》当作此稍后。

元结《刺史厅记》："天下太平，方千里之内，生植齿类，刺史乃存亡休戚之系。天下兵兴，方千里之内，能保黎庶，能攘患难，在刺史尔。凡刺史若无文武才略，若不清廉肃下，若不明惠公直，则一州生类，皆受其害。"指出了刺史的重要性，这与《谢上表》一致，盖元结初任刺史时，深感责任重大，故有是记。又言及百姓所受压迫之苦："数年之间，苍生蒙以私欲侵夺，兼之公家驱迫，非奸恶强富，殆无存者。"又言："故为此记，与刺史作戒。"其实也是与己作戒。

吕温在《道州刺史厅后记》中写道："贤二千石河南元结字次山，自作《道州刺史厅事记》，既彰善而不党，亦指恶而不诬，直举胸臆，用为鉴戒。昭昭吏师，长在屋壁，后之贪虐放肆以生人为戏者，独不愧于心乎？"

本月前后，瀼溪之邻王及入公幕，公与之相从游。

元结《送王及之容州序》："有王及者，异夫乡人焉……叟在舂陵，及能相从游，岁余而去。"按：元结本年五月始到任，而王及"岁余而去"，永泰元年夏元结离道州刺史任，则王及入元结幕当在到任后不久。

夏或稍前，以衡、潭、邵、永、道五州隶湖南观察使。御史中丞孟皞为衡州刺史、湖南观察使。

《新唐书·方镇四》："荆南节度罢领忠、涪二州，以衡、潭、邵、永、道五州隶湖南观察。"《新唐书·方镇六》："置湖南都团练守捉观察处置使，治衡州，领衡、潭、邵、永、道五州，治衡州。"又《新唐书·方镇六》："（上元二年）废衡州防御使。废韶、连、郴都团练使，三州复隶岭南节度。"本年始复，元结《茅阁记》言孟皞"镇湖南"，当在"置湖南都团练守捉观察处置使"后。元结《茅阁记》作于永泰元年夏，又言孟皞镇湖南"将二岁矣"，其镇湖南当在本年夏或稍前。

七月，公在道州刺史任，诸使征求符牒纷至，达二百余封。公有感征赋苛重，作《舂陵行》以达下情。

元结《舂陵行》序言："癸卯岁，漫叟授道州刺史，……到官未五十日。"按：元结"五月二十二日到州上讫"。五十日后已至七月。《舂陵行》又言及征敛之急。《序》言："承诸使征求，符牒二百余封，皆曰：'失其限者罪至贬削。'"其诗曰："军国多所需，切责在有司。有司临郡县，刑法竟欲施。供给岂不忧？征敛又可悲。""邮亭传急符，来往迹相追。更无宽大恩，但有迫促期。欲令鬻儿女，言发恐乱随。悉使索其家，而又无生资。"诗人对此感到两为其难，"若悉应其命，则州县破乱，刺史欲焉逃罪；若不应命，又即获罪戾，必不免也"。最后决意要为民请命，《序》言："吾将守官，静以安人，待罪而已。此州是舂陵故地，故作《舂陵行》以达下情。"诗言："安人天子命，符节我所持。州县忽乱亡，得罪复是谁？逋缓违诏令，蒙责固所宜。前贤重守分，恶以祸福移。亦云贵守官，不爱能适时。顾惟孱弱者，正直当不亏。何人采国风，吾欲献此辞。"

  公到任后，招辑流亡，率劝贫弱，保守城邑，畲种山林，又上《奏免科率状》，帝许之，道州之民得以生息。

  颜真卿《唐故容州都督兼御史中丞本管经略使元君表墓碑铭并序》："君下车行古人之政。"元结《谢上表》："臣见招辑流亡，率劝贫弱，保守城邑，畲种山林，冀望秋后，少可全活。"又《奏免科率状》："伏望天恩，自州未破以前，百姓久负租税，及租庸等使所有征率和市杂物，一切放免。自州破以后，除正租正庸，及准格式合进奉征纳者，请据见在户征送，其余科率，并请放免。容其见在百姓产业稍成，逃亡归复，似可存活，即请依常例处分。"《奏免科率状》还论及道州之民遭战争破坏之惨状："臣当州被西原贼屠陷，贼停留一月余，日焚烧粮储屋宅，俘掠百姓男女，驱杀牛马老少，一州几尽。贼散后，百姓归复，十不存一，资产皆无，人心嗷嗷，未有安者。"又论及不宜征率原因："若依诸使期限，臣恐坐见乱亡，今来未敢征率，伏待进止。又岭南诸州，寇盗未尽，臣州是岭北界，守捉处多，若臣州不安，则湖南皆乱。"按：《奏免科率状》后有原注："广德二年奏，敕依。"则元结所奏，帝许之。《奏免科率状》："臣自到州，见庸租等诸使文牒，令征前件钱物送纳。"与《舂陵行》其序言"承诸使征求，符牒二百余封，皆曰：'失其限者，罪至贬削。'"一致，故公之所奏，当与《舂陵行》相前后。

《新唐书·元结传》对此事也有记载："久之，拜道州刺史。初，西原蛮掠居人数万去，遗户才四千，诸使调发符牒二百函，结以人困甚，不忍加赋，即上言：'臣州为贼焚破，粮储、屋宅、男女、牛马几尽。今百姓十不一在，耄孺骚离，未有所安。岭南诸州，寇盗不尽，得守捉候望四十余屯，一有不靖，湖南且乱。请免百姓所负租税及租庸使和市杂物十三万缗。'帝许之。"按：《新唐书·元结传》所载状文，与元结《奏免科率状》文字有所不同，但其意相近，盖为意引。

约此稍后，西原蛮复围道州，公固守之，不克，继而攻永，破邵州。公有诗记之。

元结《贼退示官吏》序言："癸卯岁，西原贼入道州。……明年，贼又攻永州，破邵，不犯此州边鄙而退，岂力能制敌欤？盖蒙其伤怜而已。"《贼退示官吏》诗中也言："今来典斯郡，山夷又纷然。城小贼不屠，人贫伤可怜。是以陷邻境，此州独见全。"元结《奏免科率等状》："去年又贼逼州界，防捍一百余日。贼攻永州，陷邵州，臣州独全者，为百姓捍贼。"该文下有原注："永泰二年奏，敕依。"颜真卿《唐故容州都督兼御史中丞本管经略使元君表墓碑铭并序》："贼亦怀畏，不敢来犯。"又《新唐书·西原蛮传》："桂管经略使邢济击平之，执吴功曹等。余众复围道州，刺史元结固守不能下，进攻永州，陷邵州，留数日而去。"按：西原蛮仅围道州而去，固然与"城小贼不屠"及上年冬西原蛮已将道州掠夺殆尽相关，同时也与元结固守道州城相关。

诗中又言及官不如寇的现实："使臣将王命，岂不如贼焉？令彼征敛者，迫之如火煎。谁能绝人命，以作时世贤！"面对这种现实，诗人情愿弃官而去，过隐居生活："思欲委符节，引竿自刺船。将家就鱼麦，归老江海边。"

765年（乙巳）
永泰元年　公四七岁

正月，改广德三年为永泰元年，大赦天下。时公在道州刺史任，作《永泰元年贺赦表》。

《旧唐书·代宗纪》："永泰元年春正月癸巳朔，制曰：'叶五纪者，建号以体元；授四时者，布和而顺气。天心可见，人欲是从，爰立大中之道，式受惟新之命。朕嗣膺下武，获主万方，顾以薄德，乘兹艰运，戎麾问罪，今已十年。……今将大振纲维，益明惩劝，肇举改元之典，弘敷在宥之泽，可大赦天下，改广德三年为永泰元年。'"《资治通鉴》卷二二三："（永泰元年）春，正月，癸卯朔，改元；赦天下。"元结《永泰元年贺赦表》："臣某言：某月日恩赦到州，宣示百姓讫。百姓贫弱者多，劳苦日久，忽蒙惠泽，更相喜贺，欢呼忭跃，不自禁止。……臣方镇守州县，不得蹈舞阙庭，无任欢忻之极，谨奉表陈贺以闻。"

夏，王及离开道州，前往梧州，投献容管经略使、容州刺史耿慎惑。离开道州时，公与二三子赋诗送之，公又为之作序，对其规劝之。

元结《送王及之容州序》："（王及）将行，规之曰：'叟爱及者也，无惑叟言。及方壮，可强艺业，勿以游方为意。人生若不能师表朝廷，即当老死山谷。彼驱驱于财货之末，局局于权势之门，纵得钟鼎，亦胡颜受纳？行矣自爱！'"又曰："二三子赋送远之什，以系此云。"

又据《送王及之容州序》："耿容州欢于叟者，及到容州，为叟谢主人：'闻幕府野次久矣，正宜收择谋夫，引信才士，有如及也，能收引乎？'"按：耿容州，即耿慎惑。《旧唐书·王翃传》："岭南溪洞夷獠乘此相恐为乱，其首领梁崇牵自号'平南十道大都统'，及其党覃问等，诱西原贼张侯、夏永攻陷城邑，据容州。前后经略使陈仁琇、李抗、侯令仪、耿慎惑、元结、长孙全绪等，虽容州刺史，皆寄理藤州，或寄梧州。"可知，耿容州即耿慎惑。又据元结《序》："幕府野次久矣，正宜收择谋夫，引信才士。"可知耿慎惑任容州刺史时，容州仍被西原蛮占据。据《旧唐书·王翃传》，元结在耿慎惑之后为容州刺史，元结既寄理梧州，则耿慎惑或当寄理梧州。故王及当往梧州而非容州。

又元结《送王及之容州序》："叟在舂陵，及能相从游，岁余而去。"元结广德二年五月到任，《序》言"岁余而去"，又本年夏，元结已至衡州，故王及离道州当在元结罢道州刺史前。

本年夏或稍前，公在道州刺史任，以虞舜葬于苍梧九疑之山，立舜祠于州西之山南，又作《舜祠表》，江华令瞿令问篆刻石上。

元结《舜祠表》："有唐乙巳岁，使持节道州诸军事守道州刺史元结，以虞舜葬于苍梧之九疑之山，在我封内，是故申明前诏，立祠于州西之山南，已而刻石为表。"按：本年为乙巳岁，又本年夏元结罢道州刺史北归，故立舜祠及作表当在此前。又据光绪三年修《道州府志》："虞山在学后，唐元结立舜庙于此。……《舆地碑目》：'虞帝庙在州学西，唐元结作《舜庙状》及《舜祠表》，俱江华令瞿令问篆刻石上。……今庙废，二碑尚存，山壁俱磨灭不可辨，今存虞山二大字。'"按：元结所立舜祠，非在宁远，而在道州右溪附近。元结另有《游右溪劝学者》："小溪在城下，形胜堪赏爱。尤宜春水满，水石更殊怪。长山势回合，井邑相萦带。石林绕舜祠，西南正相对。"可见舜祠在右溪附近。

《表》对虞舜之德进行了颂扬："于戏！孔氏作《虞书》，明大舜德及生人之至，则大舜于生人，宜以类乎天地；生人奉大舜，宜万世而不厌。"同时亦对舜帝南巡之说提出了怀疑："呜呼！在有虞氏之世，人民可夺其君耶？人民于大舜，能忘而不思耶？何为来而不归？何故死于空山？吾实惑而作表。来者游于此邦，登乎九疑，谁能不惑也欤。"

夏，公罢道州刺史北归，公在道州两年，颇有政绩，道州之民不再流亡，且略有归复者，但道州依然存在一些问题，元结也常身处病中。

颜真卿《唐故容州都督兼御史中丞本管经略使元君表墓碑铭并序》："君下车，行古人之政，二年间，归者万余家。"然元结作于永泰二年的《再谢上表》言："臣前日在官，虽百姓不至流亡，而归复者十无一二。"不知何者为是，今姑从《再谢上表》。又《再谢上表》言："寇盗不犯边鄙……人吏似从教令。"皆是任道州刺史取得的政绩。《再谢上表》言："不能兵救邻州……赋敛仅能供给……风俗未能移易。……水旱灾渗，每岁不免，疾疫死伤，臣州尤甚。"《再谢上表》言："臣又多病，不无假故。"

夏，公或过平阳戍，有铭作。

《寒泉铭并序》序曰："湘江西峰直平阳江口，有寒泉出于石穴。峰上有老木寿藤，垂阴泉上。近泉堪戚维大舟，惜其蒙蔽，不可得见。踟蹰行循，其水本无名称也。为其当暑大寒，故命曰寒泉。"又其铭曰："于戏寒泉，瀯瀯江渚。堪救渴喝，人不之知。当时大暑，江流若汤。寒泉一掬，能清心肠。谁谓仁惠，不在兹水？舟楫尚存，为利未已。"按：《序》言及湘江，另有平阳江，然"平阳江"已无可考，又据谭其骧《中国历史地图集》，唐时衡州境内有平阳戍，在湘江西侧，与《序》所记颇合，元结夏经衡州一次在广德二年（764）一次在永泰元年（765），现姑系于永泰元年。

夏在衡阳，与刘湾月夜宴会，作诗及序，抨击当时文风。

元结《刘侍御月夜讌会并序》："兵兴以来十一年矣，获与同志欢醉达旦，咏歌取适，无一二焉。乙巳岁，彭城刘灵源在衡阳，逢故人或有在者，曰：'夕相会，第欢远游。'"按：安史之乱天宝十四载（755）爆发，至今十一年，又曰"乙巳岁"，当作于本年。又广德元年八月，元结与刘湾在鄂州相会，故有"逢故人或有在者""踟蹰为故人，且复停归船"之说。又诗中有"愚爱凉风来，明月正满天。河汉望不见，几星犹粲然"之句，当作于本年夏。诗中有"我从苍梧来，将耕旧山田"，则指元结罢道州刺史北归。

《序》中元结对当时文风进行了批判，提出要恢复文道、倡导风雅之风："于戏！文章道丧盖久矣。时之作者，烦杂过多，歌儿舞女，且相喜爱，系之风雅，谁道是耶！诸公尝欲变时俗之淫靡，为后生之规范，今夕岂不能道达情性，成一时之美乎？"

夏，公在衡州，时御史中丞孟皞镇湖南，建茅阁，诸公集于茅阁，作歌咏之。公为之作记，又有《题孟中丞茅阁》诗。

元结《茅阁记》："乙巳中，平昌孟公镇湖南，将二岁矣。以威惠理戎旅，以简易肃州县，刑政之下，则无挠人。"又言"长风寥寥，入我轩槛，扇和爽气，满于阁中。世传衡阳暑湿郁蒸，休息于此，何为不然？今天下之人正苦大热，谁似茅阁，荫而庥之？"当作于本年夏。又《题孟中丞茅阁》："及观茅阁成，始觉形胜殊。凭轩望熊湘，云榭连苍梧。天下正炎热，此然冰雪俱。"

孟云卿本年任校书郎，夏，赴广州南海杨慎微幕，过衡州，公等有诗相送，公为之作《序》，盛赞其才。又公有旧友乐安任鸿在杨慎微幕，公于《序》中有提及。

元结《送孟校书往南海并序》:"次山今罢守春陵,云卿始典校芸阁。"按:元结与孟云卿于衡阳相会,因衡阳为往广州必经之地,据元结《茅阁记》:"乙巳中,平昌孟公镇湖南。"则孟皞与孟云卿同为平昌人,故孟云卿至衡州后稍作停留。而此时元结罢守道州刺史,夏在衡州。又"平昌孟云卿与元次山同州里。以词学相友,几二十年"。故元结得与其在衡州相聚。其诗曰"忽喜海风来,海帆又欲张",可见当作于本年夏。又据《唐刺史考·广州》,杨慎微(眘微)在广德二年(764)至大历二年(767)在广州刺史、岭南节度观察使任。又《序》中有:"南海幕府有乐安任鸿,与次山最旧。"任鸿生平不见于其他史料。

九月或稍后,公在衡州,时潭州刺史崔瓘去官,公应衡州司功参军郑浏之请,作《崔潭州表》。崔瓘在潭州刺史任颇有政绩,观察使孟皞奏课第一。公在表中对崔瓘政绩多有赞誉,也为崔瓘去官原因多有辩解。

元结《崔潭州表》:"乙巳岁,潭州刺史崔瓘去官,州人衡州司功参军郑浏为乡人某等请余为崔公作表。……时艰道远,州人等不得诣阙冤诉,且欲刻石立表,以彰盛德。"按:《崔潭州表》:"会国家以犬戎为虞,未即征拜,使苍生正暍而去其庥荫,使苍生正渴而敝其清源。"《资治通鉴》卷二二三:"(永泰元年九月)仆固怀恩诱回纥、吐蕃、吐谷浑、党项、奴剌数十万众俱入寇,令吐蕃大将尚结悉赞摩、马重英等自北道趣奉天,党项帅任敷、郑庭、郝德等自东道趣同州,吐谷浑、奴剌之众自西道趣盩厔,回纥继吐蕃之后,怀恩又以朔方兵继之。"故此表作于本年九月稍后,表乃应衡州司功参军郑浏之请而作,故元结九月前后仍在衡州。

元结在《表》中,对崔瓘在潭州刺史任上的政绩进行了肯定:"及领此州,在今日能使孤寡老弱无悲忧,单贫困穷安其乡,富豪强家无利害，贾人就食之类，各得其业，职役供给不匮人而当于有司。若非清廉而信，正直而仁，则不能至，于观察御史中丞孟公奏课又第一。"崔瓘之去官，非正常考课之去官，或有人污其贪腐，"时艰道远，州人等不得诣阙冤诉"，故《表》中有替崔瓘辩解的文字："刺史有土官也，千里之内，品刑之属，不亦多乎？岂可令凶竖暴类贪夫奸党以货权家而至此官？如崔公有者，岂独真刺史耳？郑渱之为，岂苟媚其君而私于州里耶？盖惧清廉正直之道，溺于时俗；君子遗爱之心，不显来世，故采其意而已矣。"又据郁贤皓《唐刺史考·澧州》崔瓘在永泰元年（765?）至大历四年（769）再次为澧州刺史，盖崔瓘之去官或因其贪腐，否则，怎会不升反降（澧州为下州，刺史为正四品下；潭州为中都督府，刺史为从三品）。

本年或稍后，何昌裕在户部员外郎任。

元结《与何员外书》，原注云："永泰中何昌裕为户部员外。"《郎官石柱题名新著录》户部员外郎第十行有何昌裕。元结《别何员外》云："吾见何君饶。"可知何昌裕，字饶。

766年（丙午）

永泰二年　大历元年　公四八岁

正月或稍后，公再任道州刺史，作谢上表。《县令箴》或当作此前后。

元结《再谢上表》题下有注："永泰二年进。"《表》曰："臣某言：'某伏奉某月日敕，再授臣道州刺史，以某月日到州上讫。'"不具具体日期。今据元结《奏免科率等状》所作时间及《状》中"今年贼过桂州，又团练六七十日"推断大约在本年正月或稍后，元结已在道州刺史任。

又元结任官，多有辞官表，然元结两任道州刺史，都未作辞，在

《再谢上表》中元结阐明了不能辞官的原因,《表》言:"以臣自讼,合抵刑宪,圣朝宽贷,犹宜夺官。陛下过听,重有授任。伏恐守廉让者以臣为苟安禄位;抱公直者以臣为内怀私僻。有材识者辱臣于台隶之下;用刑法者罪臣于程式之中。臣所以不敢即日辞免,待陛下按验虚实,然后归罪有司。"元结《再让容州表》中也有提及:"臣正任道州刺史,臣身病母老,不敢辞谢。实为道州地安。"

在《再谢上表》中,元结又建言在战乱年代,朝廷应特加察问官吏:"今四方兵革未宁,赋敛未息,百姓流亡转甚,官吏侵尅日多,实不合使凶庸贪猥之徒、凡弱下愚之类,以货赂权势而为州县长官。伏望陛下特加察问,举其功过,必行赏罚,以安苍生。"又元结有《县令箴》,在《再谢上表》中,元结开始意识到县令的重要性,故《县令箴》当作此前后,现姑系于此。

公到任后不久,有感前时所种菊已无,于是重筑菊圃,重新植之。

元结《菊圃记》:"舂陵俗不种菊,前时自远致之,植于前庭墙下。及再来也,菊已无矣。徘徊旧圃,嗟叹久之。"可见元结筑菊圃当在本年到任道州刺史后不久。

春,元结在道州刺史任,西原蛮过桂州,元结积极备战,召丁壮团练六七十日,后西原蛮无犯道州。

元结《奏免科率等状》:"今年贼过桂州,又团练六七十日,丁壮在军中,老弱馈粮饷。三年已来,人实疲苦。"按:元结《奏免科率等状》作于本年春夏之交,则团练在本年二三月间。

春,公在道州,道州之东有左湖,湖东有小石山,山顶有窊石,公建亭其上,又作铭与诗。

元结《窊樽铭并序》:"道州城东有左湖,湖东二十步有小石山。山巅有窊石,可以为樽,乃为亭樽上,刻铭为志。"欧阳修《集古录跋尾》卷七："唐元结浯尊铭（永泰二年），右《浯尊铭》，元结撰，瞿令问书。"又元结有《窊尊诗》，《全唐诗》中其下有注："在道州。"其诗曰："巉巉小山石，数峰对窊亭。窊石堪为樽，状类不可名。"当与铭先后作，又"巡回数尺间，如见小蓬瀛。樽中酒初涨，始有岛屿生"，以春作比。又"平湖近阶砌，远山复青青。异木几十株，林条冒檐楹"，也当是春末时的景象。故当作于本年春。

本年或次年春，公在道州，游右溪，有诗劝学者，勉励他们崇尚儒雅之道。

元结《游右溪劝学者》："小溪在城下，形胜堪赏爱。尤宜春水满，水石更殊怪。"当在春季。又："石林绕舜祠，西南正相对。"按：舜祠为元结永泰元年夏所立，所以《游右溪劝学者》当作于永泰二年或稍后。又大历二年二月，元结由道州刺史任赴衡州计事，尚在归途中，大历三年元结已在容管经略使任，故此文最可能作于本年春。

又元结《右溪记》："道州城西百余步，有小溪，南流数十步合营溪，水抵两岸，悉皆怪石，欹嵌盘屈，不可名状。"又言："为溪在州右，遂命之曰右溪，刻铭石上，彰示来者。"该文表明，这是元结初发现右溪之时，故该文当作于《游右溪劝学者》前。又元结不仅有《右溪记》，还当有《右溪铭》，然孙望《元次山集》未见，盖已佚。

春，公巡延唐县，登九疑第二峰，游无为洞，宿无为观，有诗作。

元结《无为洞作》："无为洞口春水满，无为洞傍春云白。"当在春季。又有《宿无为观》："九疑山深几千里，峰谷崎岖人不到。"清光绪元年刊本《宁远县志》卷一二："无为观：在麓床山舜祠侧，王妙想辟谷处。梁大（太）清中建，绍兴初重修，今废。"同卷："麓床山在萧韶峰北。"可见元结已至延唐县。又元结有《登九疑第二峰》："九疑第二峰，其上有仙坛。杉松映飞泉，苍苍在云端。何人居此处，云是鲁女冠。不知几百岁，宴坐饵金丹。相传羽化时，云鹤满峰恋。妇中有高人，相望空长叹。"按：清光绪元年刊本《宁远县志》卷一二："鲁女观：在何侯宅西，即所传鲁妙典飞升处，今废。"据清光绪元年刊本《宁远县志》卷一四："鲁女峰在舜源峰西北。《真诰》云：'九疑山女观鲁妙典遇仙谓曰此山。'"鲁女峰或为元结所登处。又《九疑图记》末尾曰："时永泰丙午中也。"所以此三诗暂系于本年。

又《九疑图记》或作此稍后，当在春夏之交时。

又《九疑图记》末尾曰："时永泰丙午中也。""丙午"也即本年。又言"青莎白沙，洞穴丹崖，寒泉飞流，异竹杂华"，提及寒泉者，多为春夏之交或夏天作，故本文当作于前三诗后。《九疑图记》乃《九疑山图》之记。元结巡延唐县时，"图画九峰，略载山谷，传于好事，以旌异之"。绘九疑山志图，图成后为之写《记》。元脱脱《宋史·艺文三》元结《九疑图记》一卷，盖为地理类作品，元结另有《诸山记》一卷，不知所作时间。今《九疑山图》与《诸山记》皆不存。

春夏之交，户部员外郎何昌裕因收赋出使湖南，独孤及有诗相送。

独孤及《送何员外使湖南》："夙昔皆黄绶，差池复琐闱。上田无晚熟，逸翮果先飞。前路舟休系，故山云不归。王程傥未复，莫遣鲤书稀。"按：湖南地区，稻一般两熟。早稻成熟时间一般在七月；晚稻十月成熟。诗言"上田无晚熟，逸翮果先飞"，如是早稻，则何昌裕出使湖南当在春夏之交，永泰元年夏，元结即离道州刺史任往衡阳，不可能有送别何昌裕的机会，也不可能作《别何员外》诗。又本年秋，何昌裕送元结皮弁，故何昌裕出使湖南当在本年春夏之交。

何昌裕出使湖南，主要是为了收赋。独孤及《送何员外使湖南》："上田无晚熟，逸翮果先飞。"元结《别何员外》："犹是尚书郎，收赋来江湖。"

约此稍后，公上《奏免科率等状》，敕依。

元结《奏免科率等状》："臣一州当岭南三州之界，守捉四十余处。岭南诸州，不与贼战，每年贼动，臣州是境上之州。若臣州陷破，则湖南为不守之地。……臣当州每年除正租正庸外，更合配率几钱，庶免使司随时加减，庶免百姓每岁不安。其今年轻货及年支米等，臣请准状处分。谨录奏闻。"题后有原注："永泰二年奏，敕依。"按：户部员外郎何昌裕因收赋出使湖南，公《奏免科率等状》当在其后，又元结《别何员外》诗中说："公能独宽大，使之力自输。"也可见元结所奏为上所允。又《新唐书·元结传》："明年，租庸使索上供十万缗，结又奏：'岁正租庸外，所率宜以时增减。'诏可。"《新唐书·元结传》"明年"指永泰元年（765），实际上该文当作于本年。

五月，元结在道州刺史任，于州西山上建舜庙，又上《论舜庙状》，乞请蠲免近庙民户，充洒扫之役。

元结《论舜庙状》："右谨按地图：舜陵在九疑之山，舜庙在太阳之溪。舜陵古老以失，太阳溪今不知处。……臣谨遵旧制，于州西山上，已立庙讫，特乞天恩许蠲免近庙一两家，令岁时拂洒，以为恒式。"该文原注："永泰二年奏，敕依。"又《唐会要》卷二十二："永泰二年五月诏：道州舜庙，宜蠲近庙两户，充埽除（从刺史元结所请也）。"

六月，公巡属县至江华，县令瞿令问于县南构茅亭于石上，元结名之为寒亭，作《寒亭记》，刻之亭背。

元结《寒亭记》："永泰丙午中，巡属县至江华……于是休于亭上为商之曰：'今大暑登之，疑天时将寒。炎蒸之地，而清凉可安，不合命之曰寒亭。'乃为寒亭作记，刻之亭背。"按：永泰丙午年即永泰二年。又《记》中言："今大暑登之，疑天时将寒。"是为六月。县大夫即县令，瞿令问时为江华令，颜真卿《唐故容州都督兼御史中丞本管经略使元君表墓碑铭并序》有载："故吏大足令刘衮、江华令瞿令问、故将张满、赵温、张协、王进兴等，感念恩旧，皆送哭以终葬；竭资鹭石，愿垂美以述诚。"寒亭，在今湖南永州江华县南。

本月，公巡属县至江华，至回山，其南面有大岩，公命之阳华岩，又作《阳华岩铭》（并序）。县令瞿令问以篆籀刻于岩下。公又有诗招陶某家于阳华岩下。

元结《阳华岩铭》（并序）："道州江华县东南六七里有回山。南面峻秀，下有大岩。岩当阳端，故以阳华命之。……如阳华殊异而可家者，未也，故作铭称之。县大夫瞿令问艺兼篆籀，俾依石经，刻之岩下。"《永州府志》载："江华复岭重岗，地远而险，其山之秀异者，自古称阳华岩。"《阳华岩铭》由江华令瞿令问以隶书、大篆、小篆三种字体同时书写（序为隶书），刻于岩中崖壁上。欧阳修《集古录跋尾》卷七："《阳华岩铭》，元结撰，瞿令问书。"

元结《招陶别驾家阳华作》有句："海内厌兵革，骚骚十二年。"自天宝十四载（755）安史之乱爆发，至今已十二年。又曰："探烛饮洞中，醉昏漱寒泉。"与《阳华岩铭》（并序）："岩高气清，洞深泉寒。"一致；又《阳华岩铭》（并序）："所见泉石如阳华殊异而可家者，未也。"与《招陶别驾家阳华作》句"谁能家此地，终老可自全"相类，则《招陶别驾家阳华作》与《阳华岩铭》（并序）作于同一时期。

本月，公巡江华，至洄溪，宿洄溪翁宅，有诗作；又作《洄溪招退者》诗。又或游秦岩。

元结《宿洄溪翁宅》："长松万株绕茅舍，怪石寒泉近檐下。老翁八十犹能行，将领儿孙行拾穗。吾羡老翁居处幽，吾爱老翁无所求。时俗是非何足道，得似老翁吾即休。"按：《宿洄溪翁宅》言

"寒泉"当为夏季。又"老翁八十犹能行,将领儿孙行拾穗"。又《洄溪招退者》:"松膏乳水田肥良,稻苗如蒲米粒长。"据此可知,元结至洄溪时,正是早稻成熟收割、晚稻秧苗生长的季节。据今天情况看,江华一带早稻在七月中旬也即大暑前后成熟,在永泰二年为夏历六月初八前后。故在时间上与《阳华岩铭》(并序)一致,当为六月所作。

又瞿令问书《窊尊铭》《唐容亭铭》当在元结巡江华时。

欧阳修《集古录跋尾》卷七:"唐元结《窊尊铭》(永泰二年),元结撰,瞿令问书。"按:从元结作品看,铭文、铭文书写、石刻往往不在同一时间。从《窊尊铭》看,铭文当作于巡江华前,书写则在巡江华期间,石刻在回道州后。宋赵明诚《金石录·目录八》:"《唐容亭铭》,元结撰,瞿令问篆书。永泰二年十一月。"十一月是石刻时间,书写时间当在元结巡江华期间。

约本年夏,何昌裕出使至道州,征赋任务完成后,公作《别何员外》送之,赞其宽大精神。

元结《别何员外》赞其宽大精神:"人皆悉苍生,随意极所须。比盗无兵甲,似偷又不如。公能独宽大,使之力自输。……不然且相送,醉欢于坐隅。"

夏秋之际,公自舂陵诣都使计兵。至零陵,得岩与洞,遂以朝阳命铭,作《朝阳岩铭》《朝阳岩下歌》,又摄刺史窦泌于山之巅创制茅阁。

元结《朝阳岩铭》(并序):"永泰丙午中,自舂陵诣都使计兵。至零陵,爱其郭中有水石之异,泊舟寻之,得岩与洞,此邦之形胜也。自古荒之而无名称。以其东向,遂以朝阳命焉。前刺史独孤愐为吾剪辟榛莽,后摄刺史窦泌为吾创制茅阁,于是朝阳水石,始有胜绝之名。已而刻铭岩下,将示来世。"其歌曰:"朝阳岩下湘水深,朝阳洞口寒泉清。零陵城郭夹湘岸，岩洞幽奇带郡城。荒芜自古人不见，零陵徒有先贤传。水石为娱安可羡，长歌一曲留相劝。"据民国二十年补刊《零陵县志》："朝阳岩：城西南二里，潇水之浒。岩口东向，当朝暾初升，烟光石气激射成采。唐道州司马元结维舟岩下，名之曰朝阳。刺史独孤愐始辟治之，窦泌乃建茅阁于上，结为铭诗勒石。"按：道州司马当为道州刺史。

七月至十一月间，谭某自云阳来道州，公与之游，后谭某归云阳，公作序送之。在序中，公极力抒写道州之美景，希冀谭某归云阳后告知云阳宰峻公及隐逸之士牧犊。

元结《送谭山人归云阳序》："吾于九疑之下赏爱泉石，今几三年。"按：元结广德元年十二月自鄂州赴道州任，至本年十一月已三年。又同篇曰："此邦舜祠之奇怪，阳华之殊异，漶泉之胜绝，见峻公与牧犊，当一一说之。松竹满庭，水石满堂，石鱼负樽，凫舫运觞，醉送谭子，归于云阳，漫叟元次山序。"文中言及"阳华之殊异"，元结本年六月巡属县至江华，作《华阳铭》，故《送谭山人归云阳序》当作于本年六月后。

又以下诗文作于广德二年至永泰二年间：

元结《送谭山人归云阳序》："此邦舜祠之奇怪，阳华之殊异，漶泉之胜绝，见峻公与牧犊，当一一说之。松竹满庭，水石满堂，石鱼负樽，凫舫运觞。"按："舜祠之奇怪"，永泰元年，元结在道州刺史任，以虞舜葬于苍梧九疑之山，立舜祠于州西之山南，又作《舜祠表》，江华令瞿令问篆刻石上；"阳华之殊异"，本年六月，元结巡属县至江华作《阳华岩铭并序》，县令瞿令问以篆籀刻于岩下。

又"漶泉之胜绝"，在元结作品中，有《七泉铭并序》，其序曰："道州东郭，有泉七穴。……于戏！凡人心若清惠，而必忠孝、守方直，终不惑也。故命五泉，其一曰漶泉，次曰㳄泉，次曰㳒泉、汸泉、洍泉。铭之泉上，欲来者饮漱其流，而有所感发者矣。留一泉命曰漫泉，盖欲自旌漫浪，不厌欢醉者也。一泉出山东，故命之曰东泉，引来垂流，更复殊异。各刻铭以记之。"《七泉铭并序》当作于元结初见七泉时。㶟、泚、㳆、汸、洍五字，当为元结自己所造，在《送谭山人归云阳序》中，有"㶟泉之胜绝"，说明《七泉铭并序》当作于《送谭山人归云阳序》之前。有七泉在道州城东郭，离元结所在地近，易于发现，最有可能作于元结初到道州时，即广德二年。但《七泉铭并序》无明确时间标志，姑系于此。光绪三年修《道州府志》："七泉在州志东北，曰惠泉、方泉、直泉、忠泉、孝泉、漫泉、东泉，状类七井，其五井相连属，二井稍离，脉理相连。"

又元结另有《引东泉作》，其诗曰："东泉人未知，在我左山东。引之傍山来，垂流落庭中。"与《七泉铭序》："一泉出山东，故命之曰东泉，引来垂流，更复殊异。"及《东泉铭》："泉在山东，以东为名。爱其悬流，溶溶在庭。"一致，故诗与铭当作于同时。

又元结另有《五如石铭》，其序曰："㳆泉之阳，得怪石焉。左右前后及登石颠均有如似，故命之曰五如石。石皆有窦，窦中涌泉，泉诡异于七泉，故命为七胜泉。"五如石在㳆泉之阳，故当与㳆泉先后发现。《序》中又提及"石皆有窦，窦中涌泉，泉诡异于七泉，故命为七胜泉"。故当作于《七泉铭并序》同时或稍后。光绪三年修《道州府志》："五如石在下津门外，江北岸。唐元结刻铭并序于上。今已淤废。"

又元结另有《㶟阳亭作并序》，其序曰："初得㶟泉，则为亭于泉上。因开檐溜，又得石渠。泉渠相宜，亭更加好。以亭在泉北，故命之曰㶟阳亭。"据此㶟阳亭所建时间当在作《七泉铭并序》稍后不久。在《七泉铭》中，元结表达了对㶟阳亭的喜爱，诗曰："问吾常宴息，泉上何处好？独有㶟阳亭，令人可终老。"

又"石鱼负樽",在元结作品中,有《石鱼湖上作并序》,其序曰:"潓泉南上,有独石在水中,状如游鱼。……乃命湖曰石鱼湖,镌铭于湖上,显示来者。又作诗以歌之。"

秋冬之际,何昌裕仍在户部员外郎任,送公皮弁,公作文感激之。又有赠之凡裘、愚巾之意。

元结《与何员外书》:"月日,次山白何夫子执事:皮弁,时俗废之久矣,非好古君子,谁能存之?忽蒙见赠,惊喜无喻。……赠及皮弁,与凡裘正相宜。"按:元结《与何员外书》:"若风霜惨然,出行林野,次山则戴皮弁、衣凡裘;若大暑蒸湿,出见宾客,次山则戴愚巾、衣野服。"则何昌裕之送皮弁,在秋冬之季乎?又本年春夏,何昌裕收赋至道州,二人之友情当自此开始。

元结《与何员外书》:"不审夫子异时归休,适在山野,能衣戴此者不乎?若以为宜,当各造一副送往。"

本年十月或十月前,公在道州,作《问进士》。

元结《问进士》,其下有原注:"永泰二年道州间。"本年十一月甲子,改元大历,故当作于本年十一月前。又《问进士·第一》:"天下兴兵,今十二年矣。"从天宝十五载(755)至今正好十二年。

按:《问进士》即策问,权德舆就曾作《进士策问五道》《贞元十三年中书试进士策问二道》《贞元十九年礼部策问进士五道》《贞元二十一年礼部策问五道》,唐代士人考取进士后并不能马上做官,还要经过礼部的策问,有时甚至是皇帝的亲自策问,方能释褐,所以不少人中进士后先入幕府,以增长阅历。根据元结《问进士》原注:"永泰二年道州间。"这并非礼部的策问,但其形式与礼部策问极为相似,也是五道。盖当时有进士入元结幕,在其即将参加礼部策问时,元结进行了一次模拟策问。

十一月,元结刻石《唐容亭铭》于道州。又《㡾尊铭》也当在此

前后刻于石。

　　宋赵明诚《金石录·目录八》："《唐容亭铭》（元结撰，瞿令问篆书。永泰二年十一月）。"按：金文明《金石录校证》以为："《唐唐亭铭》（元结撰，瞿令问篆书。永泰二年十一月。"其校证曰："唐亭：'唐'原作'容'，误。三长本作'唐'。按第一千四百八《唐唐台铭》卢按云：'元次山爱祁阳山水，名其亭曰唐亭。'当作唐为是。"按：《唐容亭铭》或与《唐唐亭铭》是不同篇目。孙望《元次山集》中，有《唐颩铭》，其校曰："黄本作亭。"又在题下注曰："明本无此篇，此据石刻补入，而以《全唐文》及黄本校之。"然在孙望《元次山集》中，篇末曰："有唐大历二年岁次丁未六月十五日刻。"《唐容亭铭》与《唐颩铭》均据石刻所录，然石刻时间却不同，则可见二者并非同篇。今传元结作品中无《唐容亭铭》，《金石录》中也仅存目，则《唐容亭铭》已佚。又大历二年二月，元结尚在道州，不大可能本年冬十一月在祁阳。则"容亭"或在道州。元结《窊樽铭并序》："道州城东有左湖，湖东二十步有小石山。山巅有窊石，可以为樽，乃为亭樽上，刻铭为志。"不知容亭是否为该亭。光绪三年修《道州府志》："窊尊石在城内报恩寺西，唐元结刻铭于上，字皆古篆，虽剥落尤可识。前有小引数十字，后有年月，止存数字。又尝建亭于上，今久废。……光绪元年知州盛赓修州志，重构其亭并建书院，而古迹于是乎永护矣。"

　　本年改元前，公以张季秀能介直自全，退守廉让，举之。敕依。然不久之后，张季秀离世，公又作表颂之。

　　元结《举处士张季秀状》题下又原注："永泰二年奏，敕依。"元结之所以举张季秀，主要原因其是张季秀与元结有旧，上元元年元结参来瑱幕，曾向来瑱上《请收养孤弱状》："当军孤弱小儿都七十六人（张季秀等三十九人，无父母；周国良等三十七人，有父兄在军）。"

张季秀就在其军中，现元结刺道州，张季秀或因此来奔。元结又有《张处士表》："永泰丙午中，处士张秀卒。"不言大历，言永泰，张季秀当本年改元前就已去世。元文中感叹张季秀"与时不合者耶？而未能矫然绝世，遭以礼法相检不见容，悲夫！"

十一月，甲子，改永泰二年为大历元年，大赦天下。

《旧唐书·代宗纪》："甲子，日长至，上御含元殿，下制大赦天下，改永泰二年为大历元年。"

本年前后，博陵崔曼往道州，与公游数月，后潭州都督张谓荐其为属邑长，将行，公作序送之。

元结《别崔曼序》："漫叟年将五十，与时世不合，垂三十年，爱恶之声，纷纷人间。"按：古人一般称年龄时用虚数，凡四十九者，大多称五十。文中称将五十，则可能还不到五十。又开元二十三年（735）公始折节读书，"与时世不合，垂三十年"，当从其折节读书时算起。如上推30年，则为永泰元年。然考元结行迹，永泰元年夏即离开道州，"博陵崔曼惑叟所为，游而辨之，数月未去"。如发生在永泰元年，不可能与之游数月而未去。

又元结《别崔曼序》："会潭州都督张正言荐曼为蜀邑长，将行。"张正言即张谓，据《唐刺史考》：约永泰元年（765）至大历二年（767）在潭州刺史任。如此推算，元结别崔曼当在本年。

本年前后，唐王朝物价飞涨，民不聊生。公在其文中有提及。

元结《问进士》："往年粟一斛，估钱四百，犹贵；近年粟一斛，估钱五百，尚贱。往年帛一匹，估钱五百，犹贵；近年帛一匹，估钱二千，尚贱。"

767年（丁未）

大历二年　公四九岁

二月，元结由道州刺史任赴衡州计事，归，道中作《欸乃曲》五首。

元结《欸乃曲五首》序言："大历丁未中，漫叟以军事诣都使还州，逢春水，舟行不进，作《欸乃》五曲，舟子唱之，盖欲取适于道路耳。"按：大历丁未年即大历二年。"逢春水"当在春天，其二有句："湘江二月春水平，满月和风宜夜行。"

又其一曰："来谒大官兼问政，扁舟却入九疑山。"按：湖南都团练守捉观察处置使，唐广德二年（764）置，治所在衡州，辖衡、潭、邵、永、道五州。《旧唐书·宪宗纪》："（大历四年二月）辛酉，以湖南都团练观察使、衡州刺史韦之晋为潭州刺史，因是徙湖南军于潭州。"故元结"来谒大官兼问政"，所谒之人为衡州刺史韦之晋，所谒之事也必当与军事相关。《元和郡县图志》卷二九："大历县，中下。西北至州二百二十里。本汉营道县地，大历二年观察使韦之晋奏析延唐县于州东置，因年号为名。"则大历二年至大历四年，韦之晋在衡州刺史任。元结所谒之人必为韦之晋。

又其一"来谒大官兼问政，扁舟却入九疑山"；其二"唱桡欲过平阳戍，守吏相呼问姓名"；其四"零陵郡北湘水东，浯溪形胜满湘中"；其五"下泷船似入深渊，上泷船似欲升天"。据谭其骧《中国历史地图集》，平阳戍在今衡阳市南，泷，指双牌至道县一带的潇水，柳宗元在《游黄溪记》中有"南至于泷泉"，可知元结返回路线是衡州—平阳戍—浯溪—零陵—道州。

本月，公自衡州归道州，过零陵泷下三十里，与唐旧泷水令唐节相聚为欢，因唐节居丹崖之下，自称丹崖翁，临别，公为其宅作铭，又作诗歌咏之。

元结《宿丹崖翁宅》："扁舟欲到泷口湍，春水湍湍上水难。投竿来泊丹崖下，得与崖翁尽一欢。"按：泷指急流的水；元结一生多次往返于道州与衡州期间，但春过零陵泷只有本年。诗中言"春水湍泷上水难"，当指从零陵返道州逆流而上的情形。又元结作品中，另有《丹崖翁宅铭并序》曰："零陵泷下三十里，得丹崖翁宅。有唐节者，曾为泷水令，去官家于崖下，自称丹崖翁。丹崖，湘中水石之异者，翁，湘中得道之逸者。爱其水石，为之作铭。"可知，诗中的丹崖翁是前泷水令，从《诗》与《铭》看，二者应作于同一时间。按：徐霞客《徐霞客游记·楚游日记》："泷中有麻潭驿，零陵。驿南四十里属道州，驿北三十里属零陵。按其地即丹霞翁宅也，《志》云：在府南百里零陵泷下，唐永泰中有泷水令唐节，去官即家于此泷，自称为丹霞翁。元结自道州过之，为作宅刻铭。然则此泷北属零陵，故谓之零陵泷。而所谓泷水县者，其即此非耶？"

六月，元结至祁阳，见浯溪景美胜异，遂家于此，作《浯溪铭》，又作《峿台铭》，十五日刻于石上。

从《元次山文集》各版本次第看，《浯溪铭》排列于《峿台铭》《唐㢈铭》前，由溪至台、㢈亦合逻辑，故《浯溪铭》所作时间当与《峿台铭》同时或稍前。《浯溪铭》："浯溪在湘水之南，北汇于湘。爱其胜异，遂家溪畔。溪，世无名称者也，为自爱之，故命曰浯溪。"按：元结有老母，年迈多病，可能出于这方面原因，故家于此。其母约于本月或稍后迁于此，大历四年，其母去世。元结辞官居于祁阳，为其母守制。元结在大历三年作《让容州表》曰："但以老母念臣疾疹日久。时方大暑，南逾火山，举家漂泊，寄在湖上，单车将命，赴于贼庭。臣将就路，老母悲泣，闻者凄怆，臣心可知。臣欲扶持版舆，南之合浦，则老母气力，艰于远行。臣欲奋不顾家，则母子之情，禽畜犹有。"则元结之母在大历二年（767）六月至大历三年（768）四月间已至容州。唐韦辞《修浯溪记》："元公再临道州，有妪伏活乱之恩，封部歌吟，旁浃于永。故去此五十年，而俚俗犹知敬慕。……今年春，公季子友让，以逊敏知治术，为观察使袁公所厚，用前宝鼎尉假道州长史。……元和十三年十二月六日，江州员外司马韦辞记。"按：元和十三年（818）上推50年，元结家于浯溪当在大历二年（767）。

又欧阳修《集古录跋尾》卷七："唐元结《峿台铭》〈大历二年〉。"《金石录》卷八《唐峿台铭》："元结撰。篆书，无姓名。大历二年六月。"又孙望《元次山集》卷十《峿台铭》后有："有唐大历二年岁次丁未六月十五日刻。"明陆容《菽园杂记》卷六："浯溪、峿台、㢑亭，皆在今永州祁阳县治南五里。唐元结次山爱其胜异，遂家其处。命名制字，皆始于结字，从水，从山，从广，皆曰吾者，旌吾独有也。今按峿、㢑字，韵书无之，盖制自次山。浯，本琅琊水名，古有此字。湘江之溪，命名曰浯，则自次山耳。"

《峿台铭》序曰："石颠胜异之处，悉为亭堂。小峰欹窦，宜间松竹，掩映轩户，毕皆幽奇。"可见，元结在峿台之上，已构亭堂。则元结本年六月前已安家于此。

秋，杜甫在夔州，读公《舂陵行》《退贼示官吏》诗，有感，作《同元使君舂陵行》，寄知己。

《杜诗详注》卷十九《同元使君舂陵行》其序："览道州元使君结《舂陵行》兼《贼退后示官吏作》二首，志之曰：当天子分忧之地，效汉官良吏之目。今盗贼未息，知民疾苦，得结辈十数公，落落然参错天下为邦伯，万物吐气，天下小安可待矣。不意复见比兴体制，微婉顿挫之词，感而有诗，增诸卷轴，简知我者，不必寄元。"按：元结《舂陵行》《贼退后示官吏作》两诗作于广德二年（764），参见广德二年条。

杜甫又在其诗中盛赞元结："粲粲元道州，前圣畏后生。观乎《舂陵》作，欻见俊哲情。复览《贼退》篇，结也实国桢。贾谊昔流恟，匡衡常引经。道州忧黎庶，词气浩纵横。两章对秋月，一字偕华星。"按：仇兆鳌在《杜诗详注》引鹤注："此当大历二年在夔州作。"杨伦《杜诗镜铨》："公诗乃大历初年作。"诗中有句："肺枯渴太甚，漂泊公孙城。"公孙城，即白帝城，在夔州东南（今四川奉节县东之白帝山上）。东汉初年公孙述筑城，自号白帝，故称。则杜甫作此诗时尚在夔州。然诗中又有句："沈绵盗贼际，狼狈江汉行。"则杜甫于此时有江汉之行的打算。又据《杜诗详注》卷十九《峡隘》："闻说江陵府，云沙静眇然。白鱼如切玉，朱橘不论钱。水有远湖树，人今何处船。青山各在眼，却望峡中天。"仇兆鳌引鹤注："当是大历二年有意出峡而作。"又引《杜臆》："公心欲出峡，故觉其隘也。"从《同元使君舂陵行》看，诗中既出现"漂泊公孙城"，又出现"狼狈江汉行"，同时还有"两章对秋月"之句，可见此诗当作于《峡隘》前后，即大历二年秋作。

九月，山獠陷桂州，逐刺史李良。

《资治通鉴》卷二二四："（九月）山獠陷桂州，逐刺史李良。"

十月下旬，时韦之晋在湖南观察使任，奏公课第一。

颜真卿《唐故容州都督兼御史中丞本管经略使元君表墓碑铭并序》："观察使奏课第一，转容府都督兼侍御史本管经略使。"《旧唐书·职官二》："郎中、员外郎之职，掌内外文武官吏之考课。凡应考之官家，具录当年功过行能，本司及本州长官对众读，议其优劣，定为九等考第，各于所由司准额校定，然后送省。"同卷："凡考课之法，有四善：一曰德义有闻，二曰清慎明著，三曰公平可称，四曰恪勤匪懈。……一最以上，有四善，为上上。"又同卷："尚书、侍郎之职，掌天下官吏选授、勋封、考课之政令。……凡选授之制，每岁集于孟冬。去王城五百里之内以上旬，千里之内以中旬，千里之外以下旬。"

十一月，公尚在道州，取天宝年间旧编，合以道州任内所作，共二百三首，分为十卷，重命之《文编》，并为之序。

元结在《文编序》中阐明其目的："尔来十五年矣，更经丧乱，所望全活，岂欲迹参戎旅，苟在冠冕，触践危机，以为荣利？盖辞谢不免，未能逃命。故所为之文，多退让者，多激发者，多嗟恨者，多伤闵者。其意必欲劝之忠孝，诱以仁惠，急于公直，守其节分。如此非救时劝俗之所须者欤？"又论及所收之文："叟在此州，今五年矣，地偏事简，得以文史自娱。乃次第近作，合于旧编，凡二百三首，分为十卷，复命曰《文编》，示门人子弟，可传之于筐篚耳。"

按：《文编序》："时大历二年丁未中冬也。"指明了序所作时间；又"尔来十五年矣，更经丧乱，所望全活"。公自广德元年（763）赴道州刺史任，大历二年（767），正好五年，与"叟在此州，今五年矣"相合，又自天宝十二载（753）公中进士至大历二年（767）正好十五年。

又以下诗歌作于广德二年（764）至大历二年（764）道州刺史任上。

《游潓泉示泉上学者》："顾吾漫浪久，不欲有所拘。每到潓泉上，情性可安舒。"《宴湖上亭》："广亭盖小湖，湖亭实清旷。轩窗幽水石，怪异尤难状。石樽能寒酒，寒水宜初涨。"《夜宴石鱼湖作》："风霜虽惨然，出游熙天正。登临日暮归，置酒湖上亭。"《石鱼湖上醉歌并序》："漫叟以公田米酿酒，因休暇，则载酒于湖上，时取一醉。欢醉中，据湖岸，引臂向鱼取酒。"按：据《七泉铭序》："一泉出山东，故命之曰东泉，引来垂流，更复殊异。"《东泉铭》："泉在山东，以东为名。爱其悬流，溶溶在庭。"及《引东泉作》："东泉人未知，在我左山东。引之傍山来，垂流落庭中。"可以看出，元结在道州刺史任内建庭院于石鱼湖和七泉边（石鱼湖在潓泉南），以上作品都与七泉或石鱼湖相关。故元结游七泉，饮湖上当是常有的事，故以上作品，只能确定作于道州刺史任上。

《登白云亭》："出门上南山，喜逐松径行。穷高欲极远，始到白云亭。长山绕井邑，登望宜新晴。州渚曲湘水，萦回随郡城。九疑千万峰，嶙嶙天外青。"按：诗中提及"九疑千万峰""郡城"，则必在道州刺史任上作。又从诗中可以看出，白云亭在道州附近之南山。光绪三年修《道州府志》也云："白云亭：在南山。"

768年（戊申）

大历三年　公五十岁

三月或稍前，敕命公自道州刺史转容府都督兼侍御史本管经略使。公在道州刺史任颇有政绩，张谓作《甘棠颂》美之，道州之民立生祠乞留。

元结《让容州表》："臣结言：臣伏奉今月二十二日敕，授臣使持节都督容州诸军事，守容州刺史御史中丞，充本管经略守捉使。四月十六日敕到，二十一日发付本道行营。"按：《表》言："四月十六日敕到。"然又曰："臣伏奉今月二十二日敕。"则敕命公自道州刺史转容府都督兼侍御史本管经略使当在三月二十二日或稍前。又按：《旧唐书·地理四》："容州下都督府：……天宝元年，改为普宁郡。乾元元年，复为容州都督府。仍旧置防御、经略、招讨等使，以刺史领之。刺史充经略军使，管镇兵一千一百人，衣粮税本管自给。旧领县七，户八千八百九十。天宝后，领县五，户四千九百七十，口一万七千八十七。"《旧唐书·职官一》："从第三品：……下都督。"又同卷："正第五品上阶：……御史中丞。"又《旧唐书·地理一》："容管经略使，治容州，管兵千一百人。"同卷："容管经略使。治容州，管容、辩、白、牢、钦、岩、禹、汤、瀼、古等州。"元结自道州刺史转容府都督从正四品升为从三品，然就实际情况看，元结在道州刺史任，道州尚未为西原蛮攻破，但容州却为西原蛮占领，元结不得不寄理他州。

《新唐书·元结传》："结为民营舍给田，免徭役，流亡归者万余。进授容管经略使。"公离道州刺史任，张谓为潭州刺史，作《甘棠颂》美元结。颜真卿《唐故容州都督兼御史中丞本管经略使元君表墓碑铭并序》："仍请礼部侍郎张谓作《甘棠颂》以美之。""既受代，百姓诣阙，请立生祠，仍乞再留。"

四月，公转容府都督兼侍御史本管经略使，敕到，公作《让容州表》辞之，然未从之。

颜真卿《唐故容州都督兼御史中丞本管经略使元君表墓碑铭并序》："观察使奏课第一，转容府都督兼侍御史本管经略使。"元结《让容州表》："臣结言：'臣伏奉今月二十二日敕，授臣使持节都督容州诸军事，守容州刺史御史中丞，充本管经略守捉使。四月十六日敕到，二十一日发付本道行营。'"又《表》言："前在道州，黾勉六岁，实无政理，多是假名，频请停官，使司不许。"公自广德元年（763）赴道州刺史任，至大历三年（768），正好六年，故元结自道州刺史转容府都督兼侍御史本管经略使在本年。

四月，公赴容州刺史任，途经连州，过桂阳，名桂阳东北二里之湖为海阳湖。

《全唐文》卷六〇七刘禹锡《吏隐亭述》："元和十五年，再牧于连州，作吏隐亭海阳湖壖。……海阳之名，自元先生。先生元结，有铭其碣。元维假符，余维左迁。其间相距，十五余年。对境怀人，其犹比肩。"宋祝穆《方舆胜览》说："海阳湖在桂阳（今连州）东北二里，唐大历间，元结到此创湖。"宋周去非《岭外代答》载入岭南的交通路线有五条："自福建之汀，入广东之循、梅，一也；自江西之南安,逾大庾入南雄,二也;自湖南之郴入连,三也;自道入广西之贺,四也;自全入静江,五也。"元结比较适合走第三条和第四条路线。其中,自湖南之郴入连,必经道州。且桂阳不在容管经略使管辖范围。故元结只可能在赴梧州时到过桂阳,现姑系于此。又据刘禹锡《吏隐亭述》,元结作有《海阳湖铭》,今已佚。

四月,公在容州刺史任,时容州为洞夷獠、西原蛮所据,公寄理梧州。

《旧唐书·王翃传》:"岭南溪洞夷獠乘此相恐为乱,其首领梁崇牵自号'平南十道大都统',及其党覃问等,诱西原贼张侯、夏永攻陷城邑,据容州。前后经略使陈仁琇、李抗、侯令仪、耿慎惑、元结、长孙全绪等,虽容州刺史,皆寄理藤州,或寄梧州。"《新唐书·王翃传》:"溪洞夷獠相挺为乱,夷酋梁崇牵号'平南都统',与别帅覃问合,又与西原贼张侯、夏永更诱啸,因陷城邑,遂据容州。前经略使陈仁琇、元结、长孙全绪等皆侨治藤、梧。"按:据元结《冰泉铭》:"苍梧郡城东二三里有泉焉。"该文作于本年夏,苍梧郡即梧州。可知元结虽为容州刺史,实则寄理梧州。

稍后,公单车入洞,抚慰叛乱诸州。

颜真卿《唐故容州都督兼御史中丞本管经略使元君表墓碑铭并序》:"容府自艰虞以来,所管皆固拒山谷,君单车入洞,亲自抚谕。"《新唐书·元结传》:"身谕蛮豪。"

五月,颜真卿除抚州刺史。

《全唐文》卷五一四殷亮《颜鲁公行状》:"永泰二年春,差公摄职谒太庙。公以祭器不修,言之于朝。载潜公以为讪谤时政,贬峡州别驾。代宗为罚过其罪,寻换吉州别驾。公与往来词客,诗酒讲论,为乐甚。有所著,编为《庐陵集》十卷。于大历三年迁抚州刺史。在州四年,以约身减事为政。然而接遇才人,耽嗜文卷,未曾暂废焉。"

《全唐文》卷三三八颜真卿《乞御书题额恩敕批答碑阴记》："大历三年夏五月蒙除抚州刺史。"

盛夏，公在梧州，时苍梧郡城东二三里有寒泉，救苍梧郡人之渴，因泉与火山相对，故命名为冰泉，且为之作铭。

元结《冰泉铭》其序曰："苍梧郡城东二三里有泉焉。出在郭中，清而甘，寒若冰。在盛暑之候，苍梧之人得救渴。泉与火山相对，故命之曰冰泉，以变旧俗。"按：元结大历四年（769）四月丁母忧，稍后辞去容州刺史兼容管经略守捉使之职，未历盛夏，故《冰泉铭并序》当作于本年盛夏。《梧州府志》载："梧州城东有井出冰泉，井水甘凉清洌。"

六月前后，叛乱八州归顺。

颜真卿《唐故容州都督兼御史中丞本管经略使元君表墓碑铭并序》："君单车入洞，亲自抚谕，六旬而收复八州。"《新唐书·元结传》："身谕蛮豪，绥定八州。"按：《旧唐书·地理一》："容管经略使。治容州，管容、辩、白、牢、钦、岩、禹、汤、瀼、古等州。"正因为元结收复八州，使得容州叛军成为孤军，所以大历六年，容管经略使王翃与义州刺史陈仁璀、藤州刺史李晓庭攻容州，拔之，擒梁崇牵，才尽复容州故地。

闰八月或稍前，元结与浯溪之口异石上作元结庼，临湘江、枕浯溪，又作《唐庼铭》，闰八月九日，林云刻之于石上。

元结《唐庼铭》其序曰："浯溪之口有异石焉，高六十余丈，周回四十余步。西面在江中，东望峿台，北面临大渊，南枕浯溪。唐庼当乎石上，异木夹户，疏竹傍檐。瀛洲言无，由此可信。若在庼上，目所厌者远山清川；耳所厌者水声松吹；霜朝厌者寒日；方暑厌者清风。于戏！厌，不厌也，厌犹爱也，命曰唐庼，旌独有也。"其铭曰："年将五十，始有唐庼。"又曰："有唐大历三年岁次戊申闰八月九日林云刻。"按：本年元结正好五十。

又元结有《东崖铭并序》当作于本月后，大历六年九月前。

《东崖铭并序》："峿台西面，皷歧高迴，在唐亭为东崖，下可行坐八九人。其为形胜与石门石屏，亦犹宫羽之相资也。"《序》中提及"峿台""唐亭"，当作于此两篇后。

769年（己酉）

大历四年　公五一岁

二月，以湖南都团练观察使、衡州刺史韦之晋为潭州刺史，徙湖南军于潭州。不久，卒于任上，杜甫有《哭韦大夫之晋》伤之。

《旧唐书·代宗纪》："（二月）辛酉，以湖南都团练观察使、衡州刺史韦之晋为潭州刺史，因是徙湖南军于潭州。"《新唐书·方镇六》："（大历四年）湖南观察使徙治潭州。"《杜诗详注》卷二二杜甫《哭韦大夫之晋》："贡喜音容间，冯招疾病缠。南过骇仓卒，北思悄联绵。鵩鸟长沙讳，犀牛蜀郡怜。素车犹恸哭，宝剑欲高悬。"

四月，公丁母忧。公拜左金吾卫将军，员外置同正员，兼御史中丞使持节都督容州诸军事兼容州刺史充本管经略守捉使，赐紫金鱼袋。

元结《再让容州表》："草土臣结言：伏奉四月十二日敕，以臣前在容州殊有理政，使司乞留，以遂人望，起复臣守金吾卫将军、员外置同正员、兼御史中丞，使持节都督容州诸军事、兼容州刺史、充本管经略守捉使，赐紫金鱼袋。"颜真卿《唐故容州都督兼御史中丞本管经略使元君表墓碑铭并序》："丁陈郡太夫人忧，百姓诣使请留，大历四年夏四月，拜左金吾卫将军兼御史中丞，管使如故。"《新唐书·元结传》："会母丧，人皆诣节度府请留，加左金吾卫将军。"

本月，公以亡母旅榇未归葬，有违礼法，再次辞让容州，作《再让容州表》，时公在祁阳，请永州刺史王庭璈进表以陈。

元结《再让容州表》："今陛下又夺臣情，礼授容州。臣遂行，则亡母旅榇，归葬无日，几筵漂寄，奠祀无主。捧读诏书，不胜悲惧。臣旧患风疾，近转增剧，荒忽迷忘，不自知觉。余生残喘，朝夕殒灭，岂堪金革，能伏叛人？特乞圣慈，允臣所请，收臣新授官诰，令臣终丧制，免生死羞愧，是臣恳愿。"又曰："臣闻苟伤礼法，安蒙寄任，古人所畏，臣敢不惧？国家近年切恶薄俗，文官忧免，许终丧制。臣素非战士，曾忝台省，墨缞戎旅，实伤礼法。"颜真卿《唐故容州都督兼御史中丞本管经略使元君表墓碑铭并序》："大历四年夏四月，拜左金吾卫将军兼御史中丞，管使如故。君矢死陈乞者再三，优诏褒许。"

元结《再让容州表》结尾曰："臣今寄住永州，请刺史王庭璈为臣进表陈乞以闻。"按：《旧唐书·地理三》："永州，中，隋零陵郡。武德四年，平萧铣，置永州，领零陵、湘源、祁阳、灌阳四县。七年，省灌阳。贞观元年，省祁阳县，四年，复置。天宝元年，改为零陵郡。乾元元年，复为永州。"

本月或稍后，帝允公所奏，以长孙全绪为容州刺史充本管经略守捉使，寄理藤州。

颜真卿《唐故容州都督兼御史中丞本管经略使元君表墓碑铭并序》："大历四年夏四月，拜左金吾卫将军兼御史中丞，管使如故。君矢死陈乞者再三，优诏褒许。"《旧唐书·王翃传》："前后经略使陈仁琇、李抗、侯令仪、耿慎惑、元结、长孙全绪等，虽容州刺史，皆寄理藤州，或寄梧州。"按：据《墓碑铭》载，代宗最终准元结所奏，而据《旧唐书·王翃传》载，长孙全绪接替了元结职位。《新唐书·王翃传》所载略同。

本月或稍后，公回祁阳，居家守制。公在容管观察使任，民乐其教，立石颂其德。

颜真卿《唐故容州都督兼御史中丞本管经略使元君表墓碑铭并序》："君矢死陈乞者再三，优诏褒许。"按：此后数月，公之行迹少见，当在居丧期间。

又《新唐书·元结传》："民乐其教，至立石颂德。"

七月，以澧州刺史崔瓘为潭州刺史、湖南都团练观察使。以西川溃将杨子琳为澧阳守。

《旧唐书·代宗纪》："秋七月己巳，以澧州刺史崔瓘为潭州刺史、湖南都团练观察使。"常衮《授崔瓘自澧州刺史除湖南观察使制》："银青光禄大夫前澧州刺史兼侍御史上柱国义丰县开国男崔瓘，尝守江潭，有清静简易之化，勤俭约已，精诚感物。……可使持节都督潭州诸军事潭州刺史兼御史中丞充湖南都团练守捉使及观察处置等使，仍兼充诸道营田副使知本管营田事，散官勋封如故。"按：崔瓘曾两为澧州刺史、两为潭州刺史。《全唐文》卷七三〇温造《瞿童述》："大历四年，西川溃将杨林为澧阳守。"杨林当为杨子琳。

十月，孟云卿自扬州北归，韦应物有诗相送。其后不久，卒于嵩阳。

《全唐诗》卷一九〇韦应物《广陵遇孟九云卿》："忽逢翰林友。欢乐斗酒前。……所念京国远，我来君欲还。"按：同上书卷一八七韦应物《寄卢庚》："时节异京洛。孟冬天未寒。广陵多车马。日夕自游盘。"可知韦应物在本年十月至扬州。"我来君欲还"，则韦应物至扬州时，正是孟云卿北归时。又据《全唐诗》卷三八一孟郊《哀孟云卿嵩阳荒居》："戚戚抱幽独，宴宴沈荒居。不闻新欢笑，但睹旧诗书。……秋芜上空堂，寒槿落枯渠。薙草恐伤蕙，摄衣自理锄。残芳亦可饵，遗秀谁忍除。徘徊未能去，为尔涕涟如。"可知其卒于嵩阳，其卒年不可考。

高仲武《中兴间气集》录其诗六首，称其："祖述沈千运，渔猎陈拾遗，词意伤怨。如'虎豹不相食，哀哉人食人'，方于《七哀》'路有饥妇人，抱子弃草间'，则云卿之句深矣。虽效于沈、陈，才得升堂，犹未入室，然当今古调，无出其右，一时之英也。"唐张为《诗人主客图》以其为"高古奥逸主"。《全唐诗》存其诗一卷。元结《箧中集》录其诗五首，为集中录诗最多者。钟惺《唐诗归》："元次山与云卿以词学相友二十年，次山直奥，云卿深婉，各不相同，此古人真相友处也。"

770年（庚戌）

大历五年　公五二岁

本年，王翃自朗州刺史迁容州刺史、容管经略使，寄寓藤州。

《旧唐书·王翃传》卷一百五十七："大历五年迁容州刺史、容管经略使。"《资治通鉴》卷二二四："（大历六年二月）经略使王翃至藤州，以私财募兵。"

771年（辛亥）

大历六年　公五三岁

二月，容管经略使王翃与义州刺史陈仁璀、藤州刺史李晓庭攻容州，拔之，擒梁崇牵，尽复容州故地。

《资治通鉴》卷二二四："（大历六年二月）经略使王翃至藤州，以私财募兵，不数月，斩贼帅欧阳珪，驰诣广州，见节度使李勉，请兵以复容州；勉以为难，翃曰：'大夫如未暇出兵，但乞移牒诸州，扬言出千兵为援，冀藉声势，亦可成功。'勉从之。翃乃与义州刺史陈仁璀、藤州刺史李晓庭等结盟讨贼。翃募得三千余人，破贼数万众；攻容州，拔之，擒梁崇牵，前后大小百余战，尽复容州故地。分命诸将袭西原蛮，复郁林等诸州。"《旧唐书·李勉传》："（四年）勉至，遣将李观与容州刺史王翃并力招讨，悉斩之，五岭平。"

闰三月，公在祁阳，刻《唐右堂铭》于浯溪。

《金石录》卷八："《唐右堂铭》（元结撰。篆书，无姓名。大历六年闰三月）。"据金文明《金石录校证》："叶本作《石堂铭》。"按：在元结集诸版本中，皆不见《右堂铭》或《石堂铭》，则该文已佚。

本月，颜真卿离开抚州赴京。

《全唐文》卷三三八颜真卿《乞御书题额恩敕批答碑阴记》："大历三年夏五月蒙除抚州刺史，六年闰三月代到，秋八月至上元。"代刺史为谁已无考。又《嘉泰吴兴志》卷十四："颜真卿，大历七年自抚州刺史授。"按：颜真卿离抚州任后，有返京经历，故大历七年才得授湖州刺史。又虽颜真卿闰三月离任，然其离开抚州，或当稍后。

春，刘长卿在鄂岳观察使院，因督赋潭州，有湖南之行。

据笔者拙文《刘长卿湖湘诗重系年》：刘长卿入湖南经岳州，作《湘妃庙》，然后进入长沙，有《送道标上人归南岳》《重送道标上人》。其《重送道标上人》："春草青青新覆地，深山无路若为归。"可知其出使潭州在本年春。

六月或稍前，颜真卿正书《大唐中兴颂》；本月，公在祁阳，刻《大唐中兴颂》于湘江石壁。

《金石录》卷八载："《唐中兴颂上》（元结撰，颜真卿正书。大历六年六月）。"按：《大唐中兴颂》碑文后署："上元二年（761）秋八月撰，大历六年（771）夏六月刻。"《金石萃编》卷九六载："尚书水部员外郎兼殿中侍御史荆南节度判官元结撰，金紫光禄大夫前行抚州刺史上柱国鲁郡开国公颜真卿书。"又曰："上元二年秋八月撰，大历六年夏六月刻。"又目下有注："正书，在祁阳县石崖。"言"前行抚州刺史"，《全唐文》卷三三八颜真卿《乞御书题额恩敕批答碑阴记》：

"大历三年夏五月蒙除抚州刺史,六年闰三月代到,秋八月至上元。"则颜真卿正书《大唐中兴颂》,当在闰三月至六月间。按:宋王存《元丰九域志》卷六:"浯溪,石崖上有元结《中兴颂》。"今从祁阳浯溪碑林看,《大唐中兴颂》刻于浯溪附近湘江石壁上。

秋冬之季,刘长卿自道州归,有诗与道州刺使李圻留别,至潭州,适逢公自祁阳朝京师,刘作诗赠公。

刘长卿《留别道州李使君圻》:"泷路下丹徼,邮童挥画桡。山回千骑隐,云断两乡遥。渔沪拥寒溜,畲田落远烧。维舟更相忆,惆怅坐空宵。"言及"寒溜",当在秋冬之季。

刘长卿《赠元容州》:"拥旌临合浦,上印卧长沙。海徼长无戍,湘山独种畲。政传通岁贡,才惜过年华。万里依孤剑,千峰寄一家。累征期旦暮,未起恋烟霞。避世歌芝草,休官醉菊花。旧游如梦里,此别是天涯。何事沧波上,漂漂逐海槎。"按:据杨世明《刘长卿集编年校注》考,此诗为"大历六年冬潭州作"。元容州即元结,大历五年居家祁阳浯溪。本年六月刻《大唐中兴颂》于浯溪,七年正月入京。本诗中有"避世歌芝草,休官醉菊花",故作于六年秋冬之季。又诗中有"上印卧长沙",当指元结自祁阳朝京师过长沙。

772年(壬子)

大历七年　公五四岁

正月,公朝京师,不幸遇疾。

颜真卿《唐故容州都督兼御史中丞本管经略使元君表墓碑铭并序》:"七年正月朝京师,上深礼重,方加位秩,不幸遇疾,中使临问者相望。"

四月庚午,公薨于永崇坊之旅馆,年五四,临终前,公分其宅以恤苏源明子,以示知己之恩。后卒赠礼部侍郎。

颜真卿《唐故容州都督兼御史中丞本管经略使元君表墓碑铭并序》："感中行见知之恩，及亡，至今分宅以恤其子。"中行，苏源明字。

颜真卿《唐故容州都督兼御史中丞本管经略使元君表墓碑铭并序》："夏四月庚午，薨于永崇坊之旅馆，春秋五十，朝野震悼焉。"《新唐书·元结传》："罢还京师，卒，年五十，赠礼部侍郎。"按：元结《别王佐卿序》："癸卯岁，京兆王契佐卿年四十六，河南元结次山年四十五。"癸卯岁即广德元年（763），以此递推，至大历七年，元结当为五十四岁。此与《墓碑铭》及《新唐书》本传不合。从其史料的可信度而言，元结文可信度更高，故元结之生卒年，姑从其文。

九月，颜真卿归自东京，起家蒙除湖州刺史。

殷亮《颜鲁公行状》："七年九月，拜湖州刺史。"

十一月二十六日，葬公于鲁山青岭泉陂原。约此稍后，颜真卿作《唐故容州都督兼御史中丞本管经略使元君表墓碑铭并序》，盛赞其功德，时颜真卿在湖州刺史任。又杨炎、常衮皆作碑志以述公之志业。

颜真卿《唐故容州都督兼御史中丞本管经略使元君表墓碑铭并序》："以其年冬十一月壬寅，虔葬君于鲁山青岭泉陂原，礼也。"按：壬寅即二十六日。时颜真卿在湖州刺史任，则铭文当作此稍后。又同篇："中书舍人杨炎、常衮皆作碑志，以抒君之志业。"然杨炎、常衮所作碑志今不存。颜真卿在《墓碑铭》中盛赞其德，其《序》曰："呜呼！君其心古，其行古，其言古，躬是三者，而见重于今。虽拥旄麾幢，总戎于五岭之下；弥纶秉宪，对越于九重之上，不为不遇。然以君之才之德之美，竟不得专政方面，登翼泰阶，而感激者不能不为之太息也。"其《铭》曰："次山斌斌，王之荩臣。义烈刚劲，忠和俭勤。炳文华国，孔武宁屯。率性方直，秉心真纯。见危不挠，临难遗身。允矣全德，今之古人。奈何清贤，素志莫伸？群士立表，垂声不泯。"

吕温湖湘诗文系年

在唐代湖湘客籍文人中,吕温是个较为突出的人物,吕温出生于大历六年(711),字化光,贞元末登进士第,与翰林学士韦执谊友善。贞元二十年冬,出使吐蕃,元和元年,使还,转户部员外郎。元和三年,出为道州刺史,五年,转衡州刺史。吕温在道、衡两州取得了较大政绩,元和六年八月,病卒于衡州,被人称为"吕衡州",有《吕衡州文集》十卷传世。又与柳宗元、刘禹锡等人交往密切,创作了较多湖湘文学作品。

吕温的作品有赋、诗、书序、表、状、碑铭、颂赞等各种体裁,其中最能代表其文学成就的是他的诗歌。吕温的诗歌,部分是在其出使吐蕃期间所作,其文学价值和史料价值巨大,为学者研究吐蕃文化或文学提供了翔实可信的材料。其大部分诗歌作于道州或衡州刺史任上。吕温与刘禹锡、柳宗元同为永贞革新核心成员,永贞革新进行时,吕温正在出使吐蕃途中。故永贞革新失败后,吕温的命运要比刘、柳好,仅贬谪为道州刺史。但是,吕温毕竟从权力中心跌落下来,内心存在苦闷、不满的情绪,这些情绪都通过诗歌表现了出来。故吕温在衡、道二州创作的作品,多抒发自身的贬谪之悲。

吕温的资料,见诸正史的较多,新、旧《唐书》及《资治通鉴》对吕温生平都有较详细的记载,另外,《唐才子传》卷五、《刘宾客嘉

话》等也有载，吕温留下的十卷诗文也为当代学者的研究提供了可信的资料。目前，对吕温研究较深入的有赵荣蔚的《吕温年谱》，除此之外，多洛肯、余恕诚、谭青、莫道才等人对吕温也有研究。笔者在前人研究的基础上，拟对吕温湖湘地区诗文进行系年，以期能够对研究者有所裨益。

808年（戊子）

元和三年

十月，李吉甫为中官所恶，将出镇扬州，吕温奏劾吉甫交通术士。宪宗面讯，其事皆虚，贬吕温均州刺史。朝议以所责太轻，十七日，改贬道州刺史。

《旧唐书·吕温传》载："温天才俊拔，文彩赡逸，为时流柳宗元、刘禹锡所称。……三年，吉甫为中官所恶，将出镇扬州，温欲乘其有间倾之。温自司封员外郎转刑部郎中，窦群请为知杂。吉甫以疾在第，召医人陈登诊视，夜宿于安邑里第。温伺知之，诘旦，令吏捕登鞫问之，又奏劾吉甫交通术士。宪宗异之，召登面讯，其事皆虚，乃贬群为湖南观察使，羊士谔资州刺史，温均州刺史。朝议以所责太轻，群再贬黔南，温贬道州刺史。"《吕衡州文集》卷五《道州谢上表》载："臣去年十月十七日，蒙恩授使，持节道州诸军事、守道州刺史。"刘禹锡《唐故衡州刺史吕君集纪》："东平吕和叔实生是时，而绝人远甚。……会中执法左迁，缘坐道州刺史。"

本年冬，以御史中丞李众为潭州刺史。吕温赴道州刺史任，途中作《岳阳怀古》《风叹》《道州途中即事》等诗。

《吕衡州文集》卷十《湖南都团练副使厅壁记》："元和三年冬，天子命御史中丞陇西李公以永嘉之循政、京兆之懿则，廷赐大旆，俾绥衡湘。"

《吕衡州文集》卷二《岳阳怀古》："风云一萧散，功业忽如浮。"《全唐诗》"风云"作"风雪"，可见本年冬末或第二年早春时抵达岳阳。同卷《风叹》："洞庭风，危樯欲折身若空。西驰南走有何事，会须一决百年中。"又同卷《道州途中即事》中有："叠嶂青时合，澄湘漫处空。……光翻沙濑日，香散橘园风。"以上数诗记录了吕温赴道途中所见风物。

809 年（己丑）

元和四年

正月，吕温抵道州，作《道州谢上表》。

《吕衡州文集》卷五《道州谢上表》："臣去年十月十七日，蒙恩授使持节道州诸军事，守道州刺史。……以今月七日到州上讫。"按：以"去年""今月"对举，则抵达道州时已到元和四年春，又元和三年冬至岳州，则抵道州当在四年正月前后。

三月，吕温在道州，有诗寄黔中观察使窦群和洛阳丞卢坦。元和初吕温与窦群、卢坦同在御史台。

《吕衡州文集》卷一《三月一日是贞元旧节，有感绝句，寄黔南窦三、洛阳卢七》："同事先皇立玉墀，中和旧节又支离。今朝各自看花处，万里遥知掩泪时。"《新唐书·窦群传》："群引吕温、羊士谔为御史，吉甫以二人躁险，持不下。群忮很，反怨吉甫。（元和三年）吉甫节度淮南，群谓失恩，因挤之。陈登者，善术，夜过吉甫家，群即捕登掠考，上言吉甫阴事。宪宗面覆登，得其情，大怒，将诛群，吉甫为救解，乃免，出为湖南观察使。改黔中。"卢七，卢坦。《全唐文》卷六四〇李翱《故东川节度使卢公（坦）传》："及王叔文贬出，坦遂为殿中侍御史。权德舆为户部侍郎，请为本司员外郎。寻转库部兼侍御史知杂事。未久，迁刑部郎中，知杂事如故。……数月，迁御史中丞，赐紫衣，分司东都。……坦初为殿中……凡二十有三月而至中丞。"知坦元和三年分司洛阳。吕诗当作此稍后。

春，吕温在道州，与弟吕恭听笼中山雀，有感贬谪之事，作诗。稍后，吕温病卧郡斋，有诗怀东馆诸友。

《吕衡州文集》卷一《和恭听晓笼中山鹊》："掩抑冲天意，凄怆触笼音。惊晓一闻处，伤春千里心。"吕恭，字恭叔，他名宗礼。柳宗元《祭吕敬叔文》谓其："智谋宏长，辩论恢奇，岩峨博大，与世异姿。"又柳宗元《吕侍御恭墓志》："尚气节，有勇略，不事小谨。读从横书，理阴符、握机、孙子之术。"《新唐书》载其："尚气节，喜纵横、孙吴术。为山南西道府掌书记，进殿中侍御史，终岭南府判官。"元和二年正月为江南西道都团练使，后府表进为殿中侍御史。按：因吕恭元和二年正月至元和六年为江南西道都团练使，故有机会前往道州与衡州，《吕衡州文集》中另有《道州春日感兴》《宗礼欲往桂州，苦雨，因以戏赠》《喜俭北至送宗礼南行》等诗，均作于吕恭任江南西道都团练使期间。

《吕衡州文集》卷二《道州郡斋卧疾寄东馆诸贤》："东池送客醉年华，闻道风流胜习家。独卧郡斋寥落意，隔帘微雨湿梨花。"按：《旧唐书·吕温传》："顺宗在东宫，侍书王叔文劝太子招纳时之英俊以自辅，温与执谊尤为叔文所眷，起家再命拜左拾遗。"又《旧唐书·王叔文传》："密结当代知名之士而欲侥幸速进者，与韦执谊、陆质、吕温、李景俭、韩晔、韩泰、陈谏、柳宗元、刘禹锡等十数人，定为死交。""东馆诸贤"当指李景俭、柳宗元、刘禹锡等人。又梨花在每年三月底四月初开，吕温元和四年及五年春在道州，从诗意看，当作于本年春。

春，吕温在道州，与同僚于南园把火观花，有诗作。时段弘古在道州，同游，有和诗。

《吕衡州文集》卷一段弘古《奉陪郎中楼上夜把火看花》："城上芳园花满枝，城头太守夜看时。"段弘古元和四年冬离道州归澧州，则此诗作于元和四年春。又同卷吕温另有《答段秀才》："尽日看花君不来，江城半夜为君开。楼中共指南园火，红烬随花落碧苔。"段弘古，澧州安乡县人。吕温守道州，为门客。后谒窦群于容州，殁旅舍。

四月，吕温在道州，时柳宗元在永州司马任，作《非国语》六十七篇，与书吕温，论作《非国语》之由，思尽其瑕颣，以别白中正。

《柳宗元集》卷三一《与吕道州温论非国语书》："四月三日，宗元白化光足下：近世之言理道者众矣，率由大中而出者咸无焉。……故道不明于天下，而学者之至少也。……吾自得友君子。而后知中庸之门户阶室，渐染砥砺，几乎道真。然而常欲立言垂文，则恐而不敢。今动作悖谬，以为僇于世，身编夷人，名列囚籍。以道之穷也，而施乎事者无日，故乃挽引，强为小书，以志乎中之所得焉。……故思欲尽其瑕颣，以别白中正。度成吾书者，非化光而谁？辄令往一通，惟少留视役虑，以卒相之也。"按：吕温元和三年十月至元和五年六月在道州刺史任，书言"四月"，则约作于四年或五年。柳宗元《与李翰林建书》中说："仆近求得经史诸子数百卷，常候战悸稍定，时即伏读，颇见圣人用心、贤士君子立志之分。著书亦数十篇，心病，言少次第，不足远寄，但用自释。"此文作于元和四年，姑系《与吕道州温论非国语书》于此时。

夏，处士何元上来道州，作诗呈吕温，吕温以《道州敬酬何处士书情见赠》《道州敬酬何处士怀郡楼月夜之作》《郡内北桥新亭书怀》等诗酬之。约此稍后，何元上去容州，吕温以诗送之。

何元上，一作何元之，又作何玄之，自称峨眉山人，元和四年夏居道州。《吕衡州文集》卷一何元之《所居寺院凉夜书情呈上郎中》：

"庾公念病宜清暑，遣向僧家占上方。"同卷吕温作《道州敬酬何处士书情见赠》："意气曾倾四国豪，偶来幽寺息尘劳。"又吕温另有《道州敬酬何处士怀郡楼月夜之作》："佳人甚近山城闭，一夜相望水镜中。"《道州夏日郡内北桥新亭书怀赠何元二处士》："闲销炎昼尽，静胜火云开。"均作于本年夏。按：吕温元和四年和元和五年夏均在道州，然五年五月一日授衡州刺史，以上数诗均未提及衡州事，应作于元和四年夏。又，吕温另有《道州酬送何山人之容州》亦当作此稍后。

秋，吕温在道州刺史任，登道州南楼，有诗，《道州叹月》也当作于此时。又《道州南楼换柱》抑或作此稍前。

《吕衡州文集》卷二《道州秋夜南楼即事》："猿声何处晓，枫叶满山秋。"同卷《道州月叹》："道州月，霜树子规啼是血，壮心感此孤剑鸣，沉火在灰殊未灭。"按：诗中出现"枫叶满山秋""霜树"，则此诗作于秋冬之季，而吕温秋在道州仅元和四年。

本年秋，韶州刺史裴礼作诗与柳宗元，时柳宗元在永州司马任上，拾其余韵酬之，又寄诗与吕温。

《柳宗元集》卷四二《酬韶州裴曹长使君寄道州吕八大使，因以见示二十韵一首并序》："月光摇浅濑，风韵碎枯菅。"按：诗言"浅濑""枯菅"当在秋季，吕温秋在道州仅元和四年。又《旧唐书·吕温传》："（贞元）二十年冬，副工部侍郎张荐为入吐蕃使。"故称吕温为"大使"。裴使君，裴礼。《新唐书·宰相世系》中眷裴氏："礼，韶州刺史。"

冬，吕温在道州，有诗送段弘古归澧州。又在道州观野火，作《道州观野火》。

《吕衡州文集》卷二《送段九秀才归澧州》："方期践冰雪，无使弱思侵。"段九秀才即段弘古。按：柳宗元《处士段弘古墓志并序》：

"陇西李景俭、东平吕温，高气节，尚道艺，闻其名，求见，大欢。留门下，或一岁，或半岁，与言，不知日出。"段弘古本年春在道州与吕温同游，至此已半年有余，故诗系于此时。

《吕衡州文集》卷二《道州观野火诗》："南风吹烈火，焰焰烧楚泽。阳景当昼连，阴天半夜赤。……积秽一荡除，和气始融液。……乃悟焚如功，来岁终受益。"

约本年季冬或稍后，湖南观察使李众荐吕温于朝，吕温自代为状，状中详叙己在道州政绩。

吕温《代李中丞荐道州刺史吕温状》："今道州赋税毕集，流亡尽归，虔奉公程，日至清净，委心于理，古人不如。"按：宪宗时税收政策为两税法，"夏输无过六月，秋输无过十一月"，文中提及"道州赋税毕集"当在十一月后。此状中，吕温自述其在道州功绩："前件官小心理务，夙夜奉公，才识出人，效绩尤著。况道州风俗犷猾，前后难为缉绥，自温条理已来，疲人尽皆苏息。观其能政，堪为表仪。"又，元和五年五月吕温由道州刺史转衡州刺史，或与此状有关。李中丞，李众，元和三年以御史中丞李众为潭州刺史，见元和三年条。

810 年（庚寅）

元和五年

三月，以太子宾客郑絪为广州刺史、岭南节度使。稍后，吕温代郑絪作《谢上表》。

《吕衡州文集》卷五《代郑南海谢上表》："臣某言……臣自违离阙庭，晨夜奔涉，祗承宠命，不敢违宁，谨以某月某日到所部上讫。"郑南海，指郑絪，《旧唐书·宪宗纪上》："（元和五年三月）癸巳，以太子宾客郑絪检校礼部尚书、广州刺史、岭南节度使。"广州在唐为南海郡，故称郑南海。表应作于郑絪抵广州时。

春，吕温在道州刺史任，出道州城北，游欧阳家林亭，有诗。又李景俭以江陵户曹自北来道州，与吕温、吕恭有诗唱和，不久又北返江陵。

《吕衡州文集》卷二《道州春游欧阳家林亭》："道州城北欧阳家，去郭一里占烟霞。……政成兴足告即归，门前便是家山道。"吕温元和四年、五年春在道州，文中提及"政成兴足"，当作于元和五年春。

《吕衡州文集》卷二李景俭、吕温、吕恭联句《春日与李六舍弟联句》，抑或作于此时。李景俭，字宽中，贞元十五年登进士第。叔文窃政，属景俭居母丧，故不及从坐。窦群以罪左迁，景俭坐贬江陵户曹。故吕温、李景俭皆因同事同时遭受贬谪。又元稹《泛江玩月十二韵》，其序云："予以元和五年，自监察御史贬授江陵士曹掾。六月十四日，张季友、李景俭二侍御，王文仲司录、王众仲判官两昆季，为予载酒炙，选声音，自府城之南桥乘月泛舟。"则景俭坐贬江陵户曹事可信。但景俭本年六月在江陵，六月后吕温离道州，因此诗作于元和五年或四年春。又元和四年春吕温、景俭刚遭贬谪，相会机会不大，故系此诗于元和五年春。景俭南来后不久，又北返，六月抵江陵。景俭因何事南来，史载不详。

约本年春或稍后，吕温在道州，作《道州感兴》，抒流落之悲。

《吕衡州集》卷二《道州感兴》："七年天下立，万里海西行。……今朝流落处，潇水绕孤城。"按：《新唐书·吕温传》："（贞元二十年）以侍御史副张荐使吐蕃，会顺宗立，荐卒于房，房以中国有丧，留温不遣。"吕温贞元二十年使吐蕃，至此七年，本年五月改授衡州刺史，故诗应作于本年五月前。

五月，吕温设计擒获盗贼孟鸾，处死之；又遣衙前虞候蒋沼，备酒脯之奠，以祭祀被孟鸾杀害的道州百姓邓助、费念等人，并作祭文。

《吕衡州文集》卷八《道州祭百姓邓助费念文》："维元和五年，岁次庚寅五月庚子朔七日景午，刺史吕某，遣衙前虞候蒋沼，以酒醢之奠，告邓助、费念之灵。"又曰："使君受命牧汝，不能庇护，使贼孟鸢等，敢作不道，酷加杀害，是用疚心疾首，万计讨擒。……故令于汝没处，陈贼之尸。"

本月，道州法吏何洛庭，撮道州律令之要，书于厅事之左，吕温嘉其行为，作《道州律令要录序》。

《吕衡州集》卷三《道州律令要录序》："此州法吏何洛庭，良士也，与撮其要，讲其义，书于厅事之左。温不深于法，犹虑未尽，后来君子，其究成之，此长人者之所急。"末署："元和五年五月二十七日。"

本月，吕温由道州刺史改授衡州刺史，有诗酬别江华毛令等。约此前后，吕温于道州送戴简往贺州谒杨凭，作《道州送戴简处士往贺州谒杨侍郎》。

《吕衡州文集》卷五《衡州谢上表》："臣某言：伏奉五月一日恩制，授臣使持节衡州诸军事、守衡州刺史，散官勋赐如故。"按：吕温由道州刺史改授衡州刺史在五月，但赴任时间是六月底。《吕衡州文集》卷一《道州弘道县主簿知县三年，颇著廉慎，秩满县阙，申使请留，将赴衡州题其厅事》《道州将赴衡州酬别江华毛令》，后诗《全唐诗》中另有自注："此人好书破百姓布绢头，及妄行杖。"勉江华毛令善待百姓，此二诗均应作于元和五年五、六月间。

杨侍郎，杨凭，《旧唐书·杨凭传》："杨凭字虚受，弘农人。……累迁起居舍人、左司员外郎、礼部兵部郎中、太常少卿、湖南江西观察使，入为左散骑常侍、刑部侍郎、京兆尹。凭工文辞，少负气节，与母弟凝、凌相友爱，皆有时名。重交游，尚然诺……元和四年，拜京兆尹。"《旧唐书·宪宗纪》："（元和四年秋七月）壬戌，御史中丞李夷简弹京兆尹杨凭前为江西观察使时赃罪，贬凭临贺尉。"按：吕温《道州送戴简处士往贺州谒杨侍郎》："羸马孤童鸟道微，三千客散独南归。"杨凭贬临贺尉在元和四年七月，但戴简往贺州在元和五年吕温离任道州刺史之际，其时门客如何元上、段弘古皆离道州，故系诗于此。

本年六月前，吕温把元结《道州刺史厅事记》由北牖移至刺史厅，又作《道州刺史厅后记》，以广元结之志。

《吕衡州集》卷十《道州刺史厅后记》："贤二千石河南元结字次山，自作《道州厅事记》，彰善而不党，指恶而不诬，直举胸臆，用为鉴戒。""前年冬，由尚书刑部郎中出为此州，虽苦剧自课，而未能逮其意也。往刺史有许子良者，辄移元次山《记》于北牖下，而以其文代之。……予也鲁，安知其他，即命圬而书之，俾复其旧，且为后记，以广次山之志云。"文曰"前年冬"，"前年"有"去年"或"去年前一年"之意，在《吕集》中，同时有"去年"与"前年"，如"臣于去年十月十七日蒙恩授使持节道州诸军事守道州刺史"。故"前年"当指去年前一年，则《后记》当作于元和五年道州刺史任上。

六月，吕温赴衡州刺史任，途中有诗。柳宗元在永州司马任上，二十九日，吕温过永州，携李吉甫抚问手札，柳宗元有启谢之。

《吕衡州文集》卷二《自江华之衡阳途中作》："孤棹迟迟怅有违，沿湘数日逗清辉。"又卷一《初发道州答崔三连州题海阳亭见寄绝句》当作于此时，诗有"闻说殷勤海阳事，令人转忆舜祠山"，崔三连州即崔简，约元和三年至元和六年为连州刺史。

《柳宗元集》卷三六《谢李吉甫相公示手札启》："宗元启：六月二十九日，衡州刺史吕温道过永州，辱示相公手札……感深益惧，喜极增悲。"按："六月二十九日"下补注："元和五年。"衡州在永州

北，温自道州至衡，当顺潇水而下，必过零陵，零陵为永州治所所在地。

七月，李众在湖南团练观察使任，表都团练判官、副使窦常为侍御史。应常之请，吕温于五日作《厅壁记》，文中对窦氏伯季七人大加赞赏。

《吕衡州文集》卷十《湖南都团练副使厅壁记》："元和三年冬，天子命御史中丞陇西李公，以永嘉之循政、京兆之懿则，廷赐大旆，俾绥衡湘。……表前副使殿中侍御史扶风窦君常，字中行，以本官复职。"又："窦氏伯季，同时七人，一居方伯，二列华省，四在诸侯之馆。名教之乐，缙绅慕焉。……愧于不文，安敢坚让。元和五年七月五日，东平吕某记。"

又以下作品为道州刺史任上作：

《吕衡州文集》卷一《道州奉寄襄阳裴相公》：裴相公，裴均。《旧唐书·宪宗纪》："（元和三年九月己丑）以右仆射裴均检校左仆射、同平章事、襄州长史，充山南东道节度使。"又"（六年五月丙午）前山南东道节度使、检校左仆射、平章事裴均卒。"另有《道州北池放鹅》（卷二）、《道州城北楼观李花》（卷二）为道州刺史任上作。

七月十五日，吕温抵衡州，作《衡州刺史谢上表》，以示感激之情。

《吕衡州文集》卷五《衡州谢上表》："臣温言：'伏奉五月十一日恩制，授臣使持节衡州诸军事、守衡州刺史，散官勋赐如故。谨以七月十五日到本州上讫。'"又言："谨当馨竭精诚，策磨朽钝，庶立日新之效，少酬天覆之恩。"

本月，吕温在衡州刺史任上，十七房叔福建观察巡官前侯官县尉吕沆以山水之乐，前来依憩。不幸遇暴疾，二十二日卒于衡州官舍。

《吕衡州文集》卷七《唐故福建观察巡官前侯官县尉东平吕府君权殡记》："府君讳沇，字君梦，河东人。……洎某出守湘中，府君以山水之乐，远来依憩。不幸遇暴疾，元和五年七月二十二日终于衡州官舍。"

九月三日，吕温与弟吕让式具祖奠，祭祀十七房叔吕沇，温作《祭侯官十七房叔文》，文中言及二人少小之至情。

《吕衡州集》卷八《祭侯官十七房叔文》："维元和五年，岁次庚寅九月戊戌朔三日庚子，堂侄男朝议郎、使持节衡州诸军事、守衡州刺史、上骑都尉、赐绯鱼袋某，乡贡进士让，致祭于十七房叔侯官府君之灵。"又言："私门薄佑，终鲜诸父，堂从之内，唯叔一人。叔少小相依，笔砚同学，永言素契，情实兼常。"

十月，吕温以家童护奠，权殡吕沇于江陵城北某原，作《权殡记》，以期来日归祔松槚。

《吕衡州文集》卷七《唐故福建观察巡官前侯官县尉东平吕府君权殡记》："以其年十月某日，权厝江陵城北某原，以须通岁归祔松槚，姑具时日记于此石云。"

本月，衡州之民苏升等人缴输公税，遇潇水爆涨，致舟覆人亡。十七日，吕温遣衙前虞候何防祭奠之，作祭文，并以其俸钱，代纳残税。

《吕衡州文集》卷八《衡州祭柘里渡溺死百姓文》："维元和五年，岁次庚寅十月戊辰朔十七日甲申，刺史吕某，遣故衙前虞候何防，以豚酒之奠，致祭苏升、陈璜、李宽泰、陈甫、鲁余之灵。""代纳残税，皆余俸钱，魂而有知，谅此深意。"

岁前，吕温游合江亭，有诗。

《吕衡州集》卷二《衡州岁前游合江亭，见樱蕊未坼，因赋含彩悷惊春》："山樱先春发，红蕊满霜枝。幽处竟谁见，芳心空自知。"

按：《广湖南考古略·古迹》："（合江亭）在石鼓山烝湘二水合流处。唐刺史齐映建。唐韩愈有《合江亭》诗。"

本年，吕温作《郡内抒怀》，寄朗州刘禹锡，刘禹锡有和作。

《吕衡州文集》卷二《郡内书怀寄刘连州窦夔州》："朱邑何为者，桐乡有古祠。我心常所慕，二郡老人知。"《刘禹锡集》卷三五有《吕八见寄郡内书怀因而戏和》："文苑振金声，循良冠百城。不知今史氏，何处列君名。"按：从和作看，刘连州指刘禹锡，窦夔州指窦常，然刘禹锡任连州刺史在元和十年，窦常任夔州刺史也约在元和十年，吕温元和六年已卒，故题中"寄刘连州窦夔州"七字当为后人误增。诗题"郡内"，则当在元和三年至元和六年。又《刘禹锡集编年笺注》系刘诗于元和五年，现姑系于此。

811年（辛卯）

元和六年

正月，吕温在衡州刺史任，上《简获隐户奏》。吕温抵衡州后不久，清查隐户，共查出隐藏逃税户一万六千七百。

《全唐文》卷六二七吕温《简获隐户奏》："当州旧额户一万八千四百七，除贫穷死绝老幼单孤不支济等外，堪差科户八千二百五十七。臣到后团定户税，次简责出所由隐藏不输税户一万六千七百。"又言："伏缘圣恩录臣在道州微效，擢授大郡，令抚伤残。"由"到后""擢授大郡"等可以推测，清查隐户当在到任之后不久。又《唐会要》（卷八五）："元和六年正月。衡州刺史吕温奏。当州旧额户一万八千四百七。……上不阙供。敕旨。宜付所司。"则吕温《奏》上于清查隐户完成之后。按：此文《吕衡州文集》不载，然《唐会要》与《全唐文》有载，补之。

早春，吕温在衡州刺史任，有思乡之作。又至永州境，偶游黄

溪，有诗作。

《吕衡州文集》卷二有《衡州早春二首》："烟波千万曲，不辨嵩阳道。""惟惊望乡处，犹自隔长沙。"又同卷《偶然作二首》亦当作于此时。其一："栖栖复汲汲，忽觉年四十。今朝满衣泪，不是伤春泣。"吕温本年八月卒于衡州刺史任，卒年四十，故当作于本年春。

《吕衡州文集》卷二另有《衡州早春偶游黄溪口号》："偶寻黄溪日欲没，早梅未尽山樱发。无事江城闭此身，不得坐待花间月。"也当作于此时。黄溪，在永州。《广湖南考古略·山川》："黄溪，在县东七十里。源出阳明山，流径福田山东，又北至祁阳县，合白江水入湘，盖九嶷山之西境。"

三月，李策至朗州，时刘禹锡在朗州司马任，与之交游十余日。后策往衡州，刘禹锡有诗向吕温荐之。

《刘禹锡集》卷二八《送李策秀才还湖南，因寄幕中亲故，兼简衡州吕八郎中》："深春风日净，争长幽鸟鸣。仆夫前致词，门有白面生。……论罢情益亲，涉旬忘归程。日携邑中客，闲眺江上城。……忽被戒羸骖，薄言事南征。火云蔚千里，旅思浩已盈，湘江含碧虚，衡岭浮翠晶。……复有衡山守，本自云龙庭。志和在灵府，发越倖咸英。……君行历郡斋，大袂拂双旌。饰容遇朗鉴，肝鬲可以呈。昔日马相如，临邛坐尽倾。勉君刷羽翰，早取凌青冥。"

吕温任衡州刺史后，李景俭由江陵户曹转衡州兵曹。春，吕温把火游南园，招景俭不至，有诗。

《吕和叔文集》卷二《夜后把火看花南园，招李十一兵曹不至，呈座上诸公》："夭桃红烛正相鲜，傲吏闲斋固独眠。"同卷《衡州夜后把火看花留客》："红芳暗落碧池头，把火遥看且少留。"从上两诗可以看出游园在春天。按：李十一即李景俭，排行十一，与吕温皆因窦群事同时遭受贬谪，景俭贬为江陵户曹，此处言兵曹，则当来衡州前后改授。

春，吕温重游合江亭，不见前年亭前高竹，感而赋诗。

《吕衡州文集》卷二《合江亭槛前多高竹，不见远岸花，客命翦之，感而成咏》："吉凶岂前卜，人事何翻覆。缘看数日花，却翦凌霜竹。常言契君操，今乃妨众目。自古病当门，谁言出幽独。"按：吕温曾于元和五年末游合江亭。

四月，吕温奉敕祭南岳，作《奉敕祭南岳》。又南岳道士田良逸与温父吕渭有旧，温或于此时访之。温另有《南岳大师远公塔铭记》也作于衡州刺史任上。

《唐会要》卷二三："四月十祭：立夏日，祀赤帝于南郊。……立夏日，祀南岳司天王。"《吕衡州文集》卷二《奉敕祭南岳》："皇家礼赤帝，谬获司风域。""风吹虚箫韵，露洗寒玉色。""憩桑访蚕事，遵畴课农力。"从以上数语可见吕温此次祭南岳与《唐会要》合，也即本年四月。

《因话录》卷四："后郎中吕温刺衡州，因来候之，左右先告以使君，是侍郎之子。及温入，下床抚其背曰：'尔是吕渭儿子耶？'温泫然，降阶，田亦不止，其真朴如此。"

五月，吕温在衡州刺史任，本月，裴均卒，稍前编其父裴倩遗文，吕温为之作序。

《吕衡州文集》卷三《裴氏海昏集序》："《海昏集》者，有唐文行之臣故度支郎中、专判度支事、赠尚书左仆射、正平节公裴氏讳某字某考地毓德，会友辅仁，气志如神，英华发外之所由作也。"又曰："郇公始以大孝闻，中以大用显，次以大忠升，藩屏三朝，出入二揆，述先职而掌邦赋，修祖德而践台衡。理荆之政，篆在乐石；定蜀之武，藏在册府；汉南之化，洽于人谣。"按：《旧唐书·宪宗纪》："（元和三年夏四月）以荆南节度使裴均为右仆射、判度支。""（六年

五月丙午）前山南东道节度使、检校左仆射、平章事裴均卒。"则郇公指裴均无疑、节公当指其父裴倩。《海昏集序》又曰："郇公以霜露之感，泣编遗文，思所以垂诸不朽。……不远三千里，授简于小生，俾酌归趣而为序引。"文中有"霜露之感"，则裴均编其父遗文当在其卒前不久，现姑系于此。

本年夏，吕温与弟恭访寻真观李宽书院，有诗题于书院之上。

《吕衡州文集》卷一《同恭夏日题寻真观李宽中秀才书院》："微风但觉杉香满，烈日方知竹气寒。……愿君此地攻文字，如炼仙家九转丹。"按：李宽中应为李宽误笔。李景俭字宽中，此时仍在衡州，然据《旧唐书·李景俭传》："李景俭字宽中，汉中王瑀之孙。……景俭，贞元十五年登进士第。"诗称"秀才"，又曰"愿君此地攻文字"均与李景俭不合。《广湖南考略·书院》载："衡州石鼓山有书院唐李宽建，宋重建。朱子为记。……旧为寻真观，李宽读书其中，刺史吕温尝访之，有《过寻真观访李秀才》诗。唐刺史齐映建合江亭于山之右。"《广湖南考古略·人物》："李宽，衡阳人，元和中，始于寻真观创石鼓书院，以为读书之所。刺史吕温有诗。"

夏秋之交，吕恭前往桂州，为桂管都防御副使。稍后，李景俭离衡州赴浙东，吕温有诗相送。后又有诗怀同游之人。

《吕衡州文集》卷一有《宗礼欲往桂州，苦雨，因以戏赠》、卷二《喜俭北至送宗礼南行》，宗礼即吕恭。《柳宗元集》卷一〇《吕侍御恭墓铭》："恭字敬叔，他名曰宗礼，或以为字……为桂管都防御副使，元和八年去桂州。"岭南节度使郑絪留为岭南道节度判官。元和八年六月病卒。则李景俭、吕温、吕恭三人同游时间较短，后吕恭赴任桂州桂管都防御副使。又《喜俭北至送宗礼南行》中有"衡阳刷羽待，成取一行回"。《宗礼欲往桂州，苦雨，因以戏赠》："农人辛苦绿苗齐，正爱梅天水满堤。"则此诗作于衡阳刺史任上，梅雨季节（六

七月间)。本年夏,吕恭尚与吕温同游李宽书院,故系此二诗于春夏之交。

《吕衡州文集》卷二《衡州送李十一兵曹赴湘东》:"期君碧云上,千里一扬音。"《全唐诗》"湘东"作"浙东"。按:浙东观察使治所在越州,时观察使为李逊。吕温另有《衡州登楼望南馆临水花,呈房戴段李诸公》,戴公,戴简;段公,段弘古;李公,李景俭。三公皆在吕温任道州或衡州刺史时与之游,时戴简在贺州,段弘古在澧州,李景俭在越州。又房公,吕温有《湖南都团练副使厅壁记》:"其余冯郎中巘之硕重,房容州孺复之英达。"房容州即房启,《旧唐书·顺宗纪》:"(贞元二十一年五月)丁丑,以邕管经略使韦丹为河南少尹,以万年县令房启为容管经略招讨使。"又《旧唐书·宪宗纪》:"(元和八年夏四月)乙酉,以邕管经略使房启为桂管观察使。"房启为王叔文集团一员,又与韩愈等关系密切,此处房公当指房启。又诗中有句"夭桃临方塘,暮色堪秋思。……佳期竟何许,时有幽禽至"。夏秋之交,吕恭已离开衡州,则景俭的离开已到了本年七月(八月吕温已卒),故系《衡州送李十一兵曹赴浙东》于七月。

八月,吕温卒于衡州,年四十。刘禹锡、元稹、柳宗元、窦巩等人有诗哭之。稍后,柳宗元又作祭文和诔。吕温自元和三年贬道州刺史以来,在道、衡两州颇有政声。衡道二州之民闻其卒,哭者逾月。

《刘禹锡集》卷三〇《哭吕衡州时予方谪居》:"一夜霜风凋玉芝,苍生望绝士林悲。"时元稹在江陵士曹任上,有《哭吕衡州六首》:"儿童喧巷市,羸老哭碑堂。""满船深夜哭,风棹楚猿哀。"柳宗元《同刘二十八哭吕衡州兼寄江陵李元二侍御》:"衡岳新摧天柱峰,士林憔悴泣相逢。"窦巩《哭吕衡州八郎中》:"今朝血泪问苍苍,不分先悲旅馆丧。"窦巩,字友封,窦群弟。《柳宗元集》卷四〇《祭吕衡州文》:"维元和六年,岁次辛卯,九月癸巳朔某日,友人守永州司马员外置同正员柳宗元,谨遣书吏同曹、家人襄儿,奉清酌庶羞之奠,敬祭于吕八兄化光之灵。"

《新唐书·吕温传》谓吕温在道、衡两州任刺史时"治有善状"。故其卒后,两州之民哭者逾月。柳宗元《唐故衡州刺史东平吕君诔》:"君之卒,二州之人哭者逾月。""湖南人重社饮酒,是月上戊,不酒去乐,会哭于神所而归。""余居永州,在二州中间,其哀声交于南北,舟船之上下,必呱呱然,盖尝闻于古而睹于今也。"

十月,吕温丧至江陵,葬于江陵之野,柳宗元复有诔吊吕温。

《柳宗元集》卷九《唐故衡州刺史东平吕君诔》:"维唐元和六年八月日,衡州刺史东平吕君卒。爰用十月二十四日,藁葬于江陵之野。"按:诔之作,应在二十四日稍后。柳宗元在该文中赞曰:"呜呼!君之文章,宜端于百世,今其存者,非君之极言也,独其词耳;君之理行,宜极于天下,今其闻者,非君之尽力也,独其迹耳。万不试而一出焉,犹为当世甚重。若使幸得出其什二三,则巍然为伟人,与世无穷,其可涯也?"

第三编　湖湘诗文系年考辨

刘长卿湖湘诗系年考辨

刘长卿是中唐时期著名诗人，他一生沉沦下僚，生活漂泊无定，曾四次历经湖湘地区，创作了大量的湖湘诗作。刘长卿湖湘诗作阶段性较为明显，第一次在贬谪途中经过湖湘地区，其诗多为自己遭受的冤屈抱不平。其后两次出使湖南，创作了大量湖湘诗，其时刘长卿生活较为稳定，故他的诗多描写湖湘山水，另外，交游唱和诗也较多。最后一次是刘长卿直接被贬谪到长沙，然与第一次贬谪相比，刘长卿此次心态平静了许多，大概是经历了太多磨难之后，其雄心锐志已消失殆尽，就像一个老人，默默承受着生活带给他的痛苦。人们对刘长卿诗歌的评价颇不一致，有扬之者，曰："刘文房五言长律，博厚声醇，不减少陵。求杜得刘，不为失求。"也有贬之者，曰："唐大历后……钱、刘以降，篇什虽盛，气骨顿衰，景象殊异，音节亦寡。"后人对刘长卿的评价之所以产生如此大的差距，主要是没认识到刘长卿诗歌创作的阶段性。

刘长卿生平资料缺乏，见诸正史的极少，因而他的诗歌系年难度较大。今人关于刘长卿的生平及诗歌系年的主要成果有傅璇琮的《刘长卿事迹考辨》、郁贤浩的《刘长卿别李白事迹小辨》、邹志方的《刘长卿与越中交游》、杨世明的《刘长卿行年考述》、储仲君的《刘长卿诗歌名篇系年质疑》、陈顺智的《刘长卿重出诗考》、胡可先的《刘长卿事迹新证》；另外，傅璇琮主编的《唐五代文学编年史》（中册，陶敏、李一飞著）、储仲君的《刘长卿诗编年笺注》、杨世明的《刘长卿集编年校注》对刘长卿的生平和诗歌系年做了大量工作。由于刘长卿曾多次游历湖湘地区，创作的湖湘诗歌较多，写作时间大多集中在春、秋两季，因而其湖湘诗系年尤其困难，各家对他的湖湘诗歌的系年，仅少数取得一致。本文在前人研究的基础上，结合有关史料及湖湘诗在《刘随州集》中出现的位置，对刘长卿的湖湘诗重新考辨系年。

一　乾元元年至上元二年贬南巴过湖湘之作

（一）史料考辨

唐独孤及在《送长洲刘少府贬南巴使牒留洪州序》中说："曩子之尉于是邦也……子于是竟谪为南巴尉。……会同谴有叩阍者，天子命宪府杂鞫，且廷辨其滥，故有后命，俾除馆豫章，俟条奏也。是月也，舣船吴门，将涉江而西。……但春水方生，孤舟鸟逝，青山芳草，奈远别何，同乎道者，盍借赋诗，以赆吾子。"独孤及与刘长卿有交往，刘曾写过《送独孤判官赴岭》，因而资料可信。刘长卿有诗《恩敕重推使牒追赴苏州次前溪馆作》《重推后却赴岭外待进止寄元侍郎》，从《序》和诗可看出刘长卿在长洲尉上受诬而贬南巴，后又"重推"，但仍维持原判。

现在问题是刘长卿在重审之前是否进入过湖湘地区，《序》中有："故有后命，俾除馆豫章，俟条奏也。"似乎在重审之前，刘停留在洪州而没有入湖湘地区。但刘长卿有诗《却赴南邑留别苏台知己》，诗中有"又过梅岭上，岁岁此枝寒"。《地舆广记》载，梅岭在虔州，因而此次刘长卿所走的不是沿长江而下洞庭的水路，而是从洪州走陆路进入抚州，再由抚州过梅岭入虔州，然后再进入郴州。由此诗可推出，在重审前和重审后，刘长卿曾两次进入湖湘，且都是走陆路。因而，储、傅、杨三家在给刘诗系年时，把很多有关洞庭的诗都系入此阶段，恐怕有误，只有从南巴返回时过洞庭写的诗才是这段时间所写的。又因明刊本此诗后附有皇甫冉的《归阳羡兼送刘八长卿》，储、杨两家以为此诗作于苏州，实属有误，"却赴"表明已离开，从诗中地名看，刘长卿作此诗时已进入虔州境内，即将入湖湘境了。

刘《集》中有《将赴南巴至余干别李十二》，李十二疑即李白，"谁怜此别悲欢异，万里青山送逐臣"，与二人当时情形相符。李白乾元元年被贬，长流夜郎，遇赦还，乾元二年至余干，与刘长卿相遇。刘诗中有"江上花催问礼人，鄱阳莺报越乡春"，与《却赴南邑留别苏台知己》均作于早春，可知重审后贬南巴当在乾元二年春，而重审前贬南巴（只进入湖湘，然后就折回）在乾元元年秋、冬之际。

（二）此间经历

乾元元年，刘长卿被免职，作《时平后春日思归》，其后入狱，出狱后贬南巴。本年秋进入湖湘境内，作《赴巴南书情寄故人》，诗中有"南过三湘去，巴人此路偏"，表明已进入湖湘境内。"直道今何在""裁书欲谁诉"可以看出应在重审之前。本年秋"会同谴有叩阍者"，刘长卿案件得以重审，得知消息后，刘长卿北归，过岳州作《寄万州崔使君》，诗中有"摇落秋江暮，怜君巴峡深"，而无语涉及自己贬南巴，可见作于回归时。而重审后贬南巴回归在春天，因而只能是重审前贬南巴回归时作，据储考，崔令钦于乾元元年任万州刺史，也可以与此诗相证。

然而重审并没给他带来好运，乾元二年春，重审后仍维持原判，于是本年春与李白在余干相别，写下《将赴南巴至余干别李十二》，然后走陆路至梅岭，写下了《却赴南邑留别苏台知己》，乾元二年秋，再次进入湖湘境内，作《重推后却赴岭外待进止寄元侍郎》，诗中有"却访巴人路，难期国士恩。……空令数行泪，来往落湘沅"，《秋杪江亭作》诗中有"扁舟如落叶，此去未知还"，《桂阳西州晚泊古桥村住人》诗中有"故山隔何处，落日羡归翼""南路随天长，征帆杳无极"。此年冬到达南巴，之后写下《新年作》，其中有句"岭猿同旦暮，江柳共风烟。已似长沙傅，从今又几年"，可见已达贬谪之地。《旧唐书·肃宗纪》载："（乾元三年闰四月）己卯，以星文变异，上御明凤门，大赦天下，改乾元为上元。"估计刘长卿这次被列入了赦免范围，但消息从长安传到南巴，要等到几个月之后，因此刘长卿北归至湖湘境内时，已是上元二年春。在湖湘境内，他写下了《入桂渚次砂牛石穴》，诗中有句"扁舟傍归路，日暮潇湘深"，后往返于扬州、苏州间，宝应元年入淮南幕。

（三）湖湘诗系年

乾元元年秋：《赴巴南书情寄故人》《寄万州崔使君》。

乾元二年春：《却赴南邑留别苏台知己》。

乾元二年秋：《重推后却赴岭外待进止寄元侍郎》《秋杪江亭作》《桂阳西州晚泊古桥村住人》。

上元二年春：《入桂渚次砂牛石穴》。

二 大历二年至大历四年巡岳州之作

（一）史料考辨

《新唐书·艺文四》载："（刘长卿）至德监察御史，以检校祠部

员外郎为转运使判官，知淮西鄂岳转运留后。"《唐故朝议郎行监察御史上柱国郑府君墓志铭并序》载："至德中，衣冠多陷于寇贼，公（郑洵）独固节不挠。及克复两都，同州刺史颜公真卿首举贞白，奏摄本州从事。后京尹李公岘复表为幕宾，旋拜廷尉评，俄除新繁令，政有经矣。左端揆裴公冕特荐所知，诏授监察御史。纪纲由是不紊亡。""（至德）二年四月……（颜真卿）军国之事，知无不言。为宰相所忌，出为同州刺史，转蒲州刺史。"《全唐文》卷五一四殷亮《颜鲁公行状》："（颜真卿）乾元元年三月，又改蒲州刺史。"因此，郑洵乾元元年三月后当在李公岘幕，则任监察御史至少应在乾元二年前后。此时与刘长卿同朝为官，且为监察御史。其后郑洵多次转官，贬于沅江不会早于乾元二年。郑深撰《唐故监察御史贬岳州沅江县尉荥阳郑府君墓志铭并序》："唐大历四年三月廿七日，前监察御史、贬岳州沅江县尉荥阳郑府君讳洵，春秋五十三，卒于巴陵之官舍。"故《巡去岳阳却归鄂州使院，留别郑洵侍御，侍御先曾谪居此州》诗中因有"秋"，故作于乾元二年至大历三年间。

在刘《集》中，此诗稍前一点是《送李侍御贬郴州》，又独孤及《扬州庆云寺律师一公塔铭》："（灵一）宝应元年冬十月十六日终于杭州龙兴寺……殿中侍御史顿丘李汤尝以文字言语，游公廊庑。"可见李汤、郑洵、刘长卿三人同在乾元、宝应年间为侍御史，这也是他们有诗歌交往的原因，又《太平广记》卷四六七载："永泰中。李汤任楚州刺史。"永泰二年正月即改年号为大历元年，那么，李汤被贬为郴州司马究竟是在楚州刺史之前还是在楚州刺史之后呢？

韦应物有诗《送李二归楚州》，其下注"时李季弟牧楚州，被讼赴急"，李二即李汤之兄，此注表明李汤在任楚州刺史后因事被贬。从韦《集》前后诗看，此诗当作于永泰年间冬。永泰二年十一月，改元大历，大赦天下。然而此时李汤还尚"牧楚州"，唐律一般是赦前不赦后，所以李汤被贬当在改元之后，这到了大历二年。从大历二年至大历四年，刘写下了《送李侍御贬郴州》《洞庭驿逢郴州使还寄李汤司马》《酬李侍御岳阳见寄》三诗。

（二）此间经历

大历二年春，刘在岳州写下了《初至洞庭，怀灞陵别业》，"初至洞庭"也表明第一阶段贬南巴时所走为陆路，又作有《送李侍御贬郴州》《酬李侍御岳阳见寄》《寄普门上人》，至秋返回淮南幕府，写下了《逢郴州使因寄郑协律》，中有诗句"更落淮南叶，难为江上心"可证。大历三年秋再次至鄂州，写下《岳阳馆中望洞庭湖》《巡去岳阳却归鄂州使院，留别郑洵侍御，侍御先曾谪居此州》《洞庭驿逢郴州使还寄李汤司马》《喜晴》，《湘妃》《斑竹》也应作此段时间，初至洞庭对这里一切有新鲜感，居久之后就会对异地风物熟视无睹。大历四年春往返于夏口和岳州之间，写下了《夏口送屈突司直使湖南》《雨中过员稷巴陵山居别业》《送刘萱之道州谒崔大夫》，秋屈突司直返回，刘长卿写下《重阳日岳城楼送屈突司直》为之送别，然后离开岳州，至苏州、常州一带。

（三）湖湘诗系年

大历二年春：《初至洞庭怀灞陵别业》《送李侍御贬郴州》《酬李侍御岳阳见寄》《寄普门上人》。

大历三年秋：《岳阳馆中望洞庭湖》《巡去岳阳却归鄂州使院，留别郑洵侍御，侍御先曾谪居此州》《洞庭驿逢郴州使还寄李汤司马》《湘妃》《斑竹》。

大历四年春：《雨中过员稷巴陵山居别业》《送刘萱之道州谒崔大夫》。

大历四年秋：《重阳日岳城楼送屈突司直》。

三　大历六年春至大历八年秋出使湖南之作

（一）史料考辨

刘《集》中有《和樊使君登润州城楼》，《宋高僧传》卷一七："大历五年，刺史南阳樊公雅好禅寂。"《全唐文》卷三七七柳识《会琴记》："（大历六年）春正月，夕次朱方，刺史樊公称江月当轩，愿以卮酒侑胜。""樊公"均谓润州刺史樊晃。今人傅璇琮《唐代诗人丛考·刘长卿事迹考辨》考，樊晃大历五年至七年正在润州刺史任上。刘《集》中又有《夏中崔中丞宅见海红摇落一花独开》，崔中丞，即崔昭，据《唐刺史考》考证，崔昭任宣州刺史在大历五年至大历十一年间。由此可见大历五年刘长卿还在润州、宣州一带。又刘《集》中有《赠元容州》，据杨考，元容州即元结，大历三年任容州刺史、容管经略史。四年丁母忧，寄枢永州，乞让容州。五年居家祁阳浯溪。七年入京卒，年五十四。本诗中有"避世歌芝草，休官醉菊花"，只可能作于大历五年秋或六年秋，而大历五年秋刘长卿在宣州，故此诗作于大历六年秋。从而推断出，刘出使湖南当在大历六年春。

（二）此间经历

大历六年春，经岳州，作《湘妃庙》，然后进入长沙，有《送道标上人归南岳》《重送道标上人》，本年秋继续南行，至道州，作《斑竹岩》（注：斑竹岩在湖南道州），并与元结相会，作《赠元容州》。本年秋返回长沙，作《长沙过贾谊宅》，诗中有"秋草独寻人去后，寒林空见日斜时"，本年冬作《送梁侍御巡永州》《奉酬辛大夫喜湖南腊月连日降雪见示之作》《岁夜喜魏万成、郭厦雪中相寻》。大历七年早春，作《酬郭夏人日长沙感怀见赠》，其后与同僚朋友交游唱和，度过了一段较愉快的时间，此间诗作较多，有《春日宴魏万成湘水亭》《长沙早春雪后临湘水，呈同游诸子》《晦日陪辛大夫宴南亭》《长沙馆中与郭夏对雨》《陪辛大夫西亭宴观妓》。并于本年春作两首送行诗《送蔡侍御赴上都》《送独孤判官赴岭》，同时，访浮丘公旧隐处作《洞山阳》，访云母溪作《云母溪》。大历七年冬，在长沙拜访了法崇禅师，作《自道林寺西入石路至麓山寺，过法崇禅师故居》，并再次与魏万成交游，作《题魏万成江亭》。大历八年春，作《过裴虬郊园》，《旧唐书·代宗纪》载："（大历五年）夏四月庚子……澧州刺史杨子琳、道州刺史裴虬、衡州刺史杨济出军讨玠。"此诗题下注"时裴不在，因以寄之"，时裴虬应已离任道州。大历八年晚春，出使任务完成，与辛大夫告别，作《湖南使还留辞辛大夫》，点明此次出使缘由是"王师劳近甸，兵食仰诸侯"。在返回途中，有较长时间逗留于洞庭沅江一带，作《赤沙湖》《秋云岭》《花石潭》《石围峰》（地志说在湘潭县，但从诗句看，石围峰当在武陵一带）《浮石濑》《横龙渡》。诗人还未到达鄂州，似乎预感到将有事情要发生，在本年秋作的《上湖田馆南楼忆朱宴》反映了这种思想，"归期诚已促，清景仍相留"，隐含不愿回鄂州的想法。

（三）湖湘诗系年

大历六年春：《湘妃庙》《送道标上人归南岳》《重送道标上人》。

大历六年秋：《斑竹岩》《赠元容州》《长沙过贾谊宅》。

大历六年冬：《送梁侍御巡永州》《奉酬辛大夫喜湖南腊月连日降雪见示之作》《岁夜喜魏万成、郭厦雪中相寻》。

大历七年春：《酬郭夏人日长沙感怀见赠》《春日宴魏万成湘水亭》《长沙早春雪后临湘水，呈同游诸子》《晦日陪辛大夫宴南亭》

《长沙馆中与郭夏对雨》《陪辛大夫西亭宴观妓》《送蔡侍御赴上都》《送独孤判官赴岭》《洞山阳》《云母溪》。

大历七年冬：《自道林寺西入石路至麓山寺，过法崇禅师故居》《题魏万成江亭》。

大历八年春：《过裴虬郊园》《湖南使还留辞辛大夫》。

大历八年秋：《赤沙湖》《秋云岭》《花石潭》《石围峰》《浮石濑》《横龙渡》《南楚怀古》《上湖田馆南楼忆朱宴》。

四　大历八年秋至十年秋贬长沙之作

（一）史料考辨

《新唐书》载："（刘长卿）至德监察御史……鄂岳观察使吴仲孺诬奏，贬潘州南巴尉。会有为辨之者，除睦州司马，终随州刺史。"《按覆后归睦州，赠苗侍御》中有"羊肠留覆辙，虎口脱余生"，则在"吴仲孺诬奏"和"按覆"之间，必有一次贬谪经历，但贬谪地却不可能是南巴。其一，同一人两次同贬一僻远地在唐代是很少存在的。其二，刘《集》中出使湖南诗后无一首贬南巴诗。那么，刘长卿究竟贬于何处呢？刘《集》中有《听笛歌》一首，其诗如下：

> 旧游怜我长沙谪，载酒沙头送迁客。
> 天涯望月自沾衣，江上何人复吹笛。
> 横笛能令孤客愁，渌波淡淡如不流。
> 商声寥亮羽声苦，江天寂历江枫秋。
> 静听关山闻一叫，三湘月色悲猿啸。
> 又吹杨柳激繁音，千里春色伤人心。
> 随风飘向何处落，唯见曲尽平湖深。

明发与君离别后，马上一声堪白首。

诗后自注"留别郑协律"，而在大历二年秋淮南幕中，刘写下了《逢郴州使因寄郑协律》，郑当时曾于郴州任职。而从大历二年至大历八年，刘长卿无贬谪经历，可见，大历八年至九年间，郑仍在湖湘一带，听说刘被贬谪，于是载酒而来送行。从诗中以湖湘意象写笛声，可见贬谪当在湘中或湘南地区。因而"旧游怜我长沙谪"兼有用典和实指的含义，也即刘长卿真有被贬谪长沙的经历。在刘《集》中，另有《感怀》一诗，储、杨、傅三人均未为之系年，诗中有句"自笑不如湘浦雁，飞来即是北归时"，相传雁飞至衡山而北归，"飞来即是北归时"说明被贬当在此地，而不是南巴。又刘《集》中有《湘中忆归》：

终日空理棹，经年犹别家。顷来行已远，弥觉天无涯。
白云意自深，沧海梦难隔。迢递万里帆，飘飘一行客。
独怜西江外，远寄风波里。平湖流楚天，孤雁渡湘水。

湘流澹澹空愁予，猿啼啾啾满南楚。
扁舟泊处闻此声，江客相看泪如雨。

"西江"在唐代有多处，但从诗中地理名物看，最有可能是指岷江，《元和郡县图志》卷二七载："巴陵城，对三江口。岷江为西江，澧江为中江，湘江为南江。""独怜西江外，远寄风波里。""西江外"也即湘中地区，也可见贬谪之处为长沙。

（二）此间经历

大历八年秋，吴仲孺诬奏，贬长沙。自鄂州出发，写下了《晚次湖口有怀》，诗中有"顷为衡湘客，颇见湖山趣"。同年秋天，进入洞

庭湖，谢太虚死，写下《杪秋洞庭中怀亡道士谢太虚》，诗中有"漂泊日复日，洞庭今更秋""千里杳难望，一身当独游"，抒发对贬谪生活的不满。同年秋，在湘中地区与郑协律相遇，写下《听笛歌》，诗中有"旧游怜我长沙谪，载酒沙头送迁客"。大历九年春夏之间，写下《长沙赠衡岳祝融峰般若禅师》《赠湘南渔父》，贬谪激起了他对隐居生活的向往。大历九年秋，诗人贬谪已一年，然而似乎还回归无望，《晚泊湘江怀故人》中有"惆怅增暮情，潇湘复秋色。扁舟宿何处，落日羡归翼"，所作《湘中忆归》中有"终日空理棹，经年犹别家"，《感怀》中有"自笑不如湘浦雁，飞来即是北归时"，言语中对贬谪生活充满不满和厌倦。应在本年"时监察御史苗丕就推"，案情有转机，刘长卿开始自长沙北归，第二年春至岳州，写下《弄白鸥歌》来表达心情的愉悦，然而二度被贬使他对官场生活感到绝望，《江中晚钓寄荆南一二相识》中有"一身已无累，万事更何欲"，并产生隐居愿望。然而估计在大历十年春，"就推"完成，刘长卿依然被贬睦州。其年秋开始动身，绕岳州会好友，写下《九日岳阳待黄遂张涣》和《南楚怀古》，发出了"往事那堪问，此心徒自劳"的感叹，其后经苏、扬一带，停留一段时间，大历十一年，到达睦州，本年秋写了《按覆后归睦州赠苗侍御》，表达对其的感谢之情，此后，刘长卿再无往湖湘经历。

（三）湖湘诗系年

大历八年秋：《晚次湖口有怀》《杪秋洞庭中怀亡道士谢太虚》《听笛歌》。

大历九年春夏间：《长沙赠衡岳祝融峰般若禅师》《赠湘南渔父》。

大历九年秋：《晚泊湘江怀故人》《湘中忆归》《感怀》《过湖南羊处士别业》。

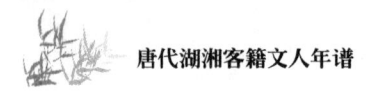

大历十年春：《弄白鸥歌》《湖上遇郑田》《江中晚钓，寄荆南一二相识》。

大历十年秋：《南楚怀古》《九日岳阳待黄遂张涣》。

未系年湖湘诗：《岳阳楼》。

相对而言，刘长卿的湖湘经历较为复杂，然而通过分析有关史料和他的诗集中诗歌的排列顺序，我们还是能够勾勒出他在湖湘地区的大致活动情况，也使得他的湖湘诗歌系年成为可能，这为全面了解刘长卿的生平和诗歌的创作情况提供了帮助。

刘禹锡湖湘诗歌系年考辨

刘禹锡是元和五大诗人之一,又有"诗豪"之称。刘禹锡一生七次经历湖湘地区,特别是永贞革新后,刘禹锡被贬谪到朗州担任司马,时间长达十年之久,在湖湘地区创作了大量诗歌,为中唐时期湖湘文学的发展做出了重大贡献。目前学术界对刘禹锡诗歌系年研究较多,研究著作先后有卞孝萱的《刘禹锡年谱》(下称《年谱》)、瞿蜕园的《刘禹锡集笺证》(下称《笺证》)、蒋维崧等的《刘禹锡诗集编年笺注》(下称《笺注》)、陶敏等的《刘禹锡全集编年校注》(下称《校注》)等,另傅璇琮主编的《唐五代文学编年史》(下称《编年》)对许多刘禹锡诗进行了系年,还有不少论文也对刘禹锡部分诗篇系年进行了补正。虽然这些研究对刘禹锡诗歌系年大体取得了一致,但因刘禹锡一生多次游历湖湘地区,故其部分湖湘诗系年存在较大分歧,本书选择其中系年分歧较大的诗歌,结合刘禹锡的有关史料及其交往情况,逐一进行辨正,并重新系年。

1.《君山怀古》:《年谱》作元和元年,《笺注》《校注》作永贞元年,《笺证》作"作于赴连州途中"。在《刘禹锡集》(下称《刘集》)中,此诗前有《连州腊日观莫徭猎西山》,表明已在连州,因此此诗似不可能作于赴连州途中。如作于由连州刺史返京途中,诗中不应有"千载威灵尽"之句,诗人不可能在回归途中就开始讽刺当政者,且回归至衡阳时已到了春天，与此诗在季节上不合。而此诗后二首为《秋江晚泊》《步出武陵东亭临江寓望》，分别作于赴朗州途中和朗州司马任上，从诗编次看，诗当作于贬朗州司马途中，其途经路线为：由长江入洞庭，再经沅水，最后到朗州。诗中讽刺之意与当时情形合，而"赭山寒水中"则表明是在冬季或者早春，与贬朗州司马时间相合，因此，此诗系年当在永贞元年冬或元和元年早春。

2.《闻道士弹思归引》：《笺证》作元和三年，《笺注》作元和十二年，《校注》作元和二年。诗中有"越声长苦已三年"，《伤独孤舍人并引》中说："及余谪武陵，九年间……元和十年春，余祗召抵京师。"可见，刘自算谪居武陵是从元和元年始，而非永贞元年，因刘至贬所时已到了元和元年，因此，诗当作于元和三年。另连州虽是下州，但元和人口为十四万三千五百三十三人，刺史职官为正四品下，而其贬朗州司马时，官职是从六品下。因而虽是远州，诗人不得以"逐客"自称，故此诗非作于元和十二年连州刺史任上。《刘集》中此诗后有《喜康将军见访》，此诗作于朗州司马任上，又《赴连山途次德宗山陵寄张员外》编次在《闻道士弹思归引》后三首，是贬连州途中作，均可证《闻道士弹思归引》当作于朗州司马任上，而非连州刺史任上。诗中所谓"越声长苦"乃是泛指，不可拘泥于字面意义。

3.《奉和淮南李相公早秋即事寄成都李相公》：《年谱》《编年》均作元和四年，《笺证》作元和四至六年，《校注》《笺注》作元和四或五年。据《旧唐书》载，李吉甫任淮南节度使在元和三年九月至六年正月间，李诗中有"早秋"，因此不可能作于元和三年，六年秋已离开淮南，诗当作于元和四年秋或元和五年秋。

4.《翰林白二十二学士见寄诗一百篇因以答贶》：《笺证》作元和三至六年，《年谱》《笺注》作于元和三年，《校注》和《编年》作元和五年。《旧唐书·白居易传》："（元和）二年十一月，召入翰林为学

士。……六年四月，丁母陈夫人之丧，退居下邽。"《年谱》以"琪树春朝风正吹"当为三年春作，实误。"玉琴清夜人不语，琪树春朝风正吹。郢人斤斫无痕迹，仙人衣裳弃刀尺"，是从风格和形式上评白诗，不可拘泥于"春朝"二字。刘白之间，前不见有交往，直至长庆二年始交，《校注》以元稹元和五年贬江陵为刘白相交之中介，而断此诗于五年作，或是，然非确证。

5.《泰娘歌并引》：《年谱》《笺证》《笺注》作朗州司马任上，《编年》作元和六年前后，《校注》作元和八年前后。引言"久之，为蕲州刺史张愻所得。其后愻坐事，谪居武陵郡。愻卒，泰娘无所归"，又《册府元龟》载，"（张愻）元和五年贬为朗州长史"，然愻卒之年无可考，《编年》作元和六年前后，《校注》作八年前后，均无确证，此诗当作于元和五年至九年间，刘禹锡在朗州司马任上。

6.《和董庶中古散调词赠尹果毅》：《年谱》《笺注》作元和六年，《校注》作约元和四年，然皆不知所据。又依《刘集》编次，此诗前三首有《武陵观火诗》，又《湖南通志》载元和二年武陵大火，而董元和六年已至江陵，七年卒，则此诗当作于元和二年至六年。

7.《览董评事思归之什因以诗赠》：《年谱》《笺注》作元和六年，然董六年秋已至江陵，《校注》作元和四年或五年当是。又董似感知其有生之年不久，故思归，才有归江陵行动，故此诗作于元和五年秋的可能性比作于元和四年秋要大。

8.《酬窦员外旬休早凉见示诗》：《年谱》《笺注》作元和八年，《校注》作元和九年。窦群在元和八年前曾任膳部员外郎，但其官至御使中丞，因此，刘诗文中多称窦中丞；窦常在朗州任前曾为水部员外郎，此窦员外指窦常无疑。题中又有"旬休"一词，窦群不曾于朗州做官，亦为"酬窦员"指窦常之一证。此诗前为《酬窦员外郡斋宴客，偶命柘枝因见寄，兼呈张十一院长元九侍御》，作于元和八年，则此诗作于元和八年秋可能性要大些,然非确证。

9.《赠元九侍御文石枕以诗奖之》:《笺证》作元和五至九年,《年谱》作元和八年,《笺注》作元和五年,《校注》作元和五年或稍后。此诗与《酬元九侍御赠璧州鞭长句》当作于同一时期。诗中有句"初开缃客缄封后",当作于元稹贬江陵时期,元稹贬江陵在元和五至九年,此诗中又有"想见巴山冰雪来",元稹元和九年春已离开江陵,显然不可能作于元和九年。又元稹有和诗《刘二十八以文石枕见赠,仍题绝句,以将厚意,因持璧州鞭醉谢,兼广为四韵》中有"用长时节君须策,泥醉风云我要眠",元稹五年四月至江陵,刘亦断无在元到贬所就"奖之"之理。故不可能作于元和五年。元诗中又有"张骞却上知何日,随会归期在此年"。当已预知自己快要回归,因而,此诗作于元和七年冬至元和八年春的可能性要大些,但非确证。卞谱《刘二十八以文石枕见赠,仍题绝句,以将厚意,因持璧州鞭醉谢,兼广为四韵》断为元和六年,而《赠元九侍御文石枕以诗奖之》《酬元九侍御赠璧州鞭长句》作于元和八年,显误。又《笺注》以为奖元稹与宦官争厅事,然此事已由皇帝亲断,刘禹锡在朗州司马任上不可能逆帝意而行,故不可能是写此事。

10.《酬元九院长自江陵见寄》:《年谱》《笺注》作元和八年,《笺证》和《校注》作元和五年或稍后。"无事寻花至仙境,等闲栽树比封君。金门通籍真多士,黄纸除书每日闻。"显然是激愤之语,诗中对新贵进行了强烈讽刺,元稹元和五年贬江陵在春末夏初,从此诗看,当作于春季,因而作于元和六年可能性要大些,但非确证。

11.《送湘阳熊判官孺登府罢归钟陵,因寄呈江西裴中丞二十三兄》:《年谱》《笺注》作元和九年夏,《校注》作元和八年夏。裴堪元和七年十一月为江西观察使,诗中又有"前年初缺守"指元和七年十一月,江西观察使崔芃卒。"前年"有"去年"或"去年的前一年"

两重意思，此诗中有"迎风奸吏免，先令疲人喜。何武劾腐儒，陈蕃礼高士"，谈及裴在江西任上的政绩，八年夏，裴刚上任不久，似不可能有如此大的政绩。因此，"前年"在此诗中当指"去年的前一年"，此诗作于元和九年无疑，《校注》为非。

12.《武陵观火诗》：《笺注》作朗州司马任上，《笺证》作元和八九年间。《笺证》依据是《武陵北亭记》有"表火道"一词，但这只是预防火灾，况此文中还有预防水灾措施，因此不能作为证据。《校注》作元和二年，依据是清修《湖南通志》载："元和二年丁亥……武陵火。"但不知此条所本者何，又元和三年朗州发生旱灾，发生大火的可能性也大，故此诗当作于元和二年或三年。

13.《桃源行》：《年谱》作朗州司马任间，《笺注》《笺证》《校注》作贞元中。《八月十五日夜桃源玩月》后附注："叔父元和中征昔事为《桃源行》，后贬官武陵，复为《玩月作》，并题于观壁。"刘禹锡贬官为朗州司马在永贞元年冬，则"叔父元和中征昔事为《桃源行》"中"元和"显然是误记。又从正史看，刘禹锡永贞年间忙于革新，没有朗州之行的机会，因而诗不可能作于永贞年间，只能作于贞元年间。

14.《洞庭秋月行》：《年谱》《校注》作任朗州司马期间，《笺证》为不确定，《笺校》作贬朗州途中，又杨罗生系之于长庆四年。《历阳书事七十韵》引中有"长庆四年八月，余自夔州转历阳。浮岷山，观洞庭，历夏口，涉浔阳而东"，《洞庭秋月行》时间与文风与此时相合，但引文中是"观洞庭"，长庆四年刘禹锡由夔州转历阳，应是沿长江而下，没有理由从三江口转入洞庭湖中，所以他没有用"历洞庭，观夏口"，"观"与"历"是存在一定区别的，此处"观"实是"观望"之意，即经过三江口时，观望洞庭湖，而非"观光"之意。《刘集》另有《望洞庭》一诗，作于长庆四年，也可证此次刘禹锡并没有经过洞庭湖。而《洞庭秋月行》诗中"岳阳楼头暮角绝,荡漾已过君山东",表明诗人已进入洞庭湖中。而在刘其他几次经过洞庭时,时间与此诗不合:贬朗州司马过洞庭时在冬春之季,回归时过洞庭在冬春之季;元和十年赴连州时在春夏之季,而回归时则在元和十五年春。又此诗在《全唐诗》中位于《桃源行》之后,则此诗当作于贞元年间,诗风也与《桃源行》一致。

15.《送僧仲剬东游兼寄呈灵澈上人》:《年谱》和《编年》都作朗州司马任上,《笺注》作元和六年前,《笺证》作元和六至七年,《校注》作元和十年。此诗从《刘集》编次看,前后诗都是朗州司马任上作,似乎《笺证》断为元和六至七年为是。但诗中"忽忆遗民社中客,为我衡阳驻飞锡",显然仲剬与刘禹锡会于衡阳,而非《笺证》中所解。诗中另有"闲来共蜡登山屐",也可证二人相会。依唐例,贬官到贬所后不能随意往他州,衡阳与朗州相距数百里,刘不可能从贬所前往送行。刘禹锡《澈上人文集纪》载,灵澈元和十一年卒,则此诗当作于元和十年刘禹锡赴连州过衡阳时。

16.《八月十五日夜桃源玩月》:《笺证》《年谱》均作朗州司马任上作,《笺注》作任朗州司马早期,《校注》作元和二年。此诗后附刘蕡题记:"尔来星纪再周,既牵故此郡,仰见文字暗缺,伏虑他年转将尘没,故镌在贞石,以期不朽。太和四年,蕡谨记。""星纪再周",每周为十二年,再周为二十四年,如此推算,《八月十五日夜桃源玩月》当作于元和二年。

17.《重至衡阳伤柳仪曹》:《编年》《校注》作元和十五年,《年谱》《笺注》作元和十四年。该诗前引言:"元和乙未岁,与故人柳子厚临湘水为别。……后五年,余从故道出桂岭,至前别处,而君没于南中,因赋诗以投吊。""元和乙未"是指元和十年,刘禹锡赴连州过衡阳与柳宗元相遇,作《再授连州至衡阳酬柳柳州赠别》《重答柳柳州》《答柳子厚》等诗。然此次至衡阳时，已是岁末，而时隔五年，正好是元和十五年春，与此诗中"千里江蓠春"相合，《年谱》《笺注》作元和十四年是只注意到了刘禹锡元和十四年十一月自连州北归，没注意到至衡阳时已是春天。

18.《望洞庭》：《笺注》《编年》《校注》作长庆四年，《年谱》作朗州司马任上，《笺证》系年不确定。据上文第14则考，长庆四年，刘禹锡并未过洞庭，只是经过三江口，《望洞庭》中"望"正可证明刘未进入洞庭湖中。且诗中"遥望洞庭山水翠"表明是从较远处看，因而此诗作于长庆四年可能性最大。且在《刘集》中，此诗后两诗为《鱼腹江中》和《历阳书事七十韵》，也可证此诗作于长庆四年。此诗在季节上也与历阳之行相合。又因刘禹锡其他几次都是"历洞庭"，应不存在"遥望"，故可断此诗作于长庆四年。

19.《阿娇怨》：《笺注》作元和元年朗州司马任上，《校注》未系年。《笺证》作元和十五年。《笺证》以为讽穆宗即位之初沉于游宴，实误解诗意，从诗"望见葳蕤与翠华，试开金屋扫庭花。须臾宫女传来信，言幸平阳公主家"看，此诗当作于元和十年或稍后，刘禹锡由贬所返京，本希望能够一展身手，然而竟出为远州刺史，心中希望落空，于是心生怨恨而作《阿娇怨》。《笺注》作元和元年也不准确，从诗意看，帝王并没有改换，如作于元和元年，则与诗中所用典故不合。又《笺注》作此诗刘禹锡湖湘诗之一，但此诗创作地点不能确定，姑系于此。

20.《鹡鸰吟》《萋兮吟》《聚蚊谣》《百舌吟》《飞鸢操》《秋萤引》《白鹰》：《年谱》疑上数诗作于朗州司马任上，《笺注》系于朗州司马任上，《校注》则系于贬朗州前。刘擅长讽刺，从玄都观观桃花事件可以看出，然刘之贬朗州，情势十分危急，甚至有性命之虞，以上数诗讽刺意味太强，断无作于初贬朗州之时，观刘初贬朗州时诗，多悲愤之作，凡有讽刺皆隐晦，而贬朗州数年之后，又曾怀有强烈回归意愿，曾言："莫道恩情无重来，人间荣谢递相催。当时初入君怀袖，岂念寒炉有死灰。"且刘之贬朗州，宪宗有"纵逢天赦，不在量移之列"之语，如再加以强烈讽刺，则断无回归之理。因此，此数诗当作于永贞年间，由于革新触动不少人利益，因而引起不少人非议、中伤，由于刘仍得势，故得作诗以强讽之，从此数诗也可见革新过程中所遇阻力之大。此数诗实非刘禹锡湖湘诗歌，然《年谱》《笺注》作朗州诗或疑作朗州诗，故于此辨之。

　　总的看来，虽然刘禹锡经过湖湘地区次数较多，并曾长期贬谪于朗州，但如果联系《刘集》中的其他作品，并对他当时交游情况进行考察，结合以上诗歌在《刘集》和《全唐诗》中的编次，我们还是能够大致确定它们的创作年限。

柳宗元湖湘诗歌系年考辨

柳宗元一生两次经过湖湘地区：第一次是永贞元年（805）至元和十年（815）被贬谪为永州司马；第二次是由永州贬所召还后，旋由永州司马出为柳州刺史，途经湖湘地区。柳宗元贬谪湖湘时间长，遭遇凄恻，在湖湘地区创作了大量诗歌。笔者依据中华书局1979年出版的《柳宗元集》（下称《柳集》），统计出柳宗元一生创作诗歌166篇，其中古今诗146篇，雅诗歌曲17篇，文后附诗2篇，外集1篇。

对于柳宗元的生平及诗歌系年，古代就有学者进行了探讨，宋代文安礼著有《柳先生年谱》。时至今日，研究成果更多，主要有王国安的《柳宗元诗笺释》（下称《王笺释》）、温绍堃的《柳宗元诗歌笺注集评》（下称《温集评》）、罗联添的《柳宗元事迹系年暨资料类编》（下称《罗系年》）、施子愉的《柳宗元年谱》（下称《施年谱》）等。这些研究成果为我们了解柳宗元的诗歌创作情况提供了很大帮助，也为柳宗元诗歌系年提供了经验借鉴，施子愉在《年谱》中说道：

> 宗元文集，编自刘禹锡。今本四十五卷，虽非其旧，然绎其编列之序，固非无理次可寻：如卷一二之墓志，皆为柳氏族人，而以其父贯首；卷一三之墓志，皆为妇女，而以其母贯首。今观卷四三之诗，其中一部分藉地名、时事之助，可确断为在永州作，其余一部分之格调亦与之绝相类，故皆可定为在永州作（仅《省试观庆云图》一首为例外）。当时编集者或即有意存于期间也

（卷四二之诗除极少外皆为离永后作）。

正因为《柳宗元文集》在编排上有一定规律可循，故《王笺释》《温集评》《罗系年》《施年谱》等对柳宗元湖湘诗歌系年取得了较一致意见。166篇诗歌中，各家比较认同作于湖湘地区的有116篇，仅有3篇各家存在异说。

另外，虽然《柳集》"固非无理次可寻"，但这只是就整体而言，如永州诗与柳州诗的区分比较明晰，而在湖湘诗内部的排列上，次序较为混乱。特别是柳宗元在永州居住十年，创作的诗歌占据了他的诗歌的大半，由于《柳集》非本人亲自整理，这一部分诗歌在理次上较为混乱，下面将对创作地点存疑及系年分歧较大的作品进行辨正。

一

在《柳宗元集》中，有3篇作品是否作于湖湘地区各家有异说，这3篇作品是《龟背戏》《浑鸿胪宅闻歌效白纻》和《李西川荐琴石》。

1.《龟背戏》：《王笺释》以为是柳宗元在长安时作，《施年谱》以为作于永州，其他各家未明言。就《柳集》卷四三之诗，即使《施年谱》也不能排除其中杂有贬谪永州之前的作品，但仅认为《省试观庆云图》是例外则过于绝对。事实上，《龟背戏》也应是长安时作。理由主要有三：其一，此诗旧注以为："（龟背戏）其制不可详，观诗意，乃亦博棋之类尔。""状如龟背，因以为名。"诗开篇即云："长安新技出宫掖，喧喧初遍王侯宅。"因而，龟背戏应流行于长安一带。诗中无怨恨之语，"岂如瑞质耀奇文，愿持千岁寿吾君"（卷四三），似早期诗文语气。其二，龟背戏是一种较高雅的活动，流传范围并不如柳宗元所说之广，主要流传于上层社会。宋代苏籀也有"琐窗龟背戏，彤管兔毫尖。十愿独非僭，陶云那得添"（《跋思古斋诗卷》）。也可见其高雅性。且唐代现存文献中找不到有关"龟背戏"的记载，可见流传范围极其有限，不可能从长安地区流传到永州地区。其三，诗文中提及"玉盘滴沥黄金钱，皎如文龟丽秋天""庙堂巾笥非余慕，钱刀儿女徒纷纷"（卷四三），无论是器具的精美还是参与人的热心，都应是王公贵族所为，不类永州地区老百姓行为，故系于永贞元年贬谪永州前于长安时作。

2.《浑鸿胪宅闻歌效白纻》：《王笺释》以为永贞元年九月前作，《施年谱》以为永州作，其他各家未明言。《施年谱》未言其因，《王笺释》以为浑鸿胪是指浑镐，因刘禹锡有《送浑大夫赴丰州》诗，据蒋维崧《刘禹锡编年笺注》载，此诗作于永贞元年九月前，而诗下自注："自大鸿胪拜，家承旧勋。"《旧唐书》载："镐，瑊第三子。以父荫起家为诸卫参军，历诸卫将军。元和初，出为丰州刺史、天德军使。"《新唐书·浑镐传》也载："镐以荫补诸卫参军，累擢至丰州刺史。"但新、旧《唐书》均未言浑镐任鸿胪事。又，郑余庆《左仆射贾耽神道碑》："以永贞元年十月一日，薨于长安光福里之私第。……诏鸿胪卿浑炼持节备赗绢一千匹、米粟一千石，诏葬长安高阳原。"浑炼也曾在永贞元年前后任鸿胪卿，因此，柳诗中"浑鸿胪"所指难以明确。但因二浑在贞元、永贞年间任鸿胪卿，故此诗作于永贞元年九月贬谪永州前是可以确定的，因而，此诗非湖湘作品。

3.《李西川荐琴石》：《王笺释》以为作于自永赴京途中，《温笺注》以为作于元和八年。李西川，即李夷简，《旧唐书·宪宗纪》载："（元和八年正月）癸未，以山南东道节度使李夷简检校户部尚书、成都尹，充剑南西川节度使。"《王笺释》认为："山南东道节度使治襄州襄阳郡，荐琴石当在其地，宗元召还途中经襄阳时作也。"这里《王笺释》以为"充"为兼任，故认为是返京途中作，但"充"在唐代诗文中，均具有实际担任某职之意，故凡官职前加"充"，其本人均前往该地任职，如《送宇文三赴河西充行军司马》就是如此。诗中称李夷简为李西川，则其本人并不在襄阳。《新唐书·李夷简传》也载："元和时……以户部侍郎判度支。俄检校礼部尚书、山南东道节度使。……阅三岁，徙帅剑南西川。"也可见李夷简不在襄阳。因此，柳宗元不可能在返京途中与其相遇。另，《新唐书·李夷简传》载李夷简在节度剑南西川期间，"始，韦皋作《奉圣乐》，于頔作《顺圣乐》，常奏之军中，夷简辄废去，谓礼乐非诸侯可擅制，语其属曰：'我欲盖前人非，以诒戒后来。'"而柳宗元《李西川荐琴石》诗云："去和南风慊舜心"，则琴石非节度使所能享有，故荐之。荐，《韵会》曰："进也。"荐琴石之人显然不是柳宗元，且柳宗元也无缘与之会面，因李夷简"十三年，召为御史大夫，进门下侍郎、同中书门下平章事"，此时柳宗元已出为柳州刺史了。能配享有琴石的对象就只有皇帝了。但李夷简献琴石显然不是件大事，贬谪永州的柳宗元不可能知道。那么只有一种可能，就是柳宗元从永州返回长安后，获悉李夷简荐琴石事有感而作。柳宗元元和十年二月至京，三月乙酉"以永州司马柳宗元为柳州刺史"，故本诗作于柳宗元自永州贬所返长安期间，也即元和十年二月至三月间，因而，本诗也非作于湖湘地区。

二

除以上三首诗非湖湘作品外，在《柳集》中，另有 14 首诗歌，虽然各家均以为作于湖湘地区，但在具体创作时间上分歧较大，下面就这些诗歌系年逐一进行辨正。

《酬娄秀才病中见寄》《酬娄秀才将之淮南见赠之什》：此二诗《王笺释》系为元和六年秋永州作，《罗系年》以为元和四年永州作，《施年谱》以为作于永州。娄秀才，名图南，《柳集》中另有《送图南游淮南将入道序》《娄二十四秀才花下对酒唱和诗序》《序饮》三文提及娄图南。此数诗文，反映了柳宗元与娄图南由初识、深交到分别的过程。这些诗文中,仅《序饮》各家确定作于元和四年冬,因文中提及"买小丘,一日锄理,二日洗涤,遂置酒溪石上,向之为记所谓牛马之饮者,实觞而流之,接取以饮",而《钴鉧潭西小丘记》作于元和四年冬。《送图南游淮南将入道序》中则说:"今娄君非不足也,顾不乐而遁耳。因为余留三年。"因而娄图南在永州,有三年之久。该文又说:"仆未冠,求进士,闻娄君名甚熟。"但二人以前未曾谋面,故二人在最初见面时,保持着一定距离。《酬娄秀才病中见寄》:"客有故园思,潇湘生夜愁。病依居士室,梦绕羽人丘。"诗中以"客"称之,其时应为元和四年初秋,也即图南初至永州。至本年冬时,图南开始与柳宗元等人有密切交往,《序饮》中说:"客有娄生图南者,其投之也,一洄一止一沉,独三饮,众乃大笑欢甚。"但仍能从诗中看出娄图南与众人格格不入,与诗人也保持一定距离。《娄二十四秀才花下对酒唱和诗序》中,柳宗元开始与娄图南进行思想上之交流,"娄君志乎道,而遭乎理之世,其道宜行,而其术未用,故为文而歌之",诗人以"娄君"称之,并钦慕其才学,也为其命途多舛而抱不平。此诗序应作于元和五年春。后来,娄图南与柳宗元深交后,发现他与自己非同一类人,二人思想上产生分歧,虽然柳宗元尽了一定努力,但分歧无法弥合,故娄图南离永州而之淮南,《送图南游淮南将入道序》《酬娄秀才将之淮南见赠之什》即作于这一时期,柳宗元此时仍然不忘对朋友告诫:"今天下理平,主上亟下求士之诏,娄君智可以任职用事,文可以宣风歌德,行于世,必有合其道而进荐之者。遽而为处士,吾以为非时。"故《酬娄秀才病中见寄》作于元和四年,而《酬娄秀才将之淮南见赠之什》作于元和六年,也正与"因为余留三年"相印证。

《酬巽上人以竹间自采新茶见赠》《巽公院五咏》:《王笺释》以为此六诗作于元和二年,《罗系年》认为作于元和一二年,《温笺注》

《施年谱》则认为作于元和六年。《柳集》中除此两诗外，另有《永州龙兴寺西轩记》《永州龙兴寺修净土院记》《送巽上人赴中丞叔父召序》三文与巽上人相关。据柳宗元《惩咎赋》载："际穷冬而止居兮，羁累梦以萦缠。"可知，柳宗元于永贞元年十二月至永州，至则居于龙兴寺下，柳文《永州龙兴寺西轩记》："永贞年，予名在党人，不容于尚书省。出为邵州，道贬永州司马。至则无以为居，居龙兴寺西序之下。"同文载："遂书为二：其一志诸户外，其一以贻巽上人焉。"则此时重巽居龙兴寺。柳宗元初来永州，对自己住所做了一番修缮。"于是凿西墉以为户，户之外为轩，以临群木之杪，无不瞩焉。"与此前后，龙兴寺也开始修缮扩建。《永州龙兴寺修净土院记》载："永州龙兴寺，前刺史李承晊及僧法林，置净土堂于寺之东偏，常奉斯事。逮今余二十年，廉隅毁顿，图像崩坠。会巽上人居其宇下，始复理焉。""有信士图为佛像，法相甚具焉。今刺史冯公作大门以表其位，余遂周延四阿，环以廊庑，缋二大士之像，缯盖幢幡，以成就之。"冯公即冯叙，《访碑录》卷四对其有载："《朝阳岩永州刺史冯叙等提名》：柳宗直正书，元和元年三月，湖南零陵。"由此史料推断，龙兴寺修净土院在元和元年前后。《巽公院五咏·净土堂》："华堂开净域，图像焕且繁。"《巽公院五咏·禅堂》："发地结菁茅，团团抱虚白。"《巽公院五咏·芙蓉亭》："新亭俯朱槛，嘉木开芙蓉。"都可见与《永州龙兴寺修净土院记》作于同一时期。故《巽公院五咏》当作于元和元年或稍后，因为元和三年时，永州刺史为崔敏。柳宗元与重巽的交往，并没有随着移出龙兴寺而中断，柳宗元《送巽上人赴中丞叔父召序》："今连帅中丞公，具舟来迎，饰馆而俟，欲其道之行于远也，夫岂徒然哉！……一唱而大行于远者，是行有之，则和焉者，将若群蛰之有雷，不可止也。"《旧唐书·宪宗纪》："（元和六年六月）甲申，以御史中丞柳公绰为湖南观察使。"《旧唐书·宪宗纪》："（元和八年十月）庚寅，以湖南观察使柳公绰为岳鄂沔蕲安黄观察使。"可见，直至元和七八年间，二人仍然有交往。故《酬巽上人以竹间自采新茶见赠》的写作时间不能确定，诗作于元和元年至八年间皆有可能，不一定与《巽公院五咏》作于同一时期。

《哭连州凌员外司马》：各家均以为凌司马即凌准。该诗系年旧注以为作于元和三年，然《王笺释》《温集评》《施年谱》《罗系年》一致认为作于元和元年。《柳集》中另有《故连州员外司马凌君（准）权厝志》："年月日，尚书都官员外郎、和州刺史、连州司马、富春凌君讳准，卒于桂阳佛寺。先是六月，告于州刺史博陵崔君曰：'……余生于辰，今而寓乎戌，辰戌冲也，吾命与脉叶，其死矣乎！'"元和元年，岁在丙戌，且辰、戌相冲，故以此推断出，诗作于元和元年。然，《柳集》旧注云："一本'戌'作'戊'，元和三年，岁在戊子。"又据雍正《广东通志·职官表》载："邵同，元和二年以御史中丞贬连州刺史。"（卷一二）《故连州员外司马凌君（准）权厝志》中的"州刺史博陵崔君"即崔简。又《柳集》另有《故永州刺史崔君流配驩州权厝志》："博陵崔君……出刺连、永两州。未至永，而连之人愬君。御史按章具狱，坐流驩州。……元和七年正月二十六日卒。"则其为连州刺史，当在元和三年到六年间。凌准卒年则以元和三年为是；《哭连州凌员外司马》也应作于同一时期，故旧注更具合理性。

《法华寺石门精室三十韵》《构法华寺西亭》《法华寺西亭夜饮》《戏题石门长老东轩》：《温笺注》《施年谱》以此四诗作于元和四年，《王笺释》以为作于元和元年，《罗系年》以为《构法华寺西亭》作于元和二年，《法华寺西亭夜饮》作于元和四年春。就《柳集》中四诗的理次看，第一首在前，第二首在中间，第三、四首居末尾，大致正确反映了四诗创作顺序。然四诗创作时间却不完全相同。《法华寺石门精室三十韵》诗中有："道同有爱弟，披拂恣心赏。"柳宗元贬谪永州，宗直随之，爱弟当为柳宗直。据王昶《金石萃编》载《柳宗直等华严岩题名》："永州员外司马柳宗元……进士柳宗直……元和元年三月八日直题。"又诗中有"始欣云雨霁，尤悦草木长"，也与三月相合，故《法华寺石门精室三十韵》当作于元和元年春。《构法华寺西亭》创作时间稍后，柳宗元《法华寺西亭夜饮赋诗序》云："余既谪永州，以法华浮图之西临陂池丘陵，大江连山，其高可以上，其远可以望，遂伐木为亭，以临风雨，观物初，而游乎颢气之始。间岁，而元克己由柱下史亦谪焉而来。无几何，以文从余者多萃焉。"元克己于元和四年谪永，则西亭修建时间不迟于元和二年，故《构法华寺西亭》作于元和二年前后。《法华寺西亭夜饮》则在元和四年五月后。据《先太夫人河东县太君归祔志》载："先夫人姓卢氏，讳某，世家涿郡，寿止六十有八。元和元年，岁次丙戌，五月十五日，弃代于永州零陵佛寺。"《论语》中孔子说："子生三年，然后免于父母之怀。夫三年之丧，天下之通丧也。"唐顺宗《遗诰》："故存者不至于伤生，逝者不至于甚痛，谓之达理，以贯通丧。"在守制期间，不可能发生夜饮之事，故此诗必在元和四年五月后，又诗中有"雾暗水连阶，月明花覆牖"，当为春季。又元和五年四月和娘卒，五月柳宗元于愚溪边筑室，移居于愚溪。故诗应作于元和五年春。又《戏题石门长老东轩》在《柳集》中紧随《法华寺西亭夜饮》后，时间亦为春季，戏题二字也不似丧制内所为，故也应作于元和五年春。

《自衡阳移桂植零陵所住精舍》：《罗系年》《施年谱》均以为永州作，《王笺释》则系于元和三年秋冬。从诗中"精舍"可以推断，此诗作于永州无疑，但系于元和三年秋冬则未必。《王笺释》引韩醇《诂训柳集》卷四二云："与下《木芙蓉》诗，皆同时作，此元和三年（808）间也。"《王笺释》以为"不知所据"，但仍依旧说系于元和三年秋冬。《唐会要》卷四一载："天宝五载七月六日敕。……自今以后,左降官量情状稍重者,日驰十驿以上赴任。流人押领,纲典画时,递相分付。如更因循,所由官当别有处分。"又(元和)十二年十月敕:"自今以后,流人不得因事差使离本处。"唐代律令对贬官行止限制较严格,考柳宗元任永州司马期间,未有越永州之界事。衡阳在唐为衡州,柳宗元断无在永州司马任内前往衡阳之可能。故不可能作于元和三年。《自衡阳移桂植零陵所住精舍》中有:"谪官去南裔,清湘绕灵岳。晨登兼葭岸,霜景霁纷浊。离披得幽桂,芳本欣盈握。"柳宗元《惩咎赋》:"际穷冬而止居兮,羁累梦以萦缠。"则柳宗元到达永州贬所在永贞元年十二月前后,时间与《自衡阳移桂植零陵所住精舍》相合,自衡阳移桂植之事应发生在贬途中,故《自衡阳移桂植零陵所住精舍》当作于永贞元年冬。又《湘岸移木芙蓉植龙兴精舍》:"盈盈湘西岸,秋至风霜繁。丽影别寒水,浓芳委前轩。"此诗中点明是秋季,而永贞元年秋柳宗元尚在贬谪途中,故与《自衡阳移桂植零陵所住精舍》非作于同一年。

总的看来,虽然柳宗元贬谪湖湘地区的时间较长,创作的作品较多,有一些作品系年存在争议,但如果结合《柳集》中的其他作品,并对当时柳宗元交游情况进行考察,参之以《柳集》中诗歌的编次,我们还是能够大致确定柳宗元湖湘诗歌的创作年限。

附录一 《全唐诗》中"洞庭"名称考证

在查阅《全唐诗》中有关"洞庭"的诗歌时发现,"洞庭"一词不是想象的那样专指岳州洞庭(因洞庭湖大部分位于岳州境内,以下通称"岳州洞庭"),而是含义丰富。不仅本身所指范围很大,而且与九江、云梦、太湖等地产生了错综复杂的关系,因此亟待考证。对"洞庭"名称的复杂性,《湖广通志》作了较为全面的小结:"洞庭湖……界本《禹贡》九江,一名云梦泽,一名巴丘湖,一名太湖。"可见"洞庭"含义较多,如果不对这些名称进行辨别与考证,就会影响人们对唐代洞庭诗歌的阅读与鉴赏。本书在参考大量文献的基础上就唐诗中"洞庭"与以上名称之关系做一个总结,并力图在历史、地理著作中找到证据,以增强考证的说服力。另外,由于洞庭湖自然、历史变迁很大,涉及的方面千头万绪,很难在本书中穷尽,又与唐诗中洞庭之名关系不大,所以本书不对洞庭湖的自然、历史变迁进行考索分析。

一 "洞庭"所包含之范围及其与巴丘湖的关系

洞庭与岳州境内之洞庭湖有关,最早可能出现在春秋战国时期。据《山海经》载:"湘水出舜葬东南陬,西环之,入洞庭下。"郭璞注:"洞庭,地穴也,在长沙巴陵。"这里指岳州洞庭,但即使是岳州洞庭，在《全唐诗》中所指范围也是不同的。大致看来，有三种情况。

其一，狭义上的洞庭。杜甫《宿青草湖》："洞庭犹在目，青草续为名。"在这里把洞庭与青草湖并提，显然洞庭不包括青草湖。这与《禹贡锥指》所载"洞庭周回三百六十里，南连青草，西吞赤沙，横亘七八百里"相同。又《明一统志》云："青草湖……每夏秋水泛，与洞庭为一水，涸则此湖先干，青草生焉。"指出干涸之季，整个大湖被分割开来，于是有了青草与洞庭之名的事实。可见，这里把洞庭与青草、赤沙并提，与杜诗一样，其所指范围属于最狭小意义上的洞庭。对于洞庭与青草二湖之大小，白居易在《自蜀江至洞庭湖口有感而作》中说："洞庭与青草，大小两相敌。混合万丈深，森茫千里白。"从中可以看出，在唐代，青草湖与洞庭湖面积大小相当。

其二，与现今所通称的洞庭湖大致相当。《全唐诗》中，青草湖出现的次数要比洞庭出现的次数少得多，其中原因可能是人们当时所认可的"洞庭"仍是当今所通称的洞庭湖，而不是与青草湖相对的洞庭湖。所以，在唐诗中这个意义上的洞庭与狭义的洞庭虽并行不悖，但在没出现"青草""赤沙"等情况下，其包含范围应基本属于这种情形。《湖广通志》载洞庭范围与今天所通称的范围接近："洞庭湖在城西南，北接华容、安乡二县，西南接常德府龙阳县，东南接长沙府湘阴县。"这里洞庭包含范围远远大于《禹贡锥指》卷七所载之范围。可见，唐诗中洞庭所指范围的不同情况在后代各朝中也存在。在这里，赤沙、青草、大通湖等都在其范围之内。每夏秋水涨，周围八百余里，其旁则有青草湖、翁湖、赤沙湖、黄驿湖、安南湖、大通湖，并名合为洞庭，这也即现今所通称的洞庭湖。

其三，洞庭范围相当于整个洞庭湖流域。唐杨凝的《送客往洞庭》："九江归路远，万里客舟还。若过巴江水，湘东满碧烟。"这里以九江代洞庭，洞庭范围又得到了进一步扩大，它不仅包括当今意义之洞庭湖，而且包括了九江所流经的广大区域，其范围应相当于今天的洞庭湖流域。《明一统志》有相应的记叙：

> 《禹贡》："九江孔殷。"《注》云："即洞庭也。"沅、渐、元、辰、叙、酉、澧、资、湘九水皆合于此，故名九江。又九江沅、资、湘最大，皆自南而入，荆江自北而过，洞庭潴其间，名为五潴。

其意与杨凝之诗相同。

弄清楚洞庭所包含的三个不同层次，就不至于一看到唐代诗歌中的洞庭，就把它们想象得完全一样，洞庭虽为一名，但在不同的情况下所包含的区域范围是有很大差别的。

应当注意的是，洞庭湖又名巴丘湖，在唐诗中经常通用，但巴丘湖所包含范围只是洞庭前两个层次上的范围，而没有整个洞庭湖流域的意思。而且，唐洞庭诗中巴丘湖有时也指青草湖，《元和郡县图志》中也说："巴丘湖又名青草湖。"但洞庭一般没有专指青草湖的情形。

二 "洞庭"与九江的关系

《全唐诗》中出现"九江"的诗篇共计九十篇，一百零八处。但以九江代洞庭的仅前所举杨凝的《送客往洞庭》及王贞白的《湘妃怨》（"舜欲省蛮陬，南巡非逸游。九江沉白日，二女泣沧洲。目极楚云断，恨连湘水流。至今闻鼓瑟，咽绝不胜愁"）等极少数诗篇。九江与洞庭的关系《湖广通志》记载较详：

> 《书·禹贡》："过九江至于东陵。"《蔡氏集传》曾氏曰："东陵，今之巴陵，今巴陵之上即洞庭也，因九水所合遂名九江。"

《地理今释》:"九江即洞庭湖。"宋曾彦和以沅、渐、无、辰、叙、酉、湘、资、澧水合洞庭中,东入于江。朱子考定九江去无、澧二水,易以潇、烝。

其他唐诗中的九江绝大多数是指江西之九江。如李白的《登庐山五老峰》("庐山东南五老峰,青天削出金芙蓉。九江秀色可揽结,吾将此地巢云松")即是。《方舆胜览》卷二二中有关于江西九江的记载:"尚书注:'江于此分为九道。'在德化县。一乌江,二蚌江,三乌白江,四嘉靡江,五畎江,六源江,七廪江,八隄江,九箇江。"李白之诗就是指此。

另外,秦时设有九江郡,始皇二十三年,王翦灭荆,虏荆王,二十六年,分天下为三十六郡,九江郡是其一。其范围为今安徽大部、江西、湖北、浙江部分。但唐时其大部分归属宣州范围。唐末时张蠙有诗歌《赠九江太守》:"江头暂驻木兰船,渔父来夸太守贤。二邑旋添新户口,四营渐废旧戈铤。笙歌不似经荒后,礼乐犹如未战前。昨日西亭从游骑,信旗风里说诗篇。"这里的九江,不再是秦时的九江郡了,而是江西之九江。清代则在其地设九江府。据《大清一统志》载:"九江府,在江西省治北三百二十里,东西距三百四十里,南北距一百十里。"这里的九江府,大部分在江西境内,其范围小于秦时九江郡,且所管辖范围有较大的变化。但与张蠙诗所指范围大致相当。

三 "洞庭"与云梦的关系

唐孟浩然有诗《临洞庭湖赠张丞相》:"气蒸云梦泽,波撼岳阳城。"说明云梦泽与洞庭湖有关。如前所说洞庭又名云梦,但唐诗中云梦却不一定指洞庭。云梦与洞庭的关系,大致看来唐及唐前是整体与局部的关系。对云梦一词《方舆胜览》卷二九解释如下：

> 《禹贡》曰"云、土梦作乂"，则是二泽也。按《左传》桓公四年载"邓夫人使弃诸梦中"，言梦而不言云；定公四年载"楚子涉睢，济江，入于云中"，言云而不言梦；正与《禹贡》合。

由此可见，云梦本二泽，"云梦者，盖双举二泽而言之，故后代以来通名一事"。二者虽为二泽，但能放在一起合称，必然在自然特征上相似，而且在地理位置上接近。

那么二泽之地理位置究竟在何处，二者究竟相距多远，它们是否与洞庭湖有关？这涉及《全唐诗》中部分洞庭诗歌的艺术性。这里主要有三种说法。

其一，《史记·司马相如传》曰："臣闻楚有七泽，尝见其一……盖特其小小者耳，名曰云梦。云梦者，方九百里。"杜预注《史记》时也说云梦跨江之南北。《汉阳图经》也是说云在江之北，梦在江之南。从现存较早资料看古之云梦泽，其范围较大，跨江之南北。如果梦泽在江南，那云梦泽则与洞庭湖有关了。但《史记》中记载楚有七泽，其最小为云梦，恐与事实不符。

其二，认为青草湖或洞庭湖就是古云梦泽。如是这样，《全唐诗》中的部分洞庭诗歌艺术性就大大降低了。不少地理专著都持这种看法，《元和郡县图志》卷二七载：

> 洞庭湖，在县西南一里五十步。周回二百六十里。湖口有一洲，名曹公洲。巴丘湖，又名青草湖，在县南七十九里。周回二百六十五里。俗云古云梦泽也。

这里的洞庭湖是狭义的洞庭湖，因为它与青草湖相对。认为青草湖是云梦泽，这种看法也出现在后来的一些地理著作中，如《大清一

统志》与之基本相同。但认为青草湖就是云梦泽与秦汉时的许多典籍记载不符。首先是范围过小，青草湖周回才二百多里，远远小于九百里。其次，从文字角度考察，云梦泽由二泽构成较合理，且《左传》中就有二泽之说，作为一部历史著作，其可信度不会低于《史记》，而青草湖仅一湖，与二泽之说不合。又有《湖广通志》以巴丘湖就是现在的洞庭湖，八百里洞庭大小也与云梦基本相合。从《全唐诗》来看，几乎所有云梦泽都与洞庭湖有关，如贾至《送王员外赴长沙》："携手登临处，巴陵天一隅。春生云梦泽，水溢洞庭湖。"《洞庭干》："借问蓬莱水，谁逢清浅年？伤心云梦泽，岁岁作桑田。"但只是相关，而不是等同。把洞庭湖等同古之云梦泽也是较难立论的，首先是洞庭湖从历史上看没有出现过何处是云泽，何处是梦泽的说法。其次是洞庭湖基本在湖南境内，没有跨大江。与杜注《左传》和《汉阳图经》不符。如云梦泽只指洞庭湖，那"气蒸云梦泽，波撼岳阳城"的艺术性就要大大缩减，因为它近乎实际描写，使全诗意境局限在一个较狭小的范围之内。

还有一种说法以为云梦泽在湖北安陆、竟陵之间。《元和郡县图志》卷二七载："本汉安陆县地，后魏大统末于云梦古城置云梦县。云梦泽，在县西七里。"《太平寰宇记》转引《郡国志》云："竟陵城西大泽即古云梦泽。"又载："云梦泽在县（这里指安陆）东南，阔数十里，南接荆湖。"《明一统志》说云梦泽在安陆县南五十里。此说为一些现代学者赞同，如郭沫若等，但不赞同云梦泽阔数十里说。从云梦泽出现在典籍中的频率推测，云梦泽阔数十里之说不可信，如此小泽，不可能引起如此多的人注意。且与《史记》方圆九百里之说相差悬殊，实不可信。如果只这么大，且离岳州洞庭又远，那唐诗中就不会有如此多诗歌把洞庭与云梦联系这么紧密。

泽，从水，一般认为是聚水的洼地，水草丛杂之处。《左传》：

"川壅为泽。"《风俗通义》："水交草错，名之为泽。"而"湖"则为"水所钟，大浸也，大者洞庭、震泽、彭蠡。"二者虽有别，但又是相通的，如太湖在《禹贡》中称之为震泽。因此，试图从字面上来否定云梦泽不包括洞庭湖是说不通的。笔者认为，从《左传》看，古云梦泽包括位于江北的云泽和江南的梦泽。江北云泽的范围，在郧水以西、江陵以东、竟陵安陆以南、大江以北的广大地区。而梦泽则指洞庭湖流域。其范围远远大于九百里。后人之所以有江北之云梦与江南之云梦的看法，实际上是在以部分指整体。所以，唐诗中洞庭湖又名云梦泽也就是这个原因。安陆、竟陵之处称云梦也是这个道理。但这与《史记》说云梦泽方九百里，是楚七泽之一相矛盾了。实际上史记所本，乃出于司马相如的《上林赋》："臣闻楚有七泽，尝见其一，未睹其余也。臣之所见，盖特其小小者耳，云梦者方九百里。"汉赋最大特点就是多夸诩之词，实不可信。首先，云梦为七泽中最小者，那七泽中其他六泽是什么，为何倒很少出现于典籍之中。这于情于理说不通。如果还存在比云梦大的六泽，那恐怕整个楚地都处在大泽之中了。现在看来，云梦恐怕是楚之最大泽。其二，云梦方九百里也不准确，九百里在这里应该不是实数，而是虚指，古人常以九表示多数，九百，实际上是说云梦泽十分大。不能因为数字上比实际的云梦泽还缩小了而否定它是夸耀之辞。其三，云梦泽之变化还与时间有一定关系，先秦两汉时，云梦之侧重在江北（江北之云泽比江南之梦泽大）。但随着时间的推移及生产力之发展，云泽逐渐在变小，至唐时，云、梦二泽大小相当。后来，江北之楚地不再是水草杂生之处，而成了生产力发达，物产丰富的地方，再也见不到汉赋中野生动物成群的现象了。明清时代，以为云梦泽在安陆之南，阔仅数十里也就不足为奇了。而梦泽由于洞庭湖广大水域而存留下来。所以，后世地理著作中多出现巴丘湖即古之云梦泽之说。时至当代，因为江南之梦泽为洞庭

湖代替,江北之云泽几乎消失,地图上很难找到云梦泽了。

由此可见,出现在《全唐诗》中的云梦泽与洞庭湖二者是有关联的,是整体与局部的关系,洞庭湖是梦泽部分。

四 "洞庭"与太湖的关系

从地理位置上看,洞庭与太湖相隔十分遥远,似乎毫不相干,然而,出现在《全唐诗》中的"洞庭"与太湖的关系最为复杂,大大超出了洞庭与九江或云梦的关系。虽然《全唐诗》中没有一篇诗歌把岳州洞庭称之为太湖,但却有许多诗篇把吴地的太湖称之为洞庭。"洞庭"一词在《全唐诗》中出现532次,出现在280篇诗歌中,其中近三分之一与太湖有关。

其复杂关系来源于二者地理特征的近似及许多地理名称的同一。就地理特征上说,二者都在大江以南。就其大小而言,《元和郡县图志》卷二八载:"洞庭湖在县西南一里五十步,周回二百六十里。"(不包括青草与赤沙等湖)而据《太平寰宇记》载:"具区薮,太湖也。泽纵广二百八十三里,周回三万六千顷。"尽管与现今洞庭湖相比,太湖要小些,但与狭义之洞庭大小相当。洞庭太湖湖面之广,湖水之浩大实可一比。此外,湖中均有名山,洞庭湖中有君山。而太湖中有包山。且二山之上均盛产茶。据《吴郡图经续记》卷上载:"包山之珍茗……最良给用,四方皆其所产也。"而君山之银针,唐时名之为黄翎毛,五代时即为贡品。

在长江以南与洞庭有相似地理特征的湖还有彭蠡湖,而且比太湖更近似洞庭,但在《全唐诗》中,彭蠡湖与洞庭之区别还是比较明显的,不容易造成混淆。原因是太湖中有许多地理名称与洞庭湖相似,而彭蠡湖中几乎没有。据《舆地广记》载:"君山即湘山也,以湘君之所游处,因曰君山。有石穴,与太湖之苞山潜通,故太湖亦有洞庭山。""《史记》三苗国:'左洞庭,右彭蠡。'裴骃注云:'今太湖中包山,有石穴,其深洞无知其极者,名洞庭。'"《全唐诗》中洞庭与太湖名称上的复杂关系使后人产生了极大的误解,往往把吴地太湖诗当作岳州洞庭诗来看待。如《吴郡志》就记载了这种情况:

> 洞庭东西两山在吴松江南太湖之中,韦苏州谓皮陆唱和之所近。时苏子美诗云:"笠泽鱼肥人脍玉,洞庭柑熟客分金。"即吴松江也。今岳州之南所谓洞庭湖者,即郦善长注《水经》云洞庭波,乃湖水非江也,盖斥此湖尔。比见岳州集古今题咏刻石龛于岳阳楼上,如苏州皮陆及子美之诗皆在焉,乃知地志不可不考。

怎样区分唐诗中洞庭到底指太湖还是指岳州之洞庭湖,我们可以从以下三个方面来辨别。

其一,太湖之所以称洞庭,是因为太湖有洞庭山之缘故,以洞庭称太湖,乃是以局部代总体,因而很少有把太湖称为洞庭湖的,只是称作洞庭。因此,在全唐诗中,凡出现洞庭湖者基本上是指岳州之洞庭。如钱起《江行无题一百首》之七二:"千顷水纹细,一拳岚影孤。君山寒树绿,曾过洞庭湖。"元稹《洞庭湖》:"人生除泛海,便到洞庭波。驾浪沉西日,吞空接曙河。虞巡竟安在,轩乐讵曾过。唯有君山下,狂风万古多。"这些均指岳州之洞庭。

其二,从地名物名加以判断。在《全唐诗》中,有关洞庭之诗中,有大量诗歌总带有当地有特色的地名或事物。从地名上看,青草、南湖、岳阳楼、君山、屈子祠等在岳州洞庭湖诗中出现较多,如元稹《鹿角镇》:"去年湖水满,此地覆行舟。万怪吹高浪,千人死乱流。谁能问帝子,何事宠阳侯。渐恐鲸鲵大,波涛及九州。"此处之湖,乃是指岳州洞庭湖,因鹿角镇乃岳州一地名。而明月湾、水月禅院等则是太湖洞庭诗中出现较多的地名。如陆龟蒙《明月湾》:"择此二明月,洞庭看最奇。"就是太湖洞庭诗。

在物产上,出现在唐诗中的太湖石、土产锦、纱罗绫、草席、彩笺、洞庭橘等出于太湖洞庭山上,《吴郡志》载:"真柑出洞庭东西山,柑虽橘类,而其品特高,芳香超胜,为天下第一。……其木畏霜雪,又不宜旱,故不能多植。及持久方结实,时一颗至直百钱,犹是常品,稍大者倍价。并枝叶剪之订盘时,金碧璀璨已可人矣。"岳州之洞庭也产橘,但远不及太湖洞庭山所产著名。由此我们可知白居易之《轻肥》:"果擘洞庭橘,脍切天池鳞。"韦应物《答郑骑曹青橘绝句》:"书后欲题三百颗,洞庭须待满林霜。"就是指太湖洞庭山上的这种特产。而岳州洞庭之特产有斑竹等。从这些富有地域特征的物产上,我们可以判断唐诗中洞庭究竟指哪一个。

其三,如果以上两种方法无法做出准确判断,可以结合作者的经历的考察。如张说曾谪岳州三年,其间写下的大量洞庭诗就不可能指太湖了。如其诗《洞庭湖寄阎九》:"洞庭秋正阔,余欲泛归船。莫辨荆吴地,唯余水共天。渺弥江树没,合沓海潮连。迟尔为舟楫,相将济巨川。"尽管其中出现了海、吴,但从张说的人生经历来看,此诗是写岳州之洞庭无疑。皮陆二人长期隐居太湖,其洞庭诗在没有地方名物印证的情况下,不妨多看作太湖诗。

另外,就整体而言,吴地太湖诗与岳州洞庭诗在风格上有较大的差异。虽都在江南,但在唐时,太湖地区早得到了开发,是经济繁荣之处和文人向往的地方。因此,体现在诗歌中,多为一种明朗的风格。如白居易的《宿湖中》:"水天向晚碧沉沉,树影霞光重叠深。浸月冷波千顷练,苞霜新橘万株金。幸无案牍何妨醉,纵有笙歌不废吟。十只画船何处宿,洞庭山脚太湖心。"就是指太湖。但岳州洞庭却不同,唐代岳州地区的开发远远落后于吴地,被贬诗人到达岳州或途经岳州时,虽也偶有心旷神怡之时,但在大多数情况下,诗人往往把自己凄苦心情倾注于笔端，诗歌成了表达他们内心忧愤的工具，其风格明显和吴地太湖诗不同。如沈佺期《别侍御严凝》："七泽云梦林，三湘洞庭水。自古传剽俗，有时逢恶子。令君出使车，行迈方靡靡。静言芟枳棘，慎勿伤兰芷。"当然，这种区分不是绝对的。事实上，在有些隐逸诗的风格方面，太湖诗与洞庭诗就很相似，如张志和《渔父》："青草湖中月正圆，巴陵渔父棹歌连。钓车子，橛头船，乐在风波不用仙。"这首洞庭诗风格就和有些太湖隐逸诗风格没什么区别。但如果我们能综合以上几点，区分吴地太湖诗与岳州洞庭诗也就不是什么难事了。

洞庭之名除了与巴丘、九江、云梦、太湖有一定关系，与彭蠡湖也有一定关系。由于不影响唐洞庭湖诗歌的阅读与鉴赏，所以本书不再赘述。

附录二 《柳毅传》原发生地考辨

唐传奇《柳毅传》因文本中多次出现有争议性的地名，致使人们对小说主要发生地有不同看法，综合起来有以下四种：（一）故事发生在君山；（二）发生在太湖洞庭东山；（三）发生地点不确定，但偏重于洞庭东山；（四）此是小说家所言，本无定处。小说的主要发生地是否具有确定性？如果具有确定性，它究竟发生在哪里？本书试图通过文本，结合有关历史地理知识，从多角度进行考辨，还原李朝威创作《柳毅传》时小说的原发生地。

一 唐人的小说观与《柳毅传》原发生地的确定性

宋人范致明《岳阳风土记》中说："《灵姻传》（即《柳毅传》）始言还湘滨，中言将归吴国，固无定处。然则前人因事阙文，后人遂以为实，此亦好事者之过也。"鲁迅也曾指出，唐人"始有意为小说"说明了唐人在创作传奇时开始大量运用虚构手段，这从《柳毅传》可以看出，在唐传奇中，《柳毅传》是运用虚构手段较成功的一篇。但是否真如范致明所说，小说中原发生地是虚构的呢？

事实上，"始有意为小说"还包含另一层意思，这体现在"始"上，说明了唐人在创作传奇过程中仍然受传统写实手法的影响。这种影响主要表现在强调故事的真实性，这种真实性体现在以下三个方面：

（1）在传奇的开头或结尾会有一小段文字，强调传奇来源的真实性，或者是亲身经历或考证，或者是听亲友所说，或强调与小说中主人公的姻亲关系：

予伯祖尝牧晋州，转户部，为水陆运使，三任皆与生为代，故谙详其事。（白行简《李娃传》）

张之友闻之者莫不耸异之，然而张志亦绝矣。稹特与张厚，因征其词。（元稹《莺莺传》）

公佐贞元十八年秋八月，自吴之洛，暂泊淮浦，偶觐淳于生棼，询访遗迹，翻覆再三，事皆摭实，辄编录成传，以资好事。（李公佐《南柯太守传》）

通过这些交代，以强调小说并非凭空虚构，从而为小说中的道德说教增强说服力。《柳毅传》也受到了这种创作观念的影响，因而在文章结尾写道："至开元末，毅之表弟薛嘏为京畿令，谪官东南。经洞庭……嘏常以是事告于人世。"

（2）为了强调故事的真实性，作者往往在小说中掺入自己所熟知的家乡名物，或把故事发生的地点扯到家乡附近来。《柳毅传》的作者李朝威是陇西人，约唐肃宗乾元中前后在世，他所作传奇除《柳毅传》外，还有一篇《柳参军传》："华州柳参军，名族之子，寡欲早孤，无兄弟，罢官，于长安闲游。"华州紧邻京兆府，故事就是以长安为背景展开情节的，这与李朝威是陇西人有一定的关系，以本地人身份写发生在相邻地的故事，更给人以真实的感觉。《柳毅传》原发生地虽然没有在陇西，但却和陇西有一定关联，龙女牧羊处（泾阳）离陇西就不远，据《元和郡县图志》卷二载：

（泾阳县）本秦旧县。汉属安定郡，惠帝改置池阳县，属左

冯翊，故城在今县西北二里，以其地在池水之阳，故曰池阳。后魏废，于今县置咸阳郡，苻秦又置泾阳县。隋文帝罢郡，移泾阳县于咸阳郡，属雍州，即今县是也。

唐时，陇西属于渭州，属于陇右道，而泾阳与长安同属京兆府关内道。陇右道和关内道紧邻，而渭州和京兆府之间仅隔岐州和秦州。因此，为了强调传奇的真实性，作者把传奇的次发生地安排在离家乡不远的泾阳。

（3）唐传奇为了强调故事的真实性，多写当朝的故事，具有确定而真实的时间、职官、物产、民情、风俗等：

  大历中，陇西李生名益，年二十，以进士擢第。其明年，拔萃，俟试于天官。夏六月，至长安，舍于新昌里。……生自此心怀疑恶，猜忌万端，夫妻之间，无聊生矣。……尔后往往暴加捶楚，备诸毒虐，竟讼于公庭而遣之。……又畜一短剑，甚利，顾谓侍婢曰："此信州葛溪铁，唯断作罪过头！"大凡生所见妇人，辄加猜忌，至于三娶，率皆如初焉。（蒋防《霍小玉传》）

  李益，故宰相揆族子，于诗尤所长。贞元末，名与宗人贺相埒。……少痴而忌克，防闲妻妾苛严，世谓妒为"李益疾"。（《新唐书·李益传》）

从《霍小玉传》和《新唐书·李益传》的对比中可以看出，唐传奇中人物、时间、地点、官职、经历都具有一定的真实性，甚至在某些具体的细节上还可以和正史相印证。因而，唐人虽"始有意为小说"，但仍受传统文学特别是史传文学影响较大，除了在情节上虚构成分较大，作者在其他方面竭力强调真实性。《柳毅传》也是这样，明谢肇淛在《五杂俎》中说"凡为小说及杂剧戏文，须是虚实相半，方为游戏三昧之笔"。与宋元话本相比，唐传奇更体现了"实"的特征。正因为这一特征，至少在作家的头脑中《柳毅传》的原发生地具有确定性和唯一性，不会如《岳阳风土记》中所谓"固无定处""前人因事阙文，后人遂以为实，此亦好事者之过也"。那么《柳毅传》原发生地究竟在湖湘洞庭还是吴越洞庭呢？

二 从文本中地名看《柳毅传》原发生地

《柳毅传》原发生地引起争议，实是由于文本中出现了不少具有争议性的地理名称所致，如"吴"与"越""洞庭""湘滨"等，如果能够从有关史料中确定李朝威曾游历湖湘洞庭或者太湖洞庭，故事原发生地的确定也会变得简单。但作者生平不可考，因而要确定小说的原发生地，须从这些地名所蕴含的文化背景去考察，同时还要借助形式逻辑中的归纳推理。

（1）"吴""楚"之争。文本中提及："闻君将还吴，密迩洞庭。或以尺书，寄托侍者，未卜将以为可乎？"同时又提及："毅，大王之乡人也。长于楚，游学于秦。"这样直接给人以矛盾的表象，持不同说法者都会持之以为据，但不能详尽其理。要了解小说的原发生地究竟是吴地还是楚地，先看看历史上的吴楚之争：

> 阖闾九年，吴王阖闾伐楚，经柏举之战，大败楚军，攻入楚都郢。十一年，吴师再次伐楚，楚国迁都于鄀。十九年，阖闾死。

此次交锋，吴国打败楚国，前后不过十年，但楚并没有因此灭亡，湖湘洞庭一带仍为楚国领地。战国中期，楚威王败越，占领吴故地，越从此破散。公元前306年，楚灭越，设郡江东。其后，楚东迁都城巨阳、寿春。第二次交锋，越国失败，随着楚都的东迁，吴地成了楚的最坚实的后方。

公元前223年，秦灭楚国。秦统治的时间极短，其政权很快就被刘邦和项羽推翻了。项羽，下相（今江苏宿迁）人。楚国灭亡之后，项氏家族惨遭屠杀，他与项庄、项梁流亡到吴中。不久，项羽反秦成功，建立了"西楚"政权，他本人也以"西楚霸王"自称。吴中地区无疑成了西楚最坚实的大本营。以致项羽在楚汉之争失败后说："且籍与江东子弟八千人渡江而西，今无一人还，纵江东父兄怜而王我，我何面目见之！"西楚政权虽仅存四年，然而它以推翻暴秦统治而获得世人的公认，《史记》为项羽立本纪。汉政权的建立者刘邦为沛人，他和项羽实际上是同乡，秦时同属泗水郡。刘邦虽然建立的是"汉"，但却也以楚人自称，曾说："（若）为我楚舞，吾为若楚歌。"楚汉之争，实是楚人内部争夺对全国的统治权，不论是"楚"还是"汉"，吴地都是他们的统治范围，这样楚的概念扩展到长江以南包括吴越的广大地区。

但湖湘洞庭地区在三国时也曾在东吴版图内，地处荆州，分属南郡、长沙郡和衡阳郡，据《三国志》载，东汉建安十九年，孙、刘议定以湘江为界，江东属吴，江西属蜀。因此洞庭成了东吴的前沿阵地，鲁肃便在岳州修建了阅军楼（岳阳楼的前身），训练水军与蜀抗衡。

然而，这里有三点要注意，第一，湖湘一带归属于吴的结论并不稳妥，这里仍然是吴、蜀和曹魏争夺的地方，不仅鲁肃屯兵巴丘，关羽也屯兵茱萸江（即今澬水，在益阳）。唐时益阳县仍然有关羽濑、甘宁故垒、关羽故垒遗迹存在，因此至少在唐人眼中，这里不能全算作东吴之地。第二，三国时不存在吴和楚的对立，只存在吴和蜀、魏政权的对立，虽《三国志》中有吴、楚并举，仍然只是沿袭春秋战国时的说法，因而吴楚同时出现在《柳毅传》中，说明传奇的原发生地只能在吴地。第三，唐代文学作品中如果涉及三国孙吴，一般会特别标出，以区别于春秋时的吴国。如孟浩然诗"莫辨荆吴地，唯余水共天"、刘禹锡诗"水乡吴蜀限，地势东南庳"、李群玉诗"目穷衡巫表，兴尽荆吴秋"等，皆是如此。没有特别标明处一般指春秋战国时的吴国，因此，吴、楚同时出现在传中并不矛盾，都是指太湖附近地区。

文本中还述："见从者十余人，担囊以随，至其家而辞去。毅因适广陵宝肆，鬻其所得。百未发一，财已盈兆。故淮右富族，咸以为莫如。"柳毅把所得宝物拿到广陵去卖，淮右富族羡慕其富贵，都说明其家在淮右附近，也就是吴地，而不可能是湖湘洞庭地区，这也可以证实上文中说法。

（2）"洞庭"与"洞庭湖"之别。"洞庭"一词在《柳毅传》中多次出现，而据《吴郡志》载："《史记》：'三苗国，左洞庭，右彭蠡。'裴骃注云：'今太湖中包山，有石穴，其深洞无知其极者，名洞庭。'"《舆地广记》载："君山即湘山也，以湘君之所游处，因曰君山。有石穴，与太湖之苞山潜通，故太湖亦有洞庭山。"正因为太湖和洞庭湖都可称为洞庭，且君山和包山都可称为洞庭山，因而对《柳毅传》原发生地持不同意见者对传中"洞庭"一词有不同理解。

太湖之所以称洞庭，是因为太湖有洞庭山之缘故，以洞庭称太湖，乃是以局部代总体，因而很少有人把太湖称为洞庭湖，只是称作洞庭。唐人似乎很注意"洞庭"和"洞庭湖"的区别，在《全唐诗》中，"洞庭湖"共出现40次，然考其所指，没有一处是指太湖。如钱起《江行》："千顷水纹细，一拳岚影孤。君山寒树绿，曾过洞庭湖。"元稹《洞庭湖》："人生除泛海，便到洞庭波。驾浪沉西日，吞空接曙河。虞巡竟安在，轩乐讵曾过。唯有君山下，狂风万古多。"这些均指湖湘洞庭。因而如果在《柳毅传》中出现"洞庭湖"那就可以推出小说原发生地在湖湘地区，但《柳毅传》中，"洞庭"出现了24次，却没有出现一次"洞庭湖"，而在《全唐诗》中，"洞庭"一词，有三分之一左右是指太湖及太湖洞庭东西山。从以上分析可以推出：《柳毅传》中规避"洞庭湖"似乎在有意表明故事不是发生在湖湘地区。如果再联系文本中出现的钱塘君，故事发生地在太湖地区就更具有合理性，毕竟，太湖和钱塘江的联系远比洞庭湖和钱塘江的联系紧密。另外文本中还有"闻君将还吴，密迩洞庭"，能够和吴"密迩"的也只能是太湖，而不可能是湖湘洞庭。

（3）"湘滨"是否只指"湘水之滨"。文本中提及："仪凤中，有儒生柳毅者，应举下第，将还湘滨。""湘滨"一词于是成了小说原发生地在湖湘地区的铁证。即使主张发生地在太湖的人也认为湘滨是指湘水之滨。有学者言："此文在以吴中作为地理背景的同时，掺杂了一点以今湖南为背景的话语，是亦有说。因为两地的洞庭湖在道家的传说中水下是有地道连通的。这样，'湘滨'一词似乎是作者有意安排所致。"这样，实际上又陷入了《岳阳风土记》中的说法。确实，在唐代的地志和正史中，湘与湘水关系密切，多是指湖湘地区，《全唐诗》中，"湘滨"一词出现3次："郢路委分竹，湘滨拥去麾。""江华胜事接湘滨，千里湖山入兴新。""竹花不给口，憔悴清湘滨。""湘滨"也无疑是指湘水之滨，但三次毕竟太少，不能说明什么问题，事实上湘滨是由"湘"和"滨"所构成。滨是水边的意思，那么，吴地是否与湘有什么关系，我们看下面这首诗：

> 见说吴王送女时，行宫直到荆溪口。溪上千年送女潮，为感吴王至今有。乃知昔人由志诚，流水无情翻有情。平波忽起二三尺，此上疑与神仙宅。今人犹望荆之湄，长令望者增所思。吴王已殁女不返，潮水无情那有期。溪草何草号帝女，溪竹何竹号湘妃。灵涛旦暮自堪伤，的皪婵娟又争发。客归千里自兹始，览古

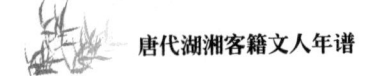

高歌感行子。不知别后相见期,君意何如此潮水。(《赋得吴王送女潮歌送李判官之河中府》)

据《元和郡县图志》,荆溪在常州义兴县,从诗中可以看出唐代湘妃的传说在这一带曾流行,溪草、溪竹和帝女、湘妃相联系。不只这首诗,唐诗中还有许多诗句表明"湘"和吴地的联系:

悲歌鬓发白,远赴湘吴春。(杜甫《赠别贺兰铦》)
玉轸朱弦瑟瑟徽,吴娃征调奏湘妃。(白居易《听弹湘妃怨》)
吴歌秋水冷,湘庙夜云空。(温庭筠《芙蓉》)
湘岸荒祠静,吴宫古砌深。(孙鲂《春苔》)
愁中独坐秦城夜,别后几经吴苑春。湘岸风来吹绿绮,海门潮上没青苹。(刘沧《怀江南友人》)

"吴宫""吴王""吴苑"与"湘岸""帝女""湘妃""湘庙"同时出现在诗中,而且还多以对句的形式出现,这向我们暗示,娥皇、女英的传说不仅只在湖湘一带流传,同时也在吴地流传,既然在太湖诗中能够出现湘岸、湘庙、湘妃,那么"湘滨"一词出现在太湖地区的文学作品中也就不足为奇了。所以,"湘滨"一词虽可解释为"湘水之滨",但不一定就是湖湘地区的"湘水之滨",它虽然不是《柳毅传》原发生地在太湖地区的证据,但也绝对不足以成为小说发生地在湖湘地区的铁证。

三 从文本中方位词看《柳毅传》原发生地

除文本中地名可作为《柳毅传》原发生地在太湖地区的证据外,还有一些方位名词也可以印证小说原发生地在太湖地区。

（1）关于"南"与"东南"的特指。文本载："毅之表弟薛嘏为京畿令，谪官东南。……嘏常以是事告于人世。"由此可推知薛嘏谪官之处即故事发生的原发生地，但史书中找不到有关薛嘏的记载，因此"东南"具体指哪一州已无从考证。但从文化传统和当时实际还是可以推测出其所指大概范围。

春秋战国时期，习惯上把楚国称为"南国"。唐定都长安，但从麟德二年（665）开始高宗与武后就长期居留洛阳，除了国家大典，很少回到长安，"仪凤中"武则天已长久居住在洛阳。天授二年（691）正月，正式定都于洛阳，中宗后洛阳一直作为东都存在，湖湘洞庭相对于洛阳来说，只能说是南，而不能说是东南，因而在唐代文学作品特别是初盛唐文学作品中，一般把湖湘地区与南联系在一起：

且酌东篱酒，聊祛南国忧。（张均《九日巴丘登高》）

胡为心独尔，惠好在南国。（王琚《奉答燕公》）

夜夜登啸台，南望洞庭渚。（储光羲《田家杂兴八首》之一）

南国久芜漫，我来空郁陶。（陶翰《南楚怀古》）

南过三湘去，巴人此路偏。（刘长卿《赴巴南书情寄故人》）

湘流澹澹空愁予，猿啼啾啾满南楚。（刘长卿《湘中忆归》）

大梁白云起，飘飖来南洲。（李白《留别贾舍人至》）

从这些诗句中，可以看出湖湘地区与方位词"南"紧密联系在一起。

"东南"本是一个方位词，也在唐诗中作为方位词而使用，然而，"东南"却又蕴含着特定的文化意蕴。《淮南子·天文》中说："天倾西北，故日月星辰移焉；地不满东南，故水潦尘埃归焉。"东南也就成了靠近大海的地方。《史记·高祖本纪》载："秦始皇帝常曰：'东南有天子气.'于是因东游以厌之。"三国时吴建都于此,东晋也建都于此,印证了东南有王气之说,这样东南也就成了吴越一带的代称,几乎成了专有地名,这从唐代文学作品中可以看出:

欲厌东南气,翻伤掩鲍车。(李显《幸秦始皇陵》)
何事东南客,忘机一钓竿。(刘长卿《过邬三湖上书斋》)
传是东南旧都处,金陵中断碧江深。(孙逖《丹阳行》)
挂席东南望,青山水国遥。(孟浩然《舟中晓望》)

上述诗中的东南,均是指吴越一带。《柳毅传》中薛嘏谪官东南很可能就是吴越一带,也就是太湖地区,因而可以推知,小说原发生在太湖地区的可能性是很大的。

(2)文本中其他方位名词。文本中还有:"女遂于襦间解书,再拜以进,东望愁泣,若不自胜。毅深为之戚。""语竟,引别东去,不数十步,回望女与羊,俱亡所见矣。""东望"的方位自然是"洞庭"地区了,"东去"也是去"洞庭",毫无疑问,湖湘地区是不能说在泾阳之东的,只有太湖地区才能说在泾阳之东。"东望""东去"虽然不具"东南"那样的文化意蕴,但却比"东南"更能说明小说原发生地在太湖地区。

以方位名词来论证小说原发生地虽然有概念模糊的缺点,但它可以配合文本中的地名更好地证明故事的原发生地在太湖。

四 从物产及经济情况看《柳毅传》原发生地

文学作品总会打上原发生地的烙印,每个地区总有其特定的物产,一定的物产又体现了该地区的地域特征,从《柳毅传》文本中的物产,可以断定小说的原发生地。

(1)洞庭橘、社橘与当地的关系。文本中有"洞庭之阴,有大橘

树焉，乡人谓之社橘。"《左传·昭公》载："社稷五祀，是尊是奉。……后土为社。"称之为"社橘"可见橘对该地区社会生活的重大意义。那么湖湘地区和太湖地区植橘情况怎样呢？

> 真柑出洞庭东、西山，柑虽橘类，而其品特高。芳香超胜，为天下第一。浙东、江西及蜀果州皆有柑，香气标格，悉出洞庭下，土人亦甚珍贵之。其木畏霜雪，又不宜旱，故不能多植及持久。方结实时，一颗至直百钱，犹是常品，稍大者倍价。并枝叶剪之，钉盘时，金碧璀璨，已可人矣。（《吴郡志》）

可频瑜与仲子陵同时作《洞庭献新橘赋》，可赋称："味能适口，玉果比而全轻……其价可重，其味可珍……独专美于当今，及岁时而入贡。"仲赋曰："包之橘柚，至自江湖，岁以为常，知方物之。"岳州之洞庭也产橘，但远不及太湖洞庭山所产出名。由此可知白居易之《轻肥》："果擘洞庭橘，脍切天池鳞。"韦应物《答郑骑曹青橘绝句》："书后欲题三百颗，洞庭须待满林霜。"均是指太湖洞庭山上的这种特产。太湖洞庭橘，自古以来就为贡品，洞庭山之居民，种橘以为生，所以才会有"社橘"。"以其说有橘社，故议者又以为即此洞庭山"说法是很有道理的。

（2）文本中出现的其他物产。在《柳毅传》中，还可以见到一些其他物产，这些物产带有一定地域文化特色。下表是从唐代有关文献中辑录的环太湖地区各州物产、洞庭湖地区岳州物产和《柳毅传》文本中出现物产的比照，从对照中可以判断传奇的原发生地究竟在哪里。

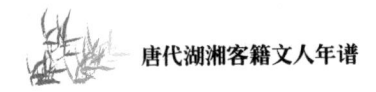

州名	物产（《元和郡县图志》《新唐书》《全唐诗》）
苏州	开元贡：白石脂、蛇床子。（《元》） 赋：纻、布。（《元》） 元和贡：丝葛十四、白石脂三十斤、蛇床子三升。（《元》） 土贡：丝葛、丝绵、八蚕丝、绯绫、布、白角簟、草席、鞋，大小香粳、柑、橘、藕、鲻皮、鲅、鲎、鸭胞、肚鱼、鱼子、白石脂、蛇粟。（《新》） 特产：太湖石（《全》）、铜（《新》）
常州	开元贡：细纻、红紫二色绵布、纸六十张。（《元》） 赋：纻布。（《元》） 土贡：绸、绢、布、纻、红紫绵巾、紧纱、兔褐、皂布、大小香粳、龙凤席、紫笋茶、署预。（《新》）
湖州	开元贡：丝布；赋：糙秔米、纻、布。（《元》） 元和贡：布三十三端。（《元》） 土贡：御服、鸟眼绫、折皂布、绵、绸、布、纻、糯米、黄糙、紫笋茶、木瓜、杭子、乳柑、蜜、金沙泉。（《新》）
岳州	开元贡：细纻布。（《元》） 赋：麻、纻、缣。（《元》） 元和贡：白纻练布七匹。（《元》） 土贡：纻布、鳖甲。（《新》） 特产：斑竹。（《全》）
《柳毅传》中物产	白璧、青玉、珊瑚、水精、琉璃、琥珀、红珀盘、照夜玑、绡彩、珠璧。

从上表的对照中可以看出，在物产的丰富程度上，太湖地区远远超过了洞庭湖地区，洞庭湖地区的很多物产可以在太湖地区找到，但太湖地区不少物产却是洞庭湖地区所没有的，洞庭湖地区的物产在唐代是相对贫乏的。因此"门户千万，奇草珍木，无所不有""谛视之，则人间珍宝，毕尽于此""前列丝竹，后罗珠翠，物玩之盛，殊倍人间"的形容只适合太湖地区。

虽《柳毅传》文本中的物产在上表中环太湖地区中也难以找到，但并不意味着环太湖地区没有这种物产。从唐代文献看，《柳毅传》中的这些物产来源于两个途径：其一，产自东海和南海，而太湖流域的苏州就与东海相接,因而获取这些物产较易。其二,这些物产产于域外,如大食、波斯、泥婆罗国等国。《旧唐书·波斯传》载:"(波斯)出骡及大驴、师子、白象、珊瑚树高一二尺、琥珀、车渠、玛瑙、火珠、玻瓈、琉璃、无食子、香附子、诃黎勒、胡椒、荜拨、石蜜、千年枣、甘露桃。"唐代与这些国家的贸易主要有两条路径,一是陆路,也就是丝绸之路;二是海路。环太湖地区的商业贸易十分繁荣,在唐代就出现了"洞庭商帮",海上贸易十分繁荣,因而《柳毅传》中出现的一些物产,在唐代环太湖地区是很容易获得的,而在湖湘洞庭地区则不易获得,因而可以推断出传奇原发生地在太湖地区。

五　从文化背景看《柳毅传》原发生地

不同地区文化背景的不同,将会影响到该地区的文学作品创作的方方面面。唐代湖湘洞庭地区和太湖地区的文学作品,在呈现出一定共性的同时,又表现出一定的差异性,从这种差异性中可以判断出小说的原发生地。

(1)楚歌与《柳毅传》。正如前面所说,吴地在历史上受楚的影响很大,同样在文风上也受到了楚文学的影响,李朝威在创作《柳毅传》时也注意到了这一点:

上天配合兮,生死有途。此不当妇兮,彼不当夫。腹心辛苦兮,泾水之隅。风霜满鬓兮,雨雪罗襦。赖明公兮引素书,令骨肉兮家如初。永言珍重兮无时无。(钱塘君)

从这首诗中可以看出《柳毅传》的创作明显受到了楚风的影响。然而湖湘地区的楚歌与吴越地区的楚歌除在形式(句式与语气词)上相似外,在风格和内容上呈现出较大的不同。屈原对湖湘地区特别是洞庭湖一带有深远的影响,因而唐代湖湘地区的楚歌仍然保留了"书

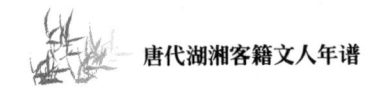

楚语，作楚声，记楚地，名楚物"的特征，这一点可以从唐传奇《湘中怨解》中看出：

情无垠兮荡洋洋。怀佳期兮属三湘。（郑生）

溯青山兮江之隅。拖湘波兮褒绿裾。荷卷卷兮未舒。匪同归兮将焉如！（祀人）

从上面的楚歌可以看出，唐代湖湘地区的楚歌无论是形式还是内容上依然保留了较纯的楚辞特色。但吴越地区的楚歌却不同，它是楚辞与吴越本土文化融合的结果，因而"记楚地，名楚物"在吴越地区的楚歌中得不到体现，即使是书生柳毅写的诗，也是如此：

碧云悠悠兮，泾水东流。伤美人兮，雨泣花愁。尺书远达兮，以解君忧。哀冤果雪兮，还处其休。荷和雅兮感甘羞。山家寂寞兮难久留。欲将辞去兮悲绸缪。（柳毅）

这首诗几乎看不到"楚地""楚物"的痕迹，它与湖湘地区的楚歌是有较大不同的。另外，吴越地区的楚歌受项羽、刘邦建立的西楚和汉政权影响很大，在诗歌风格上变"低徊哀怨"为"慷慨激昂"，下面是项羽和刘邦的两首楚歌：

力拔山兮气盖世。时不利兮骓不逝。骓不逝兮可奈何！虞兮虞兮奈若何！（项羽）

鸿鹄高飞，一举千里。羽翼已就，横绝四海。横绝四海，当可奈何？虽有弓矢，尚安所施！（刘邦）

这些诗歌气势宏大，情感激昂，与湖湘地区楚风表现出很大的不同。《柳毅传》中钱塘君所唱的楚歌也体现了这种风格，书生柳毅的诗虽然是离别前所吟，也较少哀怨悲凄的特色，而洞庭君所唱楚歌更

是横绝宇内，其气势可与刘邦、项羽诗歌一比：

> 大天苍苍兮，大地茫茫，人各有志兮，何可思量，狐神鼠圣兮，薄社依墙。雷霆一发兮，其孰敢当？荷贞人兮信义长，令骨肉兮还故乡。齐言惭愧兮何时忘！（洞庭君）

由此可见，湖湘地区与吴越地区的楚歌在内容和风格上是有较大不同的，从《柳毅传》所载的几首楚歌看，小说的原发生地应该在太湖地区。

（2）悲、喜剧与《柳毅传》。某个地区的历史文化背景甚至会影响到唐代传奇的情节，湖湘地区在历史上是一个产生悲剧的集中地：

> 舜陟方死于苍梧，号曰重华；二妃死于江湘之间，俗谓之湘君。（刘向《列女传》）
> 于是怀石遂自（沉）汨罗以死。（《史记·屈原贾生列传》）
> 自屈原沉汨罗后百有余年，汉有贾生，为长沙王太傅，过湘水，投书以吊屈原。（《史记·屈原贾生列传》）

先有二妃投湘水而死，再有屈原投汨罗江而死，贾谊的出现加深了这种悲剧意识，因而唐代湖湘文学作品中，这种悲剧意识也十分强烈。如前所举小说《湘中怨解》结局就是一个悲剧。中晚唐时，这里还产生了李群玉与二妃的悲剧、巴陵鬼馆诗等，"湘妃""斑竹""屈原""贾谊"等悲剧意象在唐代湖湘文学作品中频繁出现。而吴越地区却不同，它是产生爱情喜剧的地方：

> 西施亡吴国后，复归范蠡，同泛五湖而去。（《吴地志》）
> 策欲取荆州，以瑜为中护军，领江夏太守，从攻皖，拔之。时得桥公两女，皆国色也。策自纳大桥，瑜纳小桥。（《三国志》）

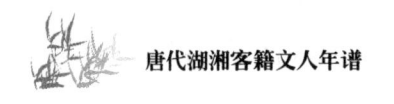

范蠡与西施、孙策周瑜与二乔对吴越地区的文化影响十分大，加上唐代吴越地区经济较湖湘地区远为发达，优厚的经济条件也有利于产生爱情喜剧。因而《柳毅传》"从此以往，永奉欢好，心无纤虑也"，爱情以喜剧结局，不是湖湘文化土壤能够酝酿得出的，它必须根植于吴越文化的土壤中。

从以上分析可以看出，唐人的小说观决定了《柳毅传》原发生地具有确定性，同时，从《柳毅传》文本中地名、方位名词、物产及作品内容风格看，故事的原发生地都应该在太湖地区，而不可能发生在湖湘的洞庭湖地区，我们不能因为它是小说而否认它的原发生地的确定性。

主要参考文献

B

（汉）班固：《汉书》，中华书局 1962 年版。

（唐）白居易撰，朱金城笺校：《白居易集笺校》，上海古籍出版社 1988 年版。

北京语言学院《中国文学家辞典》编委会：《中国文学家辞典》，四川人民出版社 1978 年版。

卞孝萱：《刘禹锡年谱》，中华书局 1963 年版。

卞孝萱：《元稹年谱》，齐鲁书社 1980 年版。

C

（晋）陈寿：《三国志》，中华书局 1959 年版。

（唐）陈子昂：《陈拾遗集》，《四库全书》本，上海古籍出版社 1987 年版。

（唐）岑参撰，陈铁民、侯忠义校注：《岑参集校注》，上海古籍出版社 1981 年版。

（宋）晁公武撰，孙猛校证：《郡斋读书志校证》，上海古籍出版社 2011 年版。

（宋）陈公亮修，刘文富纂：《严州图经》，中华书局 1990 年版。

（宋）陈思编纂：《宝刻丛编》，中华书局1985年版。

（宋）陈应行：《吟窗杂录》，中华书局1997年版。

（宋）陈振孙：《直斋书录解题》，上海古籍出版社1987年版。

（清）陈运溶辑：《麓山精舍丛书》，岳麓书社2008年版。

（清）陈运溶纂：《湘城访古录》《湘城遗事记》，岳麓书社2009年版。

岑仲勉：《金石论丛》，上海古籍出版社1981年版。

岑仲勉：《郎官石柱题名新考证》，上海古籍出版社1984年版。

岑仲勉：《唐人行第录》，上海古籍出版社1978年版。

陈伯海：《唐诗汇评》，浙江教育出版社1995年版。

陈伯海主编：《历代唐诗论评选》，河北大学出版社2003年版。

陈尚君：《唐代文学丛考》，中华书局1992年版。

陈尚君辑校：《全唐诗补编》，中华书局1992年版。

陈贻焮：《增订注释全唐诗》，文化艺术出版社2001年版。

陈寅恪：《隋唐制度渊源略论稿》，中华书局1963年版。

陈寅恪：《元白诗笺证稿》，上海古籍出版社1978年版。

陈正祥：《中国文化地理》，生活·读书·新知三联书店1983年版。

程千帆：《唐代进士行卷与文学》，上海古籍出版社1980年版。

D

《大唐传载》，《四库全书》本，上海古籍出版社1987年版。

（唐）独孤及：《毗陵集》，《四库》唐人文集丛刊，上海古籍出版社1993年版。

（唐）杜甫撰，（清）仇兆鳌注：《杜诗详注》，中华书局1979年版。

（唐）杜甫撰，（清）杨伦笺注：《杜诗镜铨》，上海古籍出版社

1998年版。

（唐）杜牧：《樊川文集》，上海古籍出版社1978年版。

（唐）杜佑：《通典》，中华书局1988年版。

（晋）杜预：《春秋左传集解》，上海人民出版社1977年版。

（唐）段成式：《酉阳杂俎》，中华书局1981年版。

（宋）戴侗：《六书故》，上海古籍出版社1987年版。

（清）邓显鹤编纂：《沅湘耆旧集》，岳麓书社2007年版。

（清）邓显鹤编纂：《资江耆旧集》，岳麓书社2010年版。

（清）董诰等编纂：《全唐文》，中华书局1983年版。

戴伟华：《唐代幕府与文学》，现代出版社1990年版。

戴伟华：《唐代使府与文学研究》，广西师范大学出版社1998年版。

戴伟华：《唐方镇文职僚佐考》，天津古籍出版社1994年版。

丁福保辑：《历代诗话续编》，中华书局1983年版。

丁如明辑：《开元天宝遗事十种》，上海古籍出版社1985年版。

F

（刘宋）范晔：《后汉书》，中华书局1965年版。

（唐）范摅：《云溪友议》，古典文学出版社1957年版。

（唐）房玄龄：《晋书》，中华书局1974年版。

（唐）封演撰，赵贞信校注：《封氏闻见记校注》，中华书局2005年版。

（宋）范成大：《吴郡志》，江苏古籍出版社1999年版。

（宋）范致明：《岳阳风土记》，成文出版社1976年版。

傅角今编著，雷树德校点：《湖南地理志》，湖南教育出版社2008年版。

傅璇琮：《李德裕年谱》，河北教育出版社2001年版。

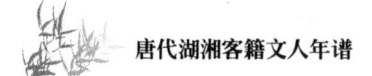

傅璇琮：《唐代科举与文学》，陕西人民出版社 1986 年版。

傅璇琮：《唐代诗人丛考》，中华书局 2003 年版。

傅璇琮编：《唐人选唐诗新编》，陕西人民教育出版社 1996 年版。

傅璇琮主编：《唐五代文学编年史》，辽海出版社 1998 年版。

G

（唐）高适撰，刘开扬笺注：《高适诗集编年笺注》，中华书局 1981 年版。

（唐）高仲武编：《中兴间气集》，台湾商务印书馆 1983 年版。

（明）高棅：《唐诗品汇》，上海古籍出版社 1982 年版。

（明）顾璘：《唐音评注》，河北大学出版社 2006 年版。

顾建国：《张九龄年谱》，中国社会科学出版社 2005 年版。

郭沫若主编：《中国史稿地图集》，中国地图出版社 1996 年版。

H

（唐）韩愈撰，马其昶校注：《韩昌黎文集校注》，上海古籍出版社 1986 年版。

（唐）韩愈撰，钱仲联集释：《韩昌黎诗系年集释》，上海古籍出版社 1984 年版。

（宋）洪迈：《容斋随笔》，上海古籍出版社 1978 年版。

（宋）洪兴祖补注：《楚辞补注》，中华书局 1957 年版。

（宋）胡仔：《苕溪渔隐丛话》，人民文学出版社 1993 年版。

（明）胡应麟：《诗薮》，上海古籍出版社 1979 年版。

（明）胡震亨：《唐音癸签》，上海古籍出版社 1981 年版。

（清）和珅：《大清一统志》，上海古籍出版社 1987 年版。

（清）胡渭：《禹贡锥指》，上海古籍出版社 1987 年版。

（清）黄凝道、谢仲坑修纂：《乾隆岳州府志》，岳麓书社 2008年版。

［德］黑格尔：《哲学史讲演录》，生活·读书·新知三联书店 1956年版。

［德］黑格尔：《历史哲学》，王造时译，商务印书馆 1963年版。

何文焕：《历代诗话》，中华书局 1981年版。

湖南地方志编纂委员会：《岳阳楼志》，湖南人民出版社 1998年版。

［日］河世宁纂辑：《全唐诗逸》，中华书局 1985年版。

J

（唐）皎然撰，李壮鹰校注：《诗式校注》，人民文学出版社 2003年版。

（宋）计有功：《唐诗纪事》，中华书局 1965年版。

（宋）计有功撰，王仲镛校笺：《唐诗纪事校笺》，中华书局 2007年版。

贾晋华：《皎然年谱》，厦门大学出版社 1992年版。

景遐东：《江南文化与唐代文学研究》，人民文学出版社 2005年版。

K

（唐）康骈：《剧谈录》，古典文学出版社 1958年版。

孔令纪等主编：《中国历代官制》，齐鲁书社 1993年版。

L

（汉）刘安撰，刘康德直解：《淮南子直解》，复旦大学出版社 2001年版。

（北魏）郦道元撰，王国维校：《水经注校》，上海人民出版社 1984 年版。

（南朝）刘勰撰，范文澜注：《文心雕龙注》，人民文学出版社 1958 年版。

（南朝）刘勰撰，杨明照校注：《订增文心雕龙注》，中华书局 2000 年版。

（唐）李白撰，（清）王琦注：《李太白全集》，中华书局 2011 年版。

（唐）李白撰，安旗等编年注释：《李太白全集编年注释》，巴蜀书社 1990 年版。

（唐）李百药：《北齐书》，中华书局 1972 年版。

（唐）李德裕撰，傅璇琮、周建国校笺：《李德裕文集校笺》，河北教育出版社 2000 年版。

（唐）李吉甫：《元和郡县图志》，中华书局 1983 年版。

（唐）李商隐：《樊南文集》，上海古籍出版社 1988 年版。

（唐）李商隐撰，（清）冯浩笺注，蒋凡标点：《玉溪生诗集笺注》，上海古籍出版社 1998 年版。

（唐）李商隐撰，刘学锴、余恕诚集解：《李商隐诗歌集解》，中华书局 1988 年版。

（唐）李商隐撰，叶葱奇疏注：《李商隐诗集疏注》，人民文学出版社 1985 年版。

（唐）李延寿：《北史》，中华书局 1974 年版。

（唐）李延寿：《南史》，中华书局 1975 年版。

（唐）李益撰，范之麟注：《李益诗注》，上海古籍出版社 1984 年版。

（唐）李肇：《唐国史补》，上海古籍出版社 1979 年版。

（唐）林宝撰，岑仲勉校记，郁贤皓等整理：《元和姓纂附四校记》，中华书局 1994 年版。

（唐）令狐德棻等：《周书》，中华书局 1971 年版。

（唐）刘肃：《大唐新语》，中华书局 1984 年版。

（唐）刘禹锡撰，卞孝萱校订：《刘禹锡集》，中华书局 1990 年版。

（唐）刘禹锡撰，蒋维崧等笺注：《刘禹锡诗集编年笺注》，山东大学出版社 1997 年版。

（唐）刘禹锡撰，瞿蜕园笺证：《刘禹锡集笺证》，上海古籍出版社 1989 年版。

（唐）刘禹锡撰，陶敏等校注：《刘禹锡全集编年校注》，岳麓书社 2003 年版。

（唐）刘禹锡撰，杨世明校注：《刘长卿集编年校注》，人民文学出版社 1999 年版。

（唐）刘长卿：《刘随州文集》，上海书店出版社 1989 年版。

（唐）刘知几：《史通》，中华书局 1961 年版。

（唐）柳宗元：《柳宗元集》，中华书局 1979 年版。

（唐）柳宗元撰，王国安笺释：《柳宗元诗集笺释》，上海古籍出版社 1993 年版。

（唐）柳宗元撰，温绍堃集评：《柳宗元诗歌笺释集评》，中国国际广播出版社 1994 年版。

（唐）陆广微：《吴地记》，江苏古籍出版社 1999 年版。

（唐）吕温：《吕衡州文集》，商务印书馆 1935 年版。

（后晋）刘昫等：《旧唐书》，中华书局 1975 年版。

（宋）李昉等编：《太平广记》，中华书局 1961 年版。

（宋）李昉等辑：《文苑英华》，北京图书馆出版社 2006 年版。

（宋）吕大防等：《韩愈年谱》，中华书局 1991 年版。

（宋）刘克庄：《后村诗话》，中华书局 1983 年版。

（明）李贤等：《明一统志》，上海古籍出版社 1987 年版。

（明）陆楫：《古今说海》，《四库全书》本，上海古籍出版社 1987 年版。

（清）李瀚章、裕禄等编纂：《光绪湖南通志》，岳麓书社 2009 年版。

（清）李元度：《重修南岳志》，线装书局 2004 年版。

（清）刘宝楠正义：《论语正义》，中华书局 1990 年版。

（清）刘采邦、张延珂等编纂：《同治长沙县志》，岳麓书社 2010 年版。

（清）刘熙载：《艺概》，上海古籍出版社 1978 年版。

（清）陆耀遹：《金石续编》，艺文印书馆 1976 年版。

（清）吕肃高修，（清）张雄图、王文清纂：《乾隆长沙府志》，岳麓书社 2008 年版。

李德辉：《唐代交通与文学》，湖南人民出版社 2003 年版。

李希泌主编，毛华轩等编：《唐大诏令集补编》，上海古籍出版社 2003 年版。

李孝聪：《唐代地域结构与空间运作》，上海辞书出版社 2003 年版。

梁启超：《中国历史研究法》，华东师范大学出版社 1995 年版。

芦荻、朱帆：《刘禹锡及其作品》，时代文艺出版社 1985 年版。

鲁迅：《中国小说史略》，上海古籍出版社 1998 年版。

逯立钦辑校：《先秦汉魏晋南北朝诗》，中华书局 1958 年版。

罗尔纲：《金石萃编校补》，中华书局 2003 年版。

M

（唐）孟浩然撰，佟培基笺注：《孟浩然诗集笺注》，上海古籍出版社 2005 年版。

（唐）孟浩然撰，徐鹏校注：《孟浩然集校注》，中华书局1997年版。

（唐）孟郊撰，华忱之校注：《孟郊诗集校注》，人民文学出版社1995年版。

（清）迈柱监修，夏力恕等编纂：《湖广通志》，《四库全书》本，上海古籍出版社1987年版。

梅新林：《中国古代文学地理形态与演变》，复旦大学出版社2006年版。

缪钺：《杜牧年谱》，河北教育出版社1999年版。

O

（唐）欧阳询编：《艺文类聚》，中华书局1959年版。

（宋）欧阳忞：《舆地广记》，四川大学出版社2003年版。

（宋）欧阳修、宋祁等：《新唐书》，中华书局1975年版。

P

（唐）皮日休撰，萧涤非、郑庆笃整理：《皮子文薮》，上海古籍出版社1982年版。

（清）彭定求等辑：《全唐诗》，中华书局1960年版。

Q

（唐）钱起撰，王定璋校注：《钱起诗集校注》，浙江古籍出版社1992年版。

（唐）权德舆：《权德舆文集》，上海古籍出版社2008年版。

（宋）钱易：《南部新书》，中华书局2002年版。

钱穆：《中国文化史导论》，商务印书馆1994年版。

R

（宋）阮阅：《诗话总龟》，人民文学出版社 1987 年版。

任半塘：《教坊记笺订》，中华书局 1962 年版。

S

（汉）司马迁：《史记》，中华书局 1959 年版。

（梁）沈约：《宋书》，中华书局 1974 年版。

（唐）沈亚之撰，肖占鹏、李勃洋校注：《沈下贤集校注》，南开大学出版社 2003 年版。

（唐）释道世撰，周叔迦、苏晋仁校注：《法苑珠林校注》，中华书局 2003 年版。

（唐）释道宣：《续高僧传》，文物出版社 1989 年版。

（唐）释慧立、释彦悰：《大唐大慈恩寺三藏法师传》，上海古籍出版社 2002 年版。

（五代）孙光宪：《北梦琐言》，中华书局 2002 年版。

（宋）邵博：《邵氏闻见后录》，中华书局 1983 年版。

（宋）司马光编著，（元）胡三省音注：《资治通鉴》，中华书局 1956 年版。

（宋）宋敏求编：《唐大诏令集》，中华书局 2008 年版。

（明）谢榛：《四溟诗话》，人民文学出版社 1996 年版。

（清）沈德潜：《唐诗别裁集》，上海古籍出版社 1979 年版。

尚永亮：《唐五代逐臣与贬谪文学研究》，武汉大学出版社 2007 年版。

沈起炜：《中国历史大事年表》，上海辞书出版社 1983 年版。

施子愉：《柳宗元年谱》，湖北人民出版社 1958 年版。

史念海：《唐代历史地理研究》，中国社会科学出版社 1998 年版。

T

（宋）谈钥：《嘉泰吴兴志》，宋元方志丛书，大化书局1987年版。

（明）唐汝询：《唐诗解》，河北大学出版社2001年版。

（清）唐开韶、胡焯编纂：《桃花源志略》，岳麓书社2008年版。

（清）陶汝鼐、陶之典编纂：《大沩山古密印寺志》，岳麓书社2008年版。

（清）陶澍、万年淳等修撰：《洞庭湖志》，岳麓书社2009年版。

（清）同德斋主人编：《广湖南考古略》，湖南教育出版社2010年版。

谭其骧主编：《中国历史地图集》，中国地图出版社1982年版。

陶敏：《全唐诗人名汇考》，辽海出版社2006年版。

W

（汉）王逸：《楚辞章句》，《四库全书》本，上海古籍出版社1987年版。

（前秦）王嘉：《拾遗记》，《四库全书》本，上海古籍出版社1987年版。

（北齐）魏收：《魏书》，中华书局1974年版。

（唐）王昌龄撰，李云逸注：《王昌龄诗注》，上海古籍出版社1984年版。

（唐）王绩撰，韩理洲校点：《王无功文集》，上海古籍出版社1987年版。

（唐）王维撰，陈铁民校注：《王维集校注》，中华书局1997年版。

（唐）魏徵等：《隋书》，中华书局1973年版。

（唐）温庭筠撰，（清）曾益笺注：《温飞卿诗集笺注》，上海古籍出版社1980年版。

（唐）吴兢撰，谢保成集校：《贞观政要集校》，中华书局 2009 年版。

（五代）王定保：《唐摭言》，中华书局 1985 年版。

（宋）王谠撰，周勋初校证：《唐语林校证》，中华书局 1987 年版。

（宋）王观国：《学林》，中华书局 1988 年版。

（宋）王溥：《唐会要》，中华书局 1955 年版。

（宋）王钦若等编：《册府元龟》，中华书局 1960 年版。

（宋）王象之：《舆地纪胜》，中华书局 1992 年版。

（宋）王应麟辑：《玉海》，广陵书社 2003 年版。

（宋）魏庆之：《诗人玉屑》，上海古籍出版社 1978 年版。

（明）王鏊等修纂：《姑苏志》，台湾学生书局 1986 年版。

（清）汪灏：《广群芳谱》，上海书店 1985 年版。

（清）王昶：《金石萃编》，陕西人民美术出版社 1990 年版。

（清）王先谦辑：《湖南全省掌故备考》，岳麓书社 2009 年版。

（清）翁方纲：《石洲诗话》，人民文学出版社 1981 年版。

汪辟疆辑：《唐人小说》，上海古籍出版社 1978 年版。

王謇：《宋平江城坊考》，江苏古籍出版社 1999 年版。

王拾遗：《白居易生活系年》，宁夏人民出版社 1981 年版。

王勋成：《唐代铨选与文学》，中华书局 2001 年版。

王运熙、杨明：《隋唐五代文学批评史》，上海古籍出版社 1996 年版。

王重民、孙望等辑：《全唐诗外篇》，中华书局 1982 年版。

吴钢辑：《全唐文补遗·千唐志斋新藏专辑》，三秦出版社 2006 年版。

吴汝煜：《唐五代文人交往诗索引》，上海古籍出版社 1993 年版。

吴树平、吴宁欧：《隋唐五代墓志汇编》，天津古籍出版社 2009 年版。

吴廷燮：《唐方镇年表》，中华书局1980年版。

吴文志：《中国文学史大事年表》，黄山书社1987年版。

吴文治：《柳宗元资料汇编》，中华书局1997年版。

X

（汉）许慎著，臧克和等校订：《说文解字新订》，中华书局2002年版。

（梁）萧子显：《南齐书》，中华书局1972年版。

（元）辛文房撰，傅璇琮等校笺：《唐才子传校笺》，中华书局1987—1995年版。

（元）辛文房撰，孙映逵校注：《唐才子传校注》，中国社会科学出版社1991年版。

（元）辛文房撰，徐明霞校点：《唐才子传》，辽宁教育出版社1998年版。

（元）辛文房撰，周绍良笺证：《唐才子传笺证》，中华书局2010年版。

（清）徐松，赵守俨点校：《登科记考》，中华书局1984年版。

（清）徐松撰，孟二冬补正：《登科记考补正》，北京燕山出版社2003年版。

夏承焘：《唐宋词人年谱》，上海古籍出版社1979年版。

谢思炜：《白居易集综论》，中国社会科学出版社1997年版。

熊飞：《张九龄年谱新编》，香港教育出版社2005年版。

Y

（唐）颜真卿：《颜鲁公文集》，上海书店出版社1989年版。

（唐）姚汝能：《安禄山事迹》，中华书局2006年版。

（唐）姚思廉：《陈书》，中华书局1972年版。

（唐）姚思廉：《梁书》，中华书局1973年版。

（唐）殷璠辑：《河岳英灵集》，北京图书馆出版社2002年版。

（唐）元稹：《元稹集》，中华书局1982年版。

（唐）元稹撰，杨军笺注：《元稹集编年笺注》，三秦出版社2002年版。

（宋）乐史：《太平寰宇记》，中华书局1999年版。

（清）姚诗德、郑桂星修，（清）杜贵墀编纂：《巴陵县志》，岳麓书社2008年版。

（清）应先烈修，（清）陈楷礼纂：《嘉庆常德府志》，岳麓书社2008年版。

（清）永瑢等：《四库全书总目提要》，中华书局1965年版。

（清）袁景澜：《吴郡岁华纪丽》，江苏古籍出版社1999年版。

严耕望：《唐代交通图考》，上海古籍出版社2007年版。

严可均辑：《全上古三代秦汉三国六朝文》，中华书局1958年版。

杨伯峻注：《春秋左传注》，中华书局1981年版。

杨义：《通向大文学观》，安徽教育出版社2006年版。

郁贤皓、胡可先：《唐九卿考》，中国社会科学出版社2003年版。

郁贤皓：《李白丛考》，陕西人民出版社1982年版。

郁贤皓：《唐刺史考》，江苏古籍出版社1987年版。

袁珂校注：《山海经校注》，上海古籍出版社1980年版。

［日］圆仁：《入唐求法巡礼行记》，上海古籍出版社1986年版。

Z

（唐）张九龄撰、刘斯翰校注：《曲江集》，广东人民出版社1986年版。

（唐）张说：《张燕公集》，上海古籍出版社1992年版。

（唐）张彦远：《法书要录》，刘石校点，辽宁教育出版社1998年版。

（唐）张彦远：《历代名画记》，中华书局1985年版。

（唐）张鷟：《朝野佥载》，《丛书集成初编》本，中华书局1985年版。

（唐）赵璘：《因话录》，上海古籍出版社1979年版。

（唐）郑处诲：《明皇杂录》，中华书局1994年版。

（唐）朱景玄撰，温肇桐注：《唐朝名画录》，四川美术出版社1985年版。

（宋）赞宁撰，范祥雍点校：《宋高僧传》，中华书局1987年版。

（宋）张君房：《云笈七签》，中华书局2003年版。

（宋）郑樵撰，王树民点校：《通志二十略》，中华书局1992年版。

（宋）朱长文：《吴郡图经续记》，江苏古籍出版社1999年版。

（宋）赵令畤：《侯鲭录》，中华书局2002年版。

（清）曾继辉编纂：《洞庭湖保安湖田志》，岳麓书社2008年版。

（清）张官五、吴嗣仲修纂：《同治沅州府志》，岳麓书社2011年版。

（清）赵殿成笺注：《王右丞集笺注》，上海古籍出版社1984年版。

（清）赵宁纂，（清）丁善庆续纂：《岳麓志》，清咸丰十一年。

曾大兴：《中国历代文学家之地理分布》，湖北教育出版社1995年版。

詹锳：《李白诗文系年》，人民文学出版社1984年版。

张采田：《玉溪生年谱会笺》，上海古籍出版社1983年版。

张燕瑾、吕薇芬主编：《隋唐五代文学研究》，北京出版社2001年版。

周绍良、赵超主编：《唐代墓志汇编续集》，上海古籍出版社2001年版。

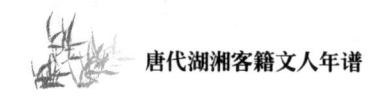

周绍良主编：《唐代墓志汇编》，上海古籍出版社1992年版。

周振鹤：《中国历史文化区域研究》，复旦大学出版社1997年版。

周祖譔：《中国文学家大辞典》，中华书局1992年版。

朱关田：《唐代书法家年谱》，江苏教育出版社2001年版。

朱金城：《白居易年谱》，上海古籍出版社1982年版。

邹逸麟主编：《中国历史人文地理》，科学出版社2001年版。

后　　记

　　2008年，我在湖南师范大学读硕士研究生。其时，学校召开了"第二届中韩古代文学学术研讨会"。导师赵晓岚先生推荐我参加了这次会议，并且建议提交一篇论文。因为硕士论文是研究唐代岳州诗歌，所以我写了《全唐诗中"洞庭"名称考证》。写完后感觉还不错。但为了谨慎起见，又请教了我的导师及学院的李生龙、吕双伟老师。当时是发电子稿给三位老师的，没过两天，便收到了回信。打开邮件，我发现论文上密密麻麻布满了红色圈点，甚至错别字和标点符号都做了改动。这给我很深的触动，不仅对自己的粗心和马虎感到羞愧，也深深感到三位老师对我的关爱，但对我影响最大的是三位老师严谨的学术精神。后来，这篇文章获得了与会者的好评，三位老师给我的回信也作为永久文档保留下来，每当我在学术上有所懈怠时，这些信息是鞭策着我，使我打起精神，沿着学术道路继续前进。

　　《全唐诗中"洞庭"名称考证》是一篇考证类文章，也是由于这篇文章，我开始涉猎诗文系年考辨，先后写下了《刘禹锡湖湘诗歌系年辨正》《柳宗元湖湘诗歌系年考辨》等文章，后来又由此而转到了诗文系年及年谱的研究，写下了《贾至年谱》《戎昱年谱》《张说及其文人群湖湘诗系年》《杜甫寓湘诗重系年》《刘长卿湖湘诗重系年》《吕温湖湘诗文系年》等文章，合计起来居然有二十多万字，于是便有了出版的愿望。而且我发现,这些文章大多与唐代湖湘客籍文人相关,便最终决定以《唐代湖湘客籍文人年谱》作为书名出版。

虽然是一本比较薄的书,但却倾注了我近年来大部分精力。作一个人的年谱和诗文系年难度较大,这本书涉及近十位作家,虽然书中的文章大部分只涉及这些作家的湖湘生活及诗文系年,但在具体写作中,却不得不阅读这些作家的所有作品及相关的研究著作,并且还要对这些著作进行比较,提炼出自己的观点。有时为了确定诗文中的一个地名、人名,经常是通宵达旦去研究,其中甘苦,是他人难以想象的。

能够在如此短的时间内成书,与学界前辈在唐代文学领域的耕耘有不可分割的关系。没有《唐御史台题名考》《唐代交通图考》《唐刺史考》《全唐诗人名汇考》《全唐文作者小传正补》等专著,就不可能有我今天的成果。特别是陶敏先生,我多年前就有拜访的愿望,然为俗事所缠,一直未尝晤面,如今却成为终生遗憾了。

在此书即将出版之际,再次感谢所有对我有过帮助的老师及学界的前辈们,感谢中国社会科学出版社文学艺术与新闻传播出版中心的郭晓鸿主任及相关编辑们,还有我的妻子和家人,是你们的辛勤付出激励着我前进。

肖献军

2016年3月6日于西山桂园